Préface

Histoire vraie, en l'an 2013

Chère Pascale, tu

Es toujours à l'heure à tes rendez-vous,
Viens en vélo au bureau,
Incarnes l'enthousiasme,
Ne te lasses pas d'imaginer, inventer, créer,
Te mets dans l'action jusqu'à friser la perfection,
Es proche de tes collègues et à l'écoute...

Mais c'est sans compter sur la pénurie de ressources physiques et mentales qui guette. Et pourtant, tout te dit STOP : ton appétit diminue, ta fatigue augmente, tes amis ne te voient plus, Noémie t'attend et moi ton manager, je te dis qu'il faut prioriser et déléguer.

Que faire ?
La contrainte est-elle vraiment source de créativité (outil 33) comme tu l'écris ?
Soit, je te lance ce **« défi absolu »** : c'est seulement lorsque ta charge augmentera de cinquante pour cent que tu finiras par **lâcher prise** (outil 37).

Chère Pascale, bravo pour cette prouesse, pour ce repositionnement à 180°, ta puissance est maintenant à son maximum.
Merci pour cet ouvrage, véritable *vademecum* de la gestion du temps ou plus exactement des priorités.

Vous qui vous promènerez au gré de vos humeurs, jouerez avec ces 71 outils, les mettrez en application du premier au dernier, vous lancerez des défis, je vous recommande le **paradigme du temps perdu** (outil 9).

Catherine

Catherine Goutte est Directeur du Développement du groupe Cegos

Remerciements

Je remercie les auteurs, les consultants, les collègues et amis qui ont été pour moi une grande source d'inspiration : François Delivré dont l'ouvrage *Question de temps* m'a passionnée par son approche à la fois pragmatique et profonde de la gestion du temps ; Gérard Collignon qui m'a enseigné le modèle Process Com® de Taibi Kahler utilisé dans le dossier 8 et les outils 28 et 36 ; Jean-Pierre Testa dont le concept du *leadership du temps* a inspiré le premier conte de ce livre ; Hélène Tellitocci qui a modélisé la méthode CAP pour gérer les mails (outil 61) ; François Debois pour son enthousiasme et ses apports sur les principes créatifs, qui ont permis à plusieurs outils des dossiers 3 et 4 de voir le jour (et à ma créativité de se développer) ; Géraldine Benoit-Cervantes pour la richesse de nos échanges qui m'a permis d'affiner certains outils ; Xavier Luciani et Michèle Canto dont l'expertise en gestion du temps m'a été précieuse ; Évelyne Mimouni dont la créativité a inspiré les schémas des outils 1, 17, 24, 29, 40 et Jonathan Tronchet pour l'illustration de l'outil 5.

Je remercie les participants de nos formations à la gestion du temps, qui par leur ouverture, leurs questions et leurs remarques ont contribué à l'enrichissement de ces outils pratiques.

Merci à toutes les personnes qui m'ont soutenue et encouragée lors de la rédaction de ce livre – elles se reconnaîtront ! Merci à ma famille et mes amis d'avoir compris et respecté mon besoin de concentration et mon manque de disponibilité à leur égard ; je remercie chaleureusement Pia Martin d'avoir pris plus que sa part de travail sur nos dossiers communs pour que je puisse consacrer mes soirées et mes week-ends à écrire.

Je tiens à remercier deux personnes qui m'ont fortement aidée à progresser dans la gestion de mon temps personnel alors même que j'écrivais ce livre : Catherine Goutte, pour la confiance qu'elle place en moi ; les missions qu'elle me confie m'amènent à me dépasser et trouver des solutions créatives pour gérer mon temps ; Étienne Basse, coach extraordinaire qui m'a aidée à trouver en moi les clés de mon développement et de mon efficacité.

Un grand merci à Colette Bélorgey, toujours impliquée à fond dans les projets d'écriture de sa fille, relectrice attentive et bienveillante ; et à mon frère Olivier Bélorgey, à qui je dois mon portrait en 4e de couverture.

Je remercie très chaleureusement François, Gaëlle, Géraldine, Hélène, Jean-Pierre, Nathalie, Philippe, Pia qui ont accepté d'apporter leur témoignage dans les vidéos accessibles par QR code. Ils donnent un éclairage sur l'adaptation concrète qui peut être faite des outils présentés dans ce livre. Je remercie Sébastien Caumes de partager avec nous son formidable fichier d'auto-pointage.

Je remercie enfin Odile Marion, mon éditrice, pour sa confiance renouvelée et la patience qu'elle a eue d'attendre que je sois prête pour mener à bien ce beau projet.

LA BOÎTE À OUTILS

de la

Gestion du temps

Avec 15 témoignages vidéo

cegos

Pascale BÉLORGEY

DUNOD

Traduction des *Insights* : Juliette Joly Bosse-Platière

Les QR codes et liens hypertexte permettant d'accéder aux sites internet proposés dans cet ouvrage, n'engagent pas la responsabilité de DUNOD EDITEUR, notamment quant au contenu de ces sites, à leur éventuel dysfonctionnement ou à leur indisponibilité d'accès. DUNOD EDITEUR ne gère ni ne contrôle en aucune façon les informations, produits ou services contenus dans ces sites tiers.

5 rue Laromiguière, 75005 Paris
www.dunod.com

ISBN 978-2-10-070419-4

Avant-propos

« Il est certes nécessaire de ne pas perdre son temps, mais il est plus nécessaire encore de bien savoir le prendre. »

Louis Guilloux

Notre gestion du temps résulte du choix de nos priorités et de la gestion de notre énergie.

Le choix de nos priorités

Nous ne pouvons pas tout faire. Nous devons faire des choix. Choisir ce que nous voulons faire de notre vie, choisir quelles actions sont prioritaires dans l'accomplissement de nos missions. Nos projets les plus chers ont besoin de place pour se développer. Nous serons parfois amenés à faire des choix cornéliens. Car choisir n'est pas reporter indéfiniment ce qui n'est pas prioritaire. Choisir, c'est décider en pleine conscience de renoncer à ce qui nous freine pour avancer sur l'essentiel. Et cesser d'y consacrer du temps.

Ces renoncements peuvent se faire par rupture ou en douceur. Pour les vivre au mieux, nous avons intérêt à tenir compte de l'impact de nos choix sur notre environnement, et négocier avec nos partenaires professionnels ou nos proches le virage que nous souhaitons prendre.

La gestion de notre énergie

Si nous vivons en accord avec nos choix, à quantité de travail équivalent, nous brûlons moins d'énergie. Au contraire, avancer sur nos objectifs prioritaires est motivant et dynamisant.

Mais notre capital énergétique a aussi ses lois et notre corps ses rythmes. La gestion de notre énergie consiste à prendre soin de ce capital précieux et investir sur nos missions prioritaires le meilleur de nous-mêmes : les moments où nous sommes les plus productifs, les plus créatifs, les plus efficaces.

Gérer notre énergie, c'est aussi tenir compte de notre fonctionnement personnel : nous développer et accéder à l'ensemble de nos ressources en prenant appui sur nos points forts, sans forcer notre nature à contre-courant.

Vous pouvez naviguer dans ce livre au gré de vos priorités. Et si vous voulez prendre une pause, dégustez l'un des contes qui ouvrent chaque dossier.

Sommaire

Préface 3

Remerciements 4

Avant-propos 5

Dossier 1 **Privilégier l'essentiel** 10

Outil 1 Les sphères de vie (avec vidéo) 12

Outil 2 L'objectif personnel puissant (OPP) 14

Outil 3 La méthode des états désirés 16

Outil 4 La carte des missions essentielles 18

Outil 5 Les activités Jackpot 22

Outil 6 La matrice des priorités 24

Outil 7 L'escalier mécanique de Pareto 28

Outil 8 Les méthodes d'auto-pointage 30

Outil 9 Le paradigme du temps perdu 32

Dossier 2 **S'organiser avec les leviers d'efficacité** 34

Outil 10 Le levier des priorités (avec vidéo) 36

Outil 11 Le levier de la planification (avec vidéo) 38

Outil 12 Le rétroplanning 40

Outil 13 Le levier du choix 42

Outil 14 Le processus de décision 44

Outil 15 Le levier de la focalisation 48

Outil 16 Le levier de l'énergie 52

Outil 17 La chronobiologie (avec vidéo) 54

Outil 18 La boussole des cultures du temps 58

Outil 19 Les leviers d'efficacité collective 60

Dossier 3 **Booster sa productivité** 62

Outil 20 La visualisation du livrable 64

Outil 21 Les objectifs partiels (avec vidéo) 66

Outil 22 La trousse à crayons (avec vidéo) 68

Outil 23 La méthode des 3 « O » 70

Outil 24 Les 4 phases du processus créatif (avec vidéo) 72

Outil 25 La carte mentale 74

Outil 26 Le fil de l'eau (avec vidéo) 76

Outil 27 Le draft 78

Outil 28 L'auto-motivation 80

Dossier 4 **Gérer la surcharge de travail** 84

Outil 29 La gestion des imprévus 86

Outil 30 La méthode LIMITER (avec vidéo) 88

Outil 31 La révision des priorités 90

Outil 32 L'acceptation de la donnée d'entrée 92

Outil 33 Le défi absolu (avec vidéo) 94

Outil 34 La clôture d'un dossier 96

Outil 35 La relativisation des enjeux 98

Outil 36 Les remèdes contre le chrono-stress 100

Outil 37 Le lâcher-prise 104

Dossier 5 **Gérer les relations et sollicitations** 106
Outil 38 La réponse à une demande urgente 108
Outil 39 La méthode 2-20-2-2 110
Outil 40 Le refus diplomatique 112
Outil 41 La question Jackpot 114
Outil 42 La demande 116
Outil 43 La délégation confiée (avec vidéo) 118
Outil 44 La délégation reçue 120
Outil 45 La relance diplomatique d'un travail attendu 122
Outil 46 Les plages de disponibilité 124
Outil 47 La proposition d'un nouveau fonctionnement 126
Outil 48 La proposition d'arbitrage en cas de blocage 130
Outil 49 10 règles d'efficacité en open space 132

Dossier 6 **Chasser le temps stérile des réunions** 134
Outil 50 La négociation de présence 136
Outil 51 L'objectif de la réunion 138
Outil 52 Les techniques d'animation productives 140
Outil 53 Le traitement des objections 144
Outil 54 La régulation du processus 146
Outil 55 La gestion des bavards 150
Outil 56 Les rôles accélérateurs 152
Outil 57 Le compte-rendu actif 154
Outil 58 L'engagement dans l'action 156
Outil 59 La réunion flash de 10 minutes (avec vidéo) 158

Dossier 7 **Optimiser ses outils** 160
Outil 60 L'agenda électronique 162
Outil 61 La méthode CAP pour gérer les mails (avec vidéo) 164
Outil 62 Le Smartphone 166
Outil 63 Les listes spécifiques 168
Outil 64 5 astuces gain de temps en bureautique 170

Dossier 8 **Gérer son temps selon sa personnalité** 172
Outil 65 La Process Com® (avec vidéo) 174
Outil 66 Le temps Empathique 176
Outil 67 Le temps Travaillomane (avec vidéo) 178
Outil 68 Le temps Persévérant 180
Outil 69 Le temps Rebelle 182
Outil 70 Le temps Rêveur 184
Outil 71 Le temps Promoteur 186

Bibliographie et sites Web 188
Crédits iconographiques 190

La Boîte à outils, Mode d'emploi

Comment utiliser les QR codes de ce livre ?

1. Téléchargez un lecteur de QR code gratuit et ouvrez l'application de votre smartphone.
2. Photographiez le QR code avec votre mobile.
3. Découvrez les contenus interactifs sur votre smartphone.

Les outils sont classés par dossier

L'intérêt de la thématique vu par un expert

Un menu déroulant des outils

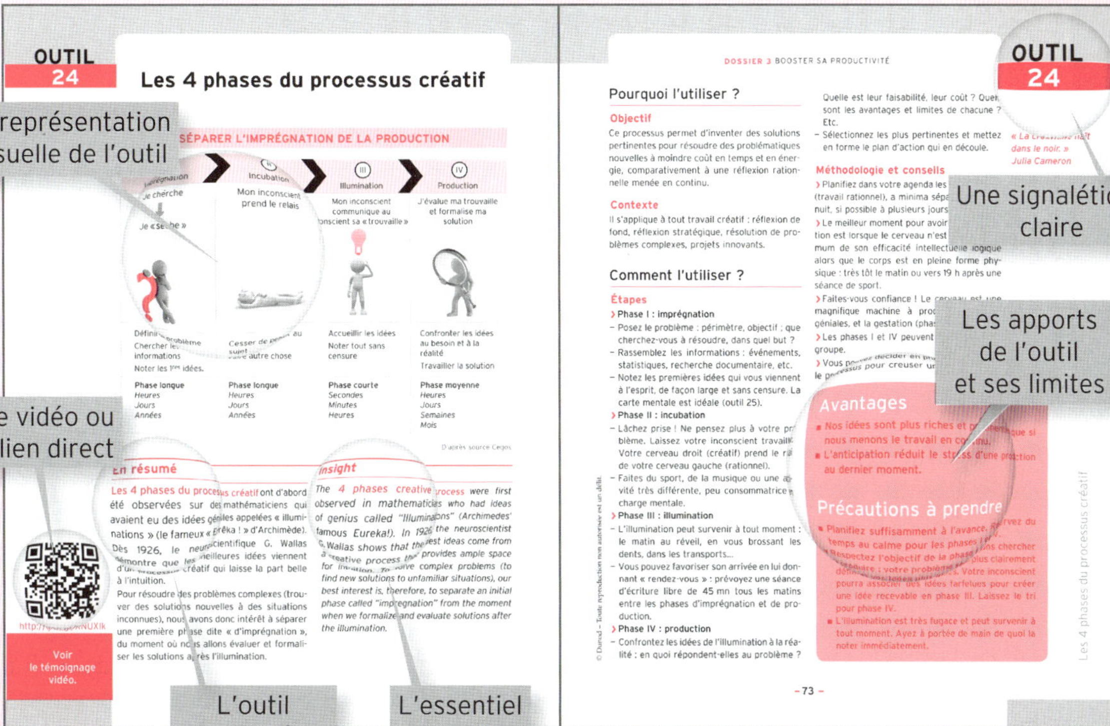

La représentation visuelle de l'outil

Une vidéo ou un lien direct

L'outil en synthèse

L'essentiel en anglais

Une signalétique claire

Les apports de l'outil et ses limites

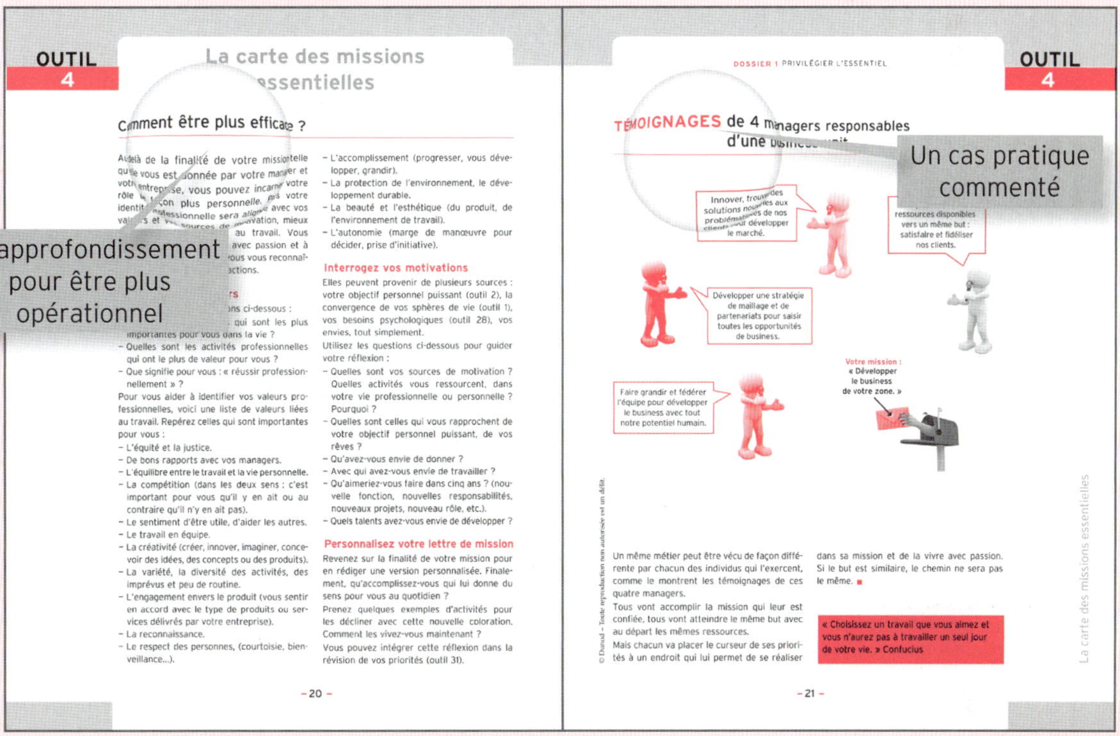

Un approfondissement pour être plus opérationnel

Un cas pratique commenté

DOSSIER

1 PRIVILÉGIER L'ESSENTIEL

« Nous avons tous deux vies. La deuxième commence le jour où nous réalisons qu'il n'y en a qu'une. »

Confucius

La montre et la boussole

Il était une fois un petit commis qui travaillait dans un magasin très spécial. On y trouvait toutes sortes d'objets étranges, de toutes les tailles, de toutes les couleurs et de toutes les formes.

C'était la boutique où les âmes venaient choisir leur supplément. Elles pouvaient prendre n'importe quel article avant leur Grand Voyage sur Terre, mais ne pouvaient en emporter qu'un seul. Oh, bien sûr, les âmes possédaient déjà de nombreuses qualités, mais le supplément était ce petit quelque chose en plus qui pouvait les aider dans la vie.

Le petit commis avait à cœur de bien remplir sa mission. Son plus cher désir était de conseiller les âmes pour qu'elles prennent le supplément qui leur serait le plus utile. Mais chaque fois qu'une âme se présentait dans l'échoppe, son maître s'occupait en personne de lui montrer les trésors amoncelés, et la tâche du petit commis se résumait à monter sur la grande échelle pour attraper les articles inaccessibles.

La plupart du temps, les âmes choisissaient des dons. Don pour les langues, don pour jouer d'un instrument, don pour le dessin ou pour la cuisine. Certaines optaient pour des goûts. Goût pour l'aventure, goût de la lecture, ou des goûts plus simples comme celui qui fait préférer une couleur à toutes les autres. Quelques-unes osaient prendre des passions. Passion des voyages, passion d'apprendre, et parfois des passions plus risquées comme la passion d'aimer à cœur perdu ou de défendre une cause jusqu'au sacrifice.

Ce qui chagrinait le plus le petit commis, c'est l'usage qui était fait de ces suppléments. Lorsque les âmes rentraient de leur Grand Voyage et racontaient leur expérience sur Terre, rares étaient celles qui en avaient tiré profit. Les raisons invoquées étaient nombreuses : « le contexte ne s'y prêtait pas » ; « l'occasion ne s'est pas présentée »... L'explication qui revenait le plus souvent, et de loin, était le manque de temps. Manque de temps pour faire éclore le don, profiter du goût ou s'adonner à la passion choisie. Manque de temps également pour exploiter les autres qualités qui habitaient les âmes.

Un jour, alors que le maître de l'échoppe montrait toute une gamme de talents musicaux à un groupe d'âmes venues ensemble chercher leur supplément, le petit commis aperçut une âme qui déambulait seule entre les rayonnages. Il s'approcha d'elle, tout heureux à l'idée de prodiguer enfin ses conseils.

DOSSIER 1

– Je vous recommande d'emporter une montre, dit-il en l'entraînant dans un coin de la boutique où étincelaient les cadrans de centaines de modèles différents. Ce sont des merveilles de mécanique, ajouta-t-il avec enthousiasme.

– Une montre, pour quoi faire ? demanda l'âme.

– Pour mesurer le temps, exposa le petit commis avec fierté en exhibant un instrument de toute beauté orné d'innombrables aiguilles. Celle-ci indique les saisons, les cycles du jour et de la nuit, les intervalles de temps, les durées incompressibles, le temps perdu et aussi le juste à temps. Ainsi, vous saurez à quel moment il convient de faire les choses et combien de temps vous dépensez à les réaliser. Cette montre vous fera gagner beaucoup de temps, conclut-il.

L'âme semblait perplexe.

– C'est intéressant, dit-elle pour ne pas vexer le petit commis. Elle a beaucoup d'aiguilles, j'ai un peu peur de ne pas savoir la manipuler. Celle-ci me paraît plus simple, quel temps donne-t-elle ?

Elle s'était emparée d'un petit cadran doté d'une aiguille unique.

– Celle-ci ? Ce n'est pas une montre, c'est une boussole. Sa fonction est d'indiquer la direction.

L'âme se mit à rayonner de bonheur.

– C'est elle que je vais emporter, affirma-t-elle.

– Elle ne vous permettra pas de gagner du temps, objecta le petit commis.

– À quoi me servira de gagner du temps, si je n'avance pas dans la bonne direction ? répondit l'âme.

LES OUTILS

1 Les sphères de vie 12

2 L'objectif personnel puissant (OPP) 14

3 La méthode des états désirés 16

4 La carte des missions essentielles 18

5 Les activités Jackpot 22

6 La matrice des priorités 24

7 L'escalier mécanique de Pareto 28

8 Les méthodes d'auto-pointage 30

9 Le paradigme du temps perdu 32

OUTIL
1

Les sphères de vie

ÉQUILIBRER SON TEMPS HARMONIEUSEMENT

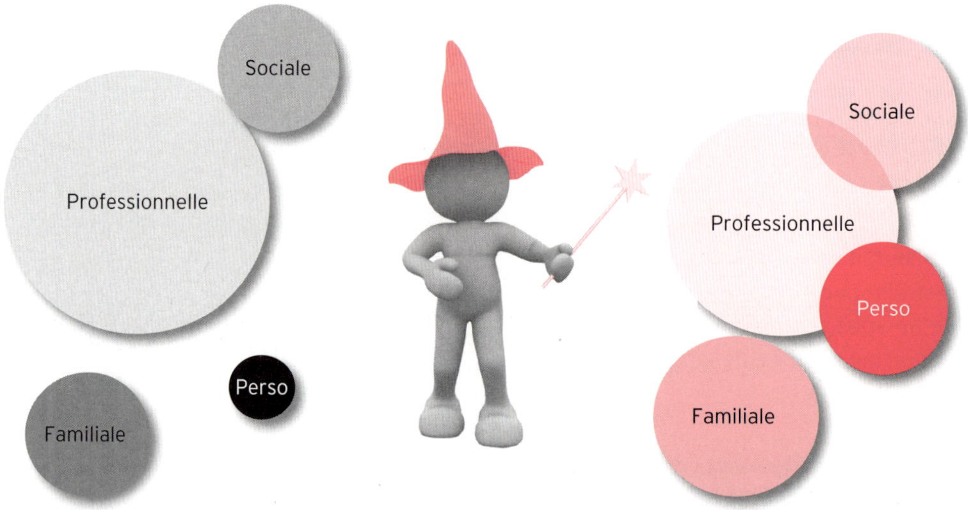

Situation actuelle

Situation souhaitée

En résumé

La représentation graphique intuitive des principales sphères de notre vie - professionnelle, sociale, familiale et personnelle - nous éclaire sur le poids relatif qu'elles représentent pour nous, les unes par rapport aux autres. La projection d'une nouvelle situation souhaitée permet de visualiser les changements à effectuer pour parvenir à un équilibre de vie épanouissant.

La magie opère lorsque ces changements sont assortis d'activités concrètes : « faire moins de... » ; « faire plus de... ».

Insight

Intuitive graphic representation of the main spheres of our lives - personal, family, professional and social - sheds light on the relative weight each has for us, in relation to each other. The projection of a new desired situation allows to visualize the required changes to be made in order to reach a fulfilling life balance.

The magic works when these changes require concrete actions: "Do less..." "Do more..."

http://goo.gl/PgMdA7

Voir le témoignage vidéo.

Pourquoi l'utiliser ?

Objectif

Qu'est-ce que la gestion du temps sinon la façon dont nous remplissons notre vie ? Pourquoi gagner du temps si ce n'est pour vivre une vie plus accomplie ?

Contexte

Les sphères de vie permettent de faire un point sur notre équilibre de vie. Un tel bilan est particulièrement utile lorsque nous avons le sentiment de « ne pas bien vivre le temps ».

Comment l'utiliser ?

Étapes

› **Les 4 sphères de vie :**

- **Professionnelle** : métier, carrière.
- **Familiale** : les proches : conjoint, enfants, parents, fratrie.
- **Sociale** : amis, réseau de connaissances, clubs, associations, activités de loisir collectives.
- **Personnelle** : activités qui ressourcent et/ou permettent de s'accomplir, passions, santé, soin corporel, détente psychique.

› **1er dessin : la situation actuelle.**

- Dessinez chacune de vos sphères de vie sous forme de cercle. La taille relative de chaque cercle représente la place de chaque sphère dans votre vie, votre temps, votre esprit.
- Certaines sphères peuvent se chevaucher (faire du théâtre peut être perçu comme une activité à la fois personnelle et sociale).

› **2e dessin : la situation souhaitée.**

- Prenez une baguette magique, imaginez que tout est possible. Éliminez les contraintes comme l'obligation de gagner sa vie ou tout autre devoir.
- Dessinez vos sphères de vie telles que vous aimeriez qu'elles soient. La taille des sphères est-elle différente du premier dessin ?
- À l'extérieur des sphères, écrivez les activités que vous souhaiteriez éliminer de votre vie. Dans les sphères inscrivez les activités que vous souhaiteriez faire ou faire plus. Soulignez celles qui vous tiennent à cœur.

› **Choisissez vos pistes d'action.**

- Écrivez sous votre 2e dessin une ou deux actions que vous pouvez entreprendre facilement à très court terme pour faire un premier petit pas dans la direction de vos sphères souhaitées.
- Affichez cette feuille dans un endroit visible et relisez-la régulièrement.

« Faites de votre propre reconquête la première priorité de votre vie. »
Robin Norwood

Méthodologie et conseils

› Ne cherchez pas une mesure rationnelle pour dessiner vos sphères. Ce qui compte, c'est la taille relative de chacune d'elle entre la situation réelle et la situation souhaitée.

› Il n'y a aucun jugement de valeur dans la taille des sphères. Deux personnes peuvent avoir le même dessin mais vivre la situation de manière différente. C'est le ressenti de chacun qui est important. ■

Avantages

- L'équilibre de vie est au cœur de l'efficacité : une vie équilibrée nous permet de nous ressourcer et de maintenir un fort niveau d'énergie propice à la productivité. Surtout, la gestion du temps, c'est la gestion de notre vie.
- La visualisation de la situation souhaitée nous aide à tenir le cap face aux perturbations ou sollicitations extérieures.

Précautions à prendre

- Les changements peuvent se faire par rupture brutale. Mais alors attention : vérifiez que vous êtes prêt à assumer les réactions de votre environnement. Ils peuvent aussi s'opérer lentement par convergence et rééquilibrage progressif.

OUTIL 2

L'objectif personnel puissant (OPP)

SE CRÉER UNE VISION NETTE POUR ORIENTER SES ACTIONS

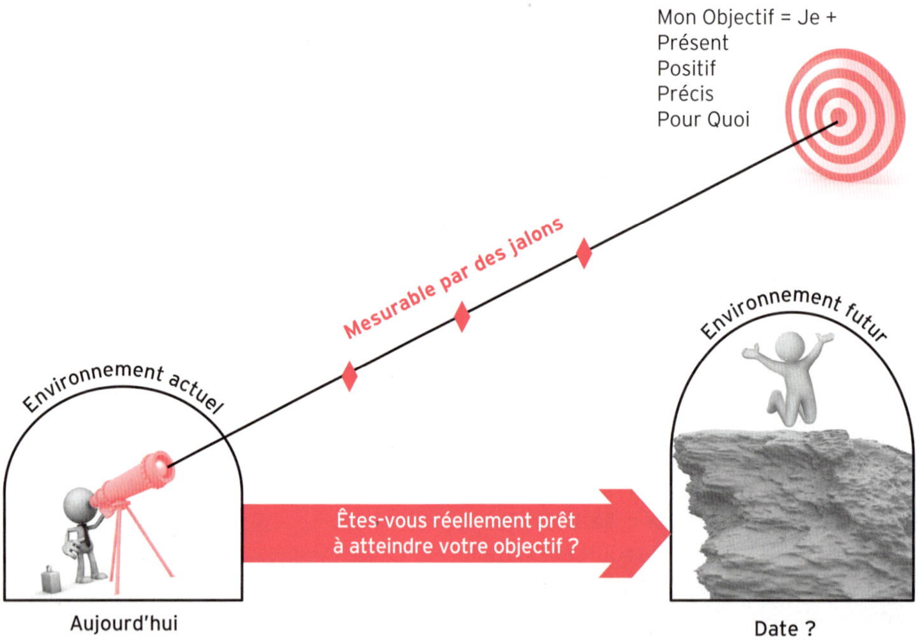

En résumé

Les rêves ont leur charme et leur beauté mystérieuse, mais ils sont évanescents. Essayez d'en attraper un le matin ! Il vous file entre les doigts et se dissipe avec la brume de l'aurore.

Si nous ne concrétisons pas nos rêves, c'est souvent parce que nous ne les avons pas transformés en objectifs. Trop flous, ils se dissipent dans le quotidien.

L'objectif personnel puissant est un aimant pour nos actions futures. Il oriente naturellement nos choix. Nous voyons les opportunités et osons les saisir, parce que nous sommes préparés. Nous surmontons les échecs parce que nous avons la certitude de l'atteindre.

Insight

Dreams have their charm and mysterious beauty, but they are evanescent. Try catching one in the morning! It slips away and vanishes with the mist of dawn.

The reason why we do not materialize our dreams is often because we have not turned them into goals. Too vague they disappear in the daily routine.

***A strong personal goal** is a magnet for our future action. It naturally guides our choices. We see opportunities and dare to seize them, because we are prepared. We overcome failures because we are confident that we will reach it.*

Pourquoi l'utiliser ?

Objectif

L'objectif personnel puissant (OPP) est beaucoup plus qu'un simple objectif. C'est un but aimanté, une vision forte qui guide nos choix et nos actions au quotidien.

Contexte

Notre OPP peut être défini n'importe quand. Il n'est jamais trop tard pour vivre sa vie et réaliser ses rêves. Si vous avez l'impression d'être ballotté par les buts des autres, c'est le moment ! L'OPP peut être professionnel ou personnel.

Comment l'utiliser ?

Étapes

› **Formulez un objectif personnel motivant.**

- La syntaxe est importante : **JE** + verbe au **PRÉSENT**. Éliminez le verbe « vouloir ». Employez « je suis » ; « j'ai » ; « je fais ».
- Il est **précis** et **positif** : le cerveau ne conçoit pas le négatif. Transformez « je veux perdre du poids » *(négatif et imprécis)* en « je mets des vêtements de taille 38 ».
- Vérifiez votre motivation : pourquoi cet objectif, ou plutôt **pour... quoi ?** Dans quel but ? Posez-vous plusieurs fois cette question jusqu'à trouver un sens fort pour vous.
- Donnez-lui une **date** de réalisation.

› **Vérifiez l'écologie de votre objectif.**

- Est-il acceptable pour vous en termes d'investissement personnel ?
- Quel est l'impact sur votre environnement ?
- Quels sacrifices, choix ou renoncements exigera-t-il de vous ?
- Êtes-vous prêt à les accepter ?

› **Ajustez-le si besoin.**

- En allongeant son délai de réalisation.
- En réduisant votre ambition.

› **Donnez-lui de la puissance.**

- Prenez le temps de vous visualiser dans l'atteinte de votre objectif. Donnez-lui une réalité précise : où êtes-vous ? Que faites-vous ? Qui est avec vous ? Quelles sont les paroles échangées ? Que ressentez-vous ?
- Affichez votre objectif personnel puissant ou une image évocatrice dans un endroit visible (« En 2020, je donne un concert avec mon groupe de rock à la Cigale »).
- Affirmez-le, répétez-le.

« La chance ne sourit qu'aux esprits préparés. »
Louis Pasteur

Méthodologie et conseils

› Certains objectifs ne sont pas quantifiables (*cf.* l'exemple ci-dessus). Des jalons peuvent néanmoins être définis (contacts avec des agents ; concerts dans des lieux plus modestes).

› La question pour... quoi ? peut aussi être pour... qui ?

› La puissance de l'OPP tient essentiellement aux **émotions** ressenties en vous visualisant dans l'atteinte de votre objectif. Laissez-vous emporter par la magie de votre imagination.

› Prenez autant de temps qu'il faut pour définir votre OPP. Que sont deux ou trois heures au regard de votre rêve ? ■

Avantages

- Bien défini, notre OPP oriente nos actions naturellement. Nos choix sont plus faciles.
- Nous voyons les opportunités et osons les saisir parce que nous sommes prêts.

Précautions à prendre

- Si notre objectif n'est pas écologique, notre inconscient trouvera mille raisons pour nous empêcher de mettre en œuvre les actions nécessaires pour l'atteindre. Soyez prêt à consentir des sacrifices en pleine conscience, et clair avec ce qui compte vraiment pour vous dans l'équilibre de vos sphères de vie.
- Soyez patient et acceptez les échecs. Ils sont utiles et vous font grandir vers votre objectif. Persévérez, recommencez autrement.

OUTIL 3

La méthode des états désirés

TRACER MENTALEMENT LE CHEMIN POUR RÉALISER SES RÊVES

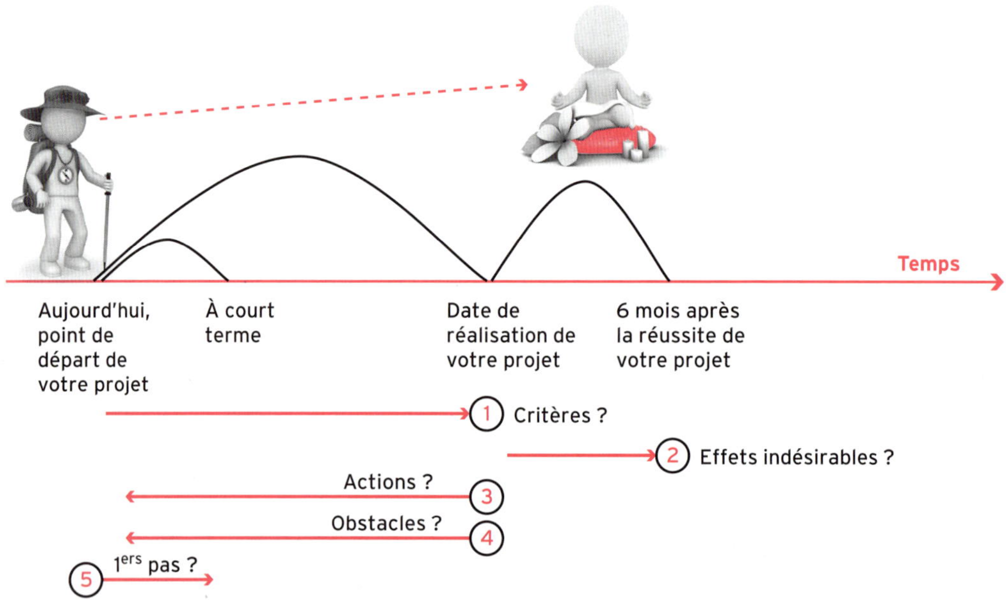

En résumé

La méthode des états désirés est un exercice de visualisation du futur, à l'instar des techniques employées par les sportifs de haut niveau.

Issue de la PNL (Programmation neuro-linguistique), elle consiste à imaginer notre projet réussi et à voyager mentalement dans le temps :

- pour visualiser concrètement le rêve réalisé, lui donner forme et consistance ;
- pour vérifier que les conséquences sont acceptables s'il est atteint ;
- pour visualiser « rétrospectivement » le chemin parcouru et identifier le premier pas à mettre en œuvre aujourd'hui pour marcher dans la direction de notre rêve.

Insight

The 'Desired State' method is a visualization of the future, similar to the techniques used by top-level athletes.

This method comes from NLP (Neuro-Linguistic Programming), and leads to picturing our finalized project as a success and mentally time traveling in order:

- *to get a real sense of the fulfilled dream, giving it form and consistency;*
- *to ensure that consequences are acceptable if the dream is achieved;*
- *to "retrospectively" visualize the path followed, and identify the first step to take today in order to head towards our dream.*

Pourquoi l'utiliser ?

Objectif

Les rêves que nous ne réalisons pas nous éloignent de nous. Si ces projets meurent, c'est parce que nous n'osons pas les mettre en œuvre. Ils nous semblent trop vastes, trop incertains, et nous avons peur des changements qu'ils impliqueraient si nous leur donnions vie.

La méthode des états désirés permet de se projeter mentalement dans le changement pour l'apprivoiser et trouver la ressource de faire le premier pas.

Contexte

Cette méthode s'applique à tous nos projets de changement : modifier nos sphères de vie, organiser notre temps différemment ou réaliser notre OPP (outil 2).

Comment l'utiliser ?

Étapes

› **Placez-vous d'abord au moment de la réussite de votre projet (1) :** vous êtes parvenu à mettre en place l'organisation que vous souhaitiez, vous réalisez les activités dont vous rêviez. Vous êtes satisfait, efficace, votre vie est équilibrée.

- À quelle **date** voulez-vous avoir réussi ?
- Concrètement, quels sont les **critères de réussite** ? Que constatez-vous ? Qui voyez-vous ? Quels sont vos dialogues ? Quelles sensations ressentez-vous ?

› **Avancez maintenant 6 mois après la réussite de votre projet (2).**

- Quelles sont les conséquences probables ?
- Y a-t-il des **effets indésirables** ?
- Si oui, êtes-vous prêt à les assumer ?
- Si non, comment les atténuer ?

› **Revenez à la date de la réussite de votre projet.**

- Quelles **actions** avez-vous mises en place pour réussir ? **(3)**
- Quels **obstacles** avez-vous rencontrés sur votre chemin ? **(4)**
- Qu'avez-vous fait pour les surmonter ?

› **Revenez à aujourd'hui (5).**

- Quels sont les **premiers pas** que vous allez mettre en œuvre pour réussir votre projet ?

Planifiez vos actions en intégrant les réponses aux questions précédentes, anticipez les obstacles.

« Un voyage de mille lieues commence toujours par un premier pas. »
Lao Tseu

Méthodologie et conseils

› À chaque étape, veillez à vous installer mentalement à l'époque indiquée : pour les étapes 1 à 4, votre projet **est** réalisé. Parlez (à voix haute) au **présent** en étapes 1 et 2, au **passé** en étapes 3 et 4.

› Pour cheminer dans le temps, vous pouvez vous aider d'un « marquage au sol » : écrivez les dates sur des bandes de papier que vous positionnez sur une « ligne de temps » et déplacez-vous à chaque étape.

› Choisissez des premiers pas faciles à effectuer. Même petits, ils sont déterminants car ils vous placent dans la bonne direction.

› Pour les projets à long terme (5 ou 6 ans), vous pouvez placer des jalons tous les 2 ans et répondre aux questions des étapes 3 et 4 en remontant le temps. ■

Avantages

- Cette méthode permet de tester notre choix : si les effets indésirables sont trop forts, nous renoncerons sans regret au projet.

Précautions à prendre

- La date précise est impérative : les projets sans échéance ne sont jamais réalisés.
- Prenez le temps d'explorer l'étape 2. Si vous n'exprimez pas consciemment les effets indésirables, ils vous freineront de toute façon inconsciemment, et vous trouverez mille bonnes raisons de ne pas démarrer votre projet.

OUTIL 4

La carte des missions essentielles

GARDER LE CAP SUR L'ESSENTIEL

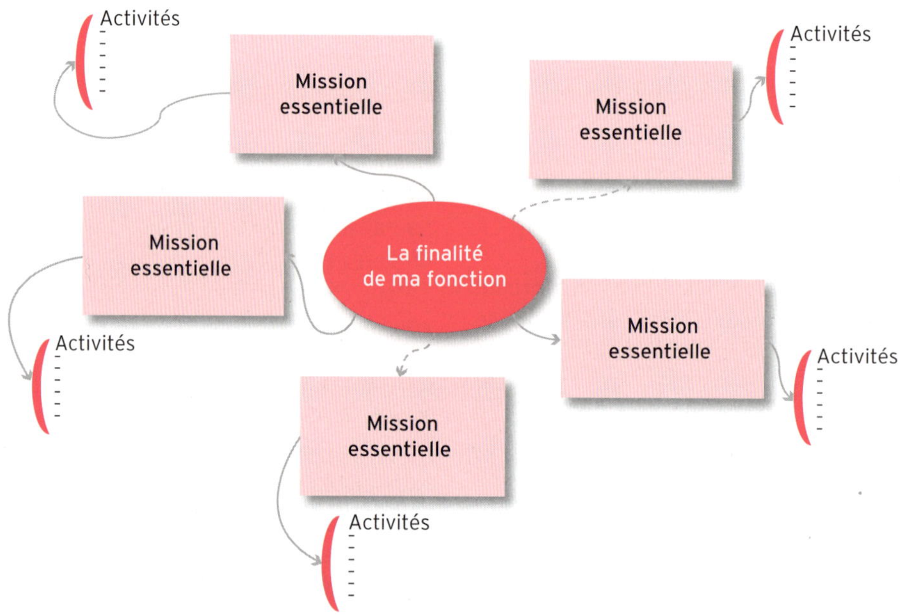

En résumé

Submergés par les mails qui ne cessent d'envahir la boîte aux lettres, sollicités en permanence pour des urgences, il arrive que nous perdions de vue la finalité de notre mission. Pourtant, rares sont ceux qui sont payés pour répondre à des mails à longueur de journée !

La représentation synthétique sur une page de nos **missions essentielles** et des activités qui y contribuent nous aide à retrouver le sens de notre métier.

Cette carte nous guide pour arbitrer nos priorités en cas de surcharge d'activité. Elle nous aide à nous concentrer sur l'important sans rien oublier d'essentiel.

Insight

Overwhelmed by emails ceaselessly filling the Inbox, constantly called upon for emergencies, we lose sight of the purpose of our mission. Yet, people are rarely paid to spend their days answering emails!

*A one-page summarized presentation of our **essential missions** and the contributing tasks help us to redefine the sense of our profession.*

This map helps us to prioritize our tasks when we are overbooked. It helps us to focus on what is important without forgetting anything essential.

Pourquoi l'utiliser ?

Objectif

La carte des missions essentielles donne une vision synthétique de ce que nous avons à accomplir d'important pour remplir la mission qui nous est confiée.

Contexte

Il est utile de la réactualiser tous les ans, de préférence au moment de l'entretien annuel.

Comment l'utiliser ?

Étapes

› **Inscrivez la finalité de votre fonction** au centre d'une feuille de papier. Cette finalité répond à la question : « Pourquoi suis-je payé ? » ou « À quoi sert mon poste ? ». Par exemple la finalité d'un poste de commercial est de développer le chiffre d'affaires de son secteur. Celle d'un responsable maintenance est d'assurer la continuité de production de son usine ou des installations de ses clients.

› **Déclinez cette finalité en missions essentielles**, c'est-à-dire en grands domaines. Un métier compte en général entre 3 et 5 missions essentielles.

Par exemple, pour un commercial : fidéliser ses clients en garantissant la qualité de service, prospecter de nouveaux clients ; promouvoir des solutions nouvelles. Et pour un responsable maintenance : organiser les maintenances préventives ; assurer les dépannages dans le délai contractuel ; développer les compétences de l'équipe technique ; vendre des contrats de service.

› **Listez les activités pour chaque mission**, c'est-à-dire les actions concrètes qui y contribuent.

Exemple pour l'activité « faire monter en compétence l'équipe » : répertorier les compétences existantes ; organiser des formations ; organiser le transfert des compétences par binômes, faire rédiger les modes opératoires des nouveaux systèmes, etc.

Méthodologie et conseils

› Si vous avez du mal à exprimer la finalité de votre mission, faites l'exercice à l'envers : prenez des mini-post-it™ et inscrivez une activité par post-it™. Regroupez-les ensuite par grands domaines, et nommez vos missions essentielles. Enfin, répondez à la question de la finalité de votre mission : « Pourquoi suis-je payé ? »

› Si vos missions essentielles ne vous ont pas été assignées de façon claire, faites le point avec votre manager pour les clarifier. Ce peut être l'opportunité de faire des propositions en ligne avec vos valeurs (voir pages suivantes) et de dessiner votre poste à votre image.

› En cours d'année, si vous vous sentez bousculé et sursollicité, relisez votre carte… ou mieux, affichez-la bien en vue dans votre bureau !

› Affectez à chacune de vos missions une couleur que vous indiquerez dans votre agenda. Cela vous permet de visualiser le temps que vous consacrez à chacune d'elles.

« Il n'est pas de vent favorable pour celui qui ne sait où il va. »
Sénèque

Avantages

- Lorsque l'on a bien en tête ses missions essentielles, il est plus facile ensuite de discerner l'important de l'accessoire.
- La clarification de la finalité de la mission aide au quotidien à prendre des décisions justes plus rapidement.

Précautions à prendre

- Redessinez votre carte en cas de changement de stratégie de l'entreprise.
- N'hésitez pas à supprimer des activités qui ne sont plus alignées avec vos nouvelles priorités (outil 31).

SUITE OUTIL 4 →

La carte des missions essentielles

Comment être plus efficace ?

Au-delà de la finalité de votre mission telle qu'elle vous est donnée par votre manager et votre entreprise, vous pouvez incarner votre rôle de façon plus personnelle. Plus votre identité professionnelle sera alignée avec vos valeurs et vos sources de motivation, mieux vous vivrez votre temps au travail. Vous accomplirez votre mission avec passion et à moindre effort, parce que vous vous reconnaîtrez dans chacune de vos actions.

Interrogez vos valeurs

Répondez aux trois questions ci-dessous :

- Quelles sont les valeurs qui sont les plus importantes pour vous dans la vie ?
- Quelles sont les activités professionnelles qui ont le plus de valeur pour vous ?
- Que signifie pour vous : « réussir professionnellement » ?

Pour vous aider à identifier vos valeurs professionnelles, voici une liste de valeurs liées au travail. Repérez celles qui sont importantes pour vous :

- L'équité et la justice.
- De bons rapports avec vos managers.
- L'équilibre entre le travail et la vie personnelle.
- La compétition (dans les deux sens : c'est important pour vous qu'il y en ait ou au contraire qu'il n'y en ait pas).
- Le sentiment d'être utile, d'aider les autres.
- Le travail en équipe.
- La créativité (créer, innover, imaginer, concevoir des idées, des concepts ou des produits).
- La variété, la diversité des activités, des imprévus et peu de routine.
- L'engagement envers le produit (vous sentir en accord avec le type de produits ou services délivrés par votre entreprise).
- La reconnaissance.
- Le respect des personnes, (courtoisie, bienveillance...).
- L'accomplissement (progresser, vous développer, grandir).
- La protection de l'environnement, le développement durable.
- La beauté et l'esthétique (du produit, de l'environnement de travail).
- L'autonomie (marge de manœuvre pour décider, prise d'initiative).

Interrogez vos motivations

Elles peuvent provenir de plusieurs sources : votre objectif personnel puissant (outil 2), la convergence de vos sphères de vie (outil 1), vos besoins psychologiques (outil 28), vos envies, tout simplement.

Utilisez les questions ci-dessous pour guider votre réflexion :

- Quelles sont vos sources de motivation ? Quelles activités vous ressourcent, dans votre vie professionnelle ou personnelle ? Pourquoi ?
- Quelles sont celles qui vous rapprochent de votre objectif personnel puissant, de vos rêves ?
- Qu'avez-vous envie de donner ?
- Avec qui avez-vous envie de travailler ?
- Qu'aimeriez-vous faire dans cinq ans ? (nouvelle fonction, nouvelles responsabilités, nouveaux projets, nouveau rôle, etc.).
- Quels talents avez-vous envie de développer ?

Personnalisez votre lettre de mission

Revenez sur la finalité de votre mission pour en rédiger une version personnalisée. Finalement, qu'accomplissez-vous qui lui donne du sens pour vous au quotidien ?

Prenez quelques exemples d'activités pour les décliner avec cette nouvelle coloration. Comment les vivez-vous maintenant ?

Vous pouvez intégrer cette réflexion dans la révision de vos priorités (outil 31).

TÉMOIGNAGES de 4 managers responsables d'une business unit

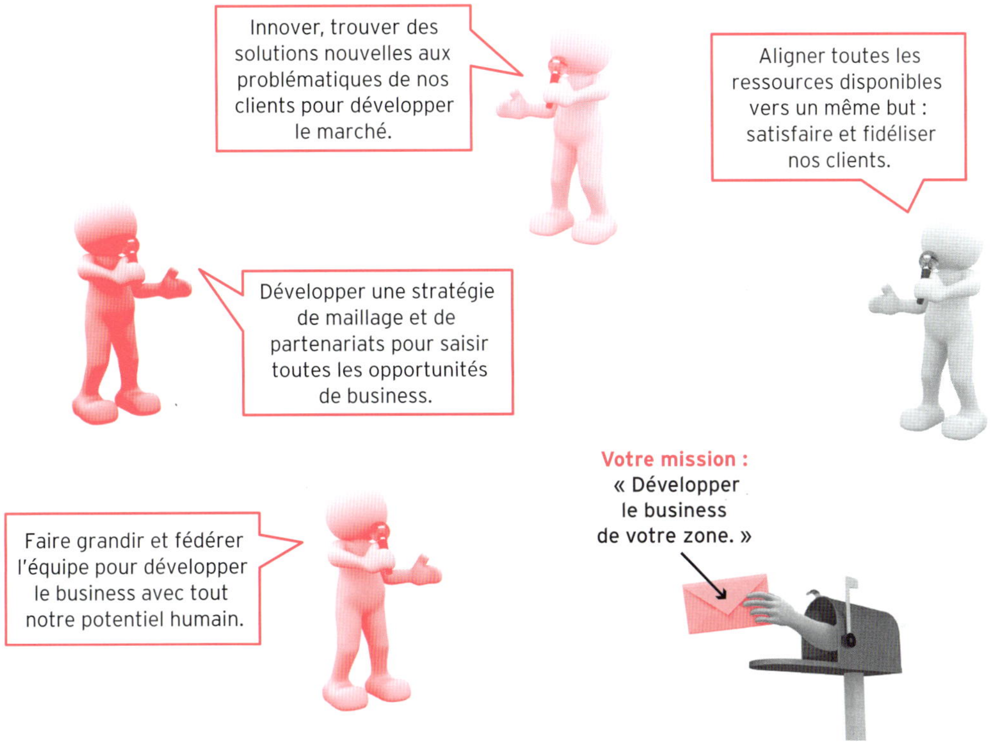

Un même métier peut être vécu de façon différente par chacun des individus qui l'exercent, comme le montrent les témoignages de ces quatre managers.

Tous vont accomplir la mission qui leur est confiée, tous vont atteindre le même but avec au départ les mêmes ressources.

Mais chacun va placer le curseur de ses priorités à un endroit qui lui permet de se réaliser dans sa mission et de la vivre avec passion. Si le but est similaire, le chemin ne sera pas le même. ■

> « Choisissez un travail que vous aimez et vous n'aurez pas à travailler un seul jour de votre vie. » Confucius

Les activités Jackpot

PRIVILÉGIER LES ACTIVITÉS À HAUT RENDEMENT

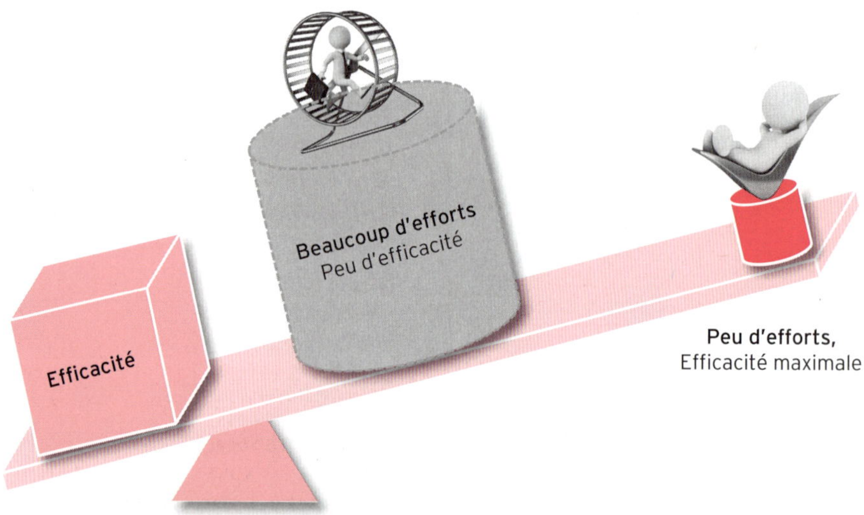

En résumé

Les activités Jackpot sont celles qui ont un impact fort sur l'atteinte de nos objectifs et la réalisation de nos missions essentielles, pour un investissement minimum en temps et en énergie.

Plusieurs facteurs décuplent la portée des activités Jackpot : agir sur le collectif plutôt que sur l'individuel ; mener des actions qui nous mettent en contact avec des personnes influentes ; accomplir des actions qui facilitent la réalisation d'autres actions ; effectuer des tâches essentielles à notre mission et qui en même temps nous ressourcent.

Insight

Jackpot activities are the ones that have a strong impact on goal achievement and key missions' fulfillment, with minimal investment of time and energy.

Several factors strongly increase the reach of Jackpot activities: working on the collective rather than the individual; leading actions that bring us to mix in influential circles; accomplishing actions that facilitate the achievement of other actions; carrying out tasks which are essential to our mission and also invigorating.

Pourquoi l'utiliser ?

Objectif

Bien gérer son temps, c'est gérer ses priorités et son énergie. Les activités Jackpot agissent sur ces deux leviers : ce sont des activités à haute valeur ajoutée effectuées à moindre coût en temps et en énergie.

Contexte

Repérer ses activités Jackpot... est une activité Jackpot en soi ! C'est la suite logique du travail de clarification des missions essentielles, et cela permet d'optimiser la planification. Elles peuvent être revisitées tous les mois ou tous les ans.

Comment l'utiliser ?

Étapes

› **Identifiez vos activités à haute valeur ajoutée :** repérez dans les activités de vos missions essentielles celles qui contribuent le plus fortement à l'atteinte de vos objectifs.

› **Sélectionnez vos activités Jackpot :** celles qui offrent le meilleur rapport [Efficacité]/[Temps investi ou Énergie consommée]. Elles répondent en général au moins à l'un des critères suivants :

- elles sont rapides à effectuer ;
- elles agissent sur le collectif plutôt que sur l'individuel ;
- elles consomment peu d'énergie personnelle, voire « donnent la pêche » parce que les accomplir est un plaisir en soi ;
- elles ont un « effet démultiplicateur », parce qu'elles permettent de gagner du temps ensuite (exemples : déléguer, transmettre ses compétences ou un dossier, s'imprégner d'un dossier complexe en amont, etc.) ;
- elles nous mettent en contact avec des personnes influentes qui pourront faciliter ultérieurement l'avancée de nos projets.

› **Planifiez vos activités Jackpot en priorité.** Réservez très en amont (jusqu'à un an à l'avance) des budgets temps par demi-journées ou journées entières pour les activités soumises à des cycles récurrents (consolidation des comptes, plan stratégique, analyse qualité).

- **Dès que vous en avez connaissance,** faites de même pour toutes les activités Jackpot qui surviennent en cours d'année (recruter un nouveau collaborateur, lancer un projet stratégique).
- **À moyen terme**, et avant de vous laisser envahir par des sollicitations, fixez une plage horaire pour accomplir ces activités Jackpot.
- **À court terme**, mettez en place les conditions pour les réaliser vraiment : isolez-vous pour les actions à réaliser seul, proposez tout de suite un rendez-vous pour les actions collectives.

« Efficacité : optimisation du rapport entre les résultats obtenus et les moyens mis en œuvre (temps, énergie, stress). » Stephen Covey

Méthodologie et conseils

› Privilégiez les plages horaires où vous avez le plus d'énergie (première partie de matinée) pour vos activités Jackpot.

› Vérifiez que vous avez au moins une activité Jackpot par semaine dans votre agenda. ■

Avantages

- Les activités Jackpot entretiennent notre énergie grâce à la satisfaction d'avancer à grands pas dans nos missions essentielles.
- Le retour sur investissement est très rapide et permet assez vite de dégager du temps pour accomplir des missions de plus grande envergure ou des projets personnels.

Précautions à prendre

- Ne confondez pas « activité Jackpot qui me ressource » et « procrastination » qui est la tendance à reporter à plus tard un travail important en réalisant des actions plus plaisantes mais non essentielles.

OUTIL 6

La matrice des priorités

PRIVILÉGIER L'IMPORTANCE À L'URGENCE

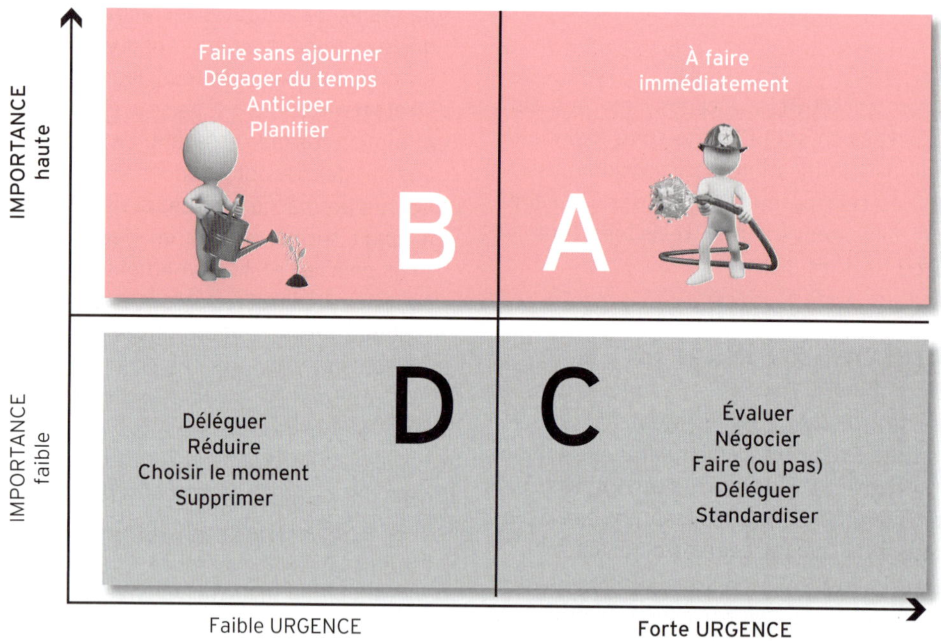

En résumé

Aussi appelée matrice d'Eisenhower (d'après le général du même nom), la **matrice des priorités** permet de gérer les priorités selon deux critères, l'urgence et l'importance.

Lorsque nous nous laissons déborder par les urgences, nous traitons beaucoup de tâches de cadran C au détriment des tâches de cadran B. Nous finissons par traiter la plupart des tâches importantes de notre fonction en cadran A, dans l'urgence, avec le risque d'erreur que cela comporte.

La seule manière de reprendre la maîtrise de notre temps est de redonner la priorité au cadran B en planifiant judicieusement les tâches importantes dans notre agenda.

Insight

*The **Priority Matrix**, also known as the Eisenhower Matrix (attributed to the former US president), allows us to efficiently manage priorities based on two criteria: urgency and importance.*

When we let ourselves be overwhelmed by emergencies, we tend to deal with many tasks from quadrant C at the expense of those in quadrant B. In the end, we deal with the most important tasks of our job in quadrant A in a state of emergency, thereby increasing the risk of making mistakes.

The only way to recover control of our time is to give precedence to quadrant B by judiciously planning the important tasks on our agenda.

Pourquoi l'utiliser ?

Objectif

La matrice d'Eisenhower permet de gérer les priorités avec discernement sans se laisser séduire par les sirènes de l'urgence.

Contexte

C'est un outil préalable à la planification à moyen terme. Vous pouvez la réviser tous les mois ou toutes les semaines, et à chaque fois que vous avez l'impression de perdre de vue vos priorités au profit des urgences.

Comment l'utiliser ?

Étapes

› **Préalable : distinguez l'urgent de l'important.**
- Est urgent ce qui comporte un risque à ne pas être traité immédiatement : danger potentiel ou opportunité à saisir.
- Est important ce qui contribue directement à nos objectifs et missions essentielles.

› **Répartissez vos tâches dans la matrice.**
Notez l'intégralité de ce que vous avez à faire en répartissant les tâches au fur et à mesure dans le cadran approprié.

› **Exploitez votre matrice par cadran.**
- **Cadran A :** ces actions sont à traiter en priorité. Planifiez-les dans la journée ou la semaine. Si possible, faites-vous aider par des personnes compétentes… mais acceptez qu'elles ne soient pas disponibles à si court terme.
- **Cadran B :** planifiez ces actions tout de suite, en les répartissant dans le temps. Veillez à leur consacrer au moins deux ou trois créneaux par semaine. Réservez-leur les moments de la journée où vous êtes le plus efficace. Vous avez le temps d'organiser la délégation de certains dossiers.
- **Cadran C :** c'est sur ce cadran que vous pouvez économiser le plus de temps. Attention aux urgences des autres. Ayez le réflexe d'évaluer et de négocier chaque demande (délai, livrable, aide, arbitrage). Osez dire non à certaines sollicitations, standardisez ce qui peut l'être, anticipez les imprévus et renoncez à tout traiter (voir les dossiers 4 et 5).
- **Cadran D :** contrairement aux idées reçues, tout n'est pas à jeter ici. Ces tâches à faible charge mentale peuvent être réalisées aux moments où vous êtes en énergie faible. Privilégiez celles qui vous ressourcent ou qui vous feront gagner du temps ultérieurement (classer, mettre à jour, automatiser).

« L'essentiel est sans cesse menacé par l'insignifiant. »
René Char

Méthodologie et conseils

› Privilégiez les tâches de cadran B. C'est en anticipant votre production (outils 12 et 24) et les problèmes potentiels (outil 29) que vous donnerez de l'oxygène à votre emploi du temps.

› Utilisez le même jeu de couleurs que pour vos missions essentielles. Cela vous permet de vérifier que vous consacrez à chacune d'elle des tâches importantes.

› Ne vous oubliez pas ! Indiquez aussi les tâches de votre vie privée ou qui contribuent à votre OPP (outil 2).

Avantages

- Cette matrice permet d'être plus serein face aux sollicitations et de négocier avec plus d'assurance un report de délai ou un livrable.
- Peu à peu, nous traitons moins de tâches en mode « pompier ».

Précautions à prendre

- Amorcez la réalisation des tâches de cadran B en planifiant des objectifs intermédiaires à court terme (outil 21) pour éviter de les reporter sans cesse.
- Avant de refuser une demande, tenez compte du risque personnel, notamment lorsque la demande vient de la hiérarchie (outil 39).

SUITE OUTIL 6 →

OUTIL 6

La matrice des priorités

Comment être plus efficace ?

La matrice d'Eisenhower est un outil de pilotage parmi d'autres pour se consacrer à l'essentiel.

Choisissez vos critères

Vous pouvez croiser d'autres indicateurs :

- Les responsables sécurité croisent l'impact de gravité d'un accident potentiel avec la fréquence.
- Les commerciaux croisent le chiffre d'affaires actuel et le potentiel de leurs clients.

Un diagramme à bulles permet de croiser trois critères.

- Un responsable d'usine croise le pourcentage de retours clients (image), le coût du produit et le volume que représente ce produit.
- Pour la gestion des imprévus croisons l'impact opérationnel, la fréquence et la durée moyenne de traitement (exemple ci-contre).

Choisissez la valeur de vos axes

La valeur par défaut est zéro. L'intérêt de changer la valeur de l'axe est de donner un repère visuel immédiat par rapport à un objectif ou une norme qui fait sens pour vous.

Dans le diagramme à bulles des imprévus, l'axe horizontal est la fréquence des occurrences par mois. La valeur retenue est 4 : sur la droite, les imprévus surgissent plus d'une fois par semaine.

La valeur de l'axe vertical se situe à la médiane de l'indice, qui n'est qu'une pure convention : au-dessus, l'impact est fort, au-dessous il est faible (vous avez donc plus de souplesse pour décider de son traitement).

Définissez vos stratégies par cadran

Chaque cadran soulève une problématique qui appelle une stratégie spécifique.

Cependant, il peut y avoir des exceptions à votre modèle, comme le montre l'exemple de l'imprévu de type E.

› 1er cadran : actions préventives.

Planifiez un temps pour traiter en profondeur la cause de ce type d'imprévus afin de les éradiquer (c'est une action du cadran B de votre matrice d'Eisenhower !). Pour savoir dans quel ordre les prendre, tenez compte du temps que leur éradication vous fera gagner : commencez par les imprévus de type B qui représentent 960 minutes par mois, puis ceux de type C qui en représentent 360. Vous vous occuperez de ceux de type A en dernier. Moins fréquents, ils ne représentent que 225 minutes. En attendant, vous ferez comme avant, vous les traiterez au cas par cas.

› 2e cadran : ajustez le pourcentage de temps réservé aux imprévus.

La fréquence est telle que ces imprévus font partie des impondérables de votre fonction. Tenez-en compte dans le calcul de votre pourcentage d'imprévus et vos marges de manœuvre. Exception : l'imprévu de type E, dont la fréquence multipliée par la durée a un impact fort sur votre emploi du temps (à défaut d'un impact opérationnel). Traitez-le comme un imprévu du 1er cadran et cherchez des solutions pour l'éradiquer ou le réduire.

› 3e cadran : ne faites rien.

Ils ne valent pas l'investissement d'un traitement préventif. Lorsqu'ils apparaîtront, soit ils se glisseront dans la flexibilité de votre agenda, soit vous déciderez de ne pas en tenir compte.

› 4e cadran : traitez les imprévus au cas par cas lorsqu'ils arrivent.

En fonction de leur impact et de la durée prévisible, vous choisirez de les traiter immédiatement ou dans un délai court compatible avec vos autres priorités.

http://goo.gl/r1m6g6

Générez votre propre diagramme.

EXEMPLE de Diagramme à bulles pour le traitement des imprévus

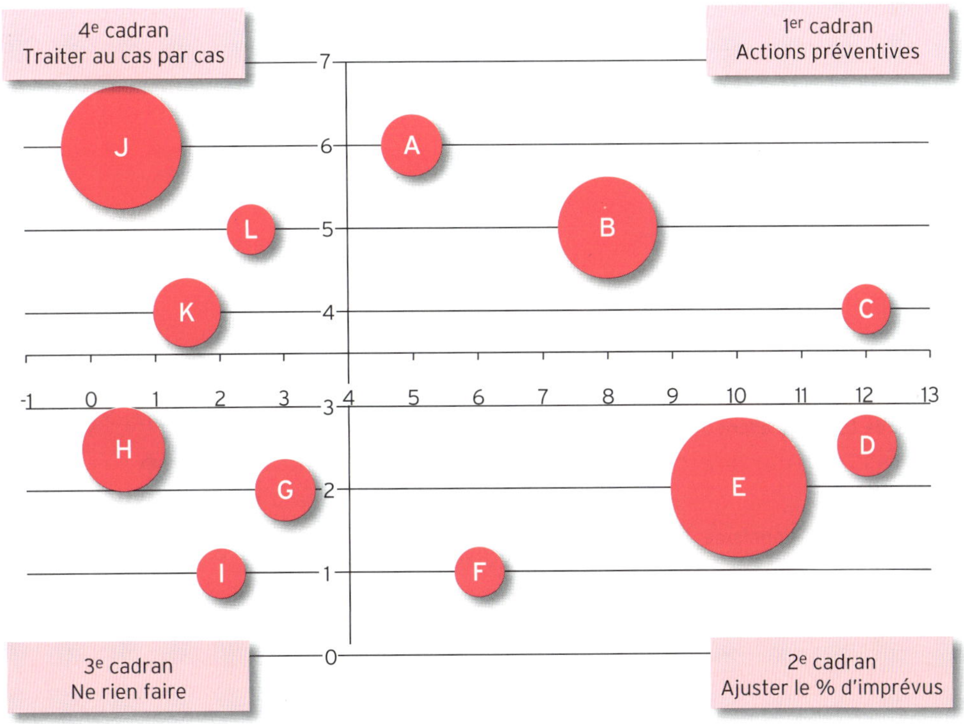

Légende :

- Axe horizontal : fréquence en nombre d'occurrences par mois.
- Axe vertical : indice d'impact de 1 (faible) à 6 (fort), correspondant au risque à ne pas traiter immédiatement l'imprévu.
- Taille des bulles : durée moyenne en minutes. Les petites bulles font 30 minutes, la plus grosse (E) pèse 4 heures.
- Les lettres dans les bulles correspondent à un type d'imprévus (par exemple, réunion impromptue, panne de matériel, etc.). ■

« Le temps de la réflexion est une économie de temps. » Publius Syrus

OUTIL 7

L'escalier mécanique de Pareto

S'ALLÉGER DES TÂCHES PEU PRODUCTIVES POUR GAGNER EN PUISSANCE

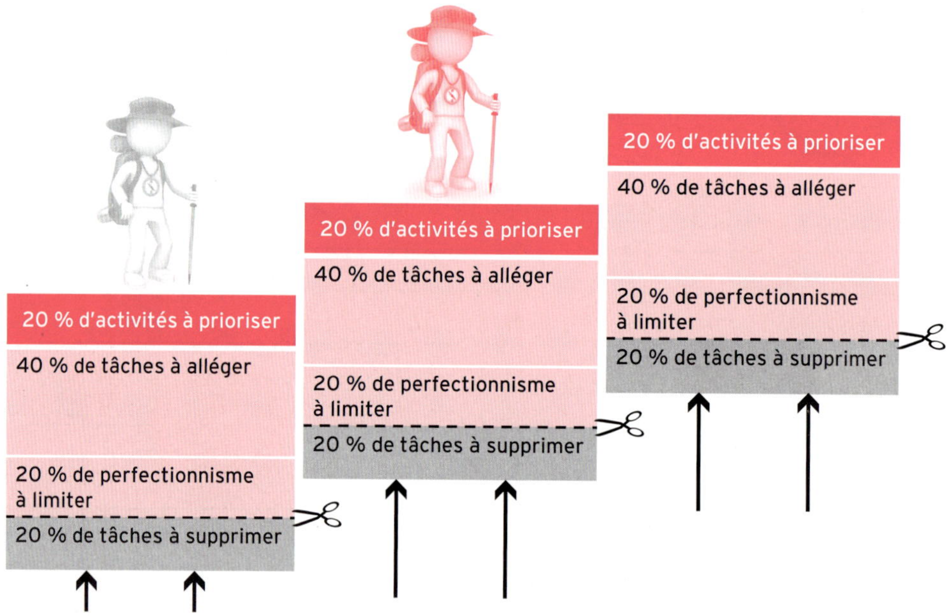

En résumé

Tout le monde connaît la loi de Pareto, les fameux 20 % d'actions (ou de clients, ou de types de pannes) qui produisent 80 % des résultats (ou du chiffre d'affaires, ou des rebuts).

Inspiré de ce constat, l'escalier mécanique de Pareto propose de gravir les marches de l'efficacité. Le principe est simple : alléger le bas de chaque marche pour lui permettre de s'élever :

- en renonçant à certaines tâches ;
- en réduisant le temps consacré à d'autres ;
- pour se focaliser sur les plus productives.

Peu à peu, nous augmentons notre puissance pour accomplir des projets plus ambitieux et réaliser nos rêves.

Insight

Everyone knows Pareto's law, the famous 80/20 rule by which 20 percent (%) of your activity (or clients, or types of breakdown) produce 80 percent (%) of your results (or sales, or waste). Based on this observation, the Pareto escalator proposes to climb the ladder of efficiency. The principle is simple: lighten the bottom of each step to rise:

- *by giving up certain tasks;*
- *by reducing the time spent on others;*
- *in order to focus on the more productive ones.*

Gradually, we increase our power to achieve more ambitious projects and fulfill our dreams.

Pourquoi l'utiliser ?

Objectif

En économisant sur les tâches de moindre valeur ajoutée à chaque marche, l'escalier mécanique de Pareto nous donne du temps pour accomplir des projets plus vastes.

Contexte

C'est un processus itératif qui peut être initié n'importe quand. Il s'appuie sur un travail d'analyse de notre temps (outils 4, 5, 6 et 8).

Comment l'utiliser ?

Étapes

› **Prenez appui sur la première marche.** Planifiez en priorité les 20 % d'activités qui contribuent à 80 % de vos résultats (vos activités Jackpot, les tâches des cadrans A et B de votre matrice d'Eisenhower).

› **Décollez le fond de la marche** : répertoriez les tâches que vous allez cesser de faire.

- Décidez de ne plus répondre à certains mails.
- Décidez de supprimer les tâches à trop faible valeur ajoutée par rapport au temps investi.
- Renoncez à entretenir certains contacts qui ne vous apportent rien.

› **Allégez la structure interne de la marche.**

- Renoncez au perfectionnisme et fixez une limite de qualité ou de temps à vos dossiers :
  - Acceptez de ne pas avoir l'exhaustivité des informations.
  - Cessez de vous relire trois fois.
  - Savourez les coquilles qui subsistent dans un document comme une victoire sur votre perfectionnisme.
  - Décidez de ne pas **tout** traiter (pas tous les produits, pas tous les clients, etc.).
  - Négociez le livrable avec vos partenaires.
- Donnez-vous comme objectif de réduire de 50 % certaines tâches, même s'il faut investir un peu de temps au départ :
  - Raccourcissez les processus.
  - Simplifiez vos outils.
  - Standardisez (procédures, réponses types, check-list).
  - Automatisez (reporting, analyses, etc.).
  - Déléguez pour ne conserver que le pilotage de certaines tâches.

› **Montez sur la deuxième marche** : le temps économisé vous permet de vous consacrer à des activités à plus forte valeur ajoutée et aux projets qui vous tiennent à cœur.

› **Recommencez !** Bien installé sur la 2e marche, reprenez le processus. En route pour la 3e marche !

« Ceux qui s'appliquent trop aux petites choses deviennent ordinairement incapables des grandes. »
La Rochefoucauld

Méthodologie et conseils

› Pour renoncer, posez-vous la question : « si je ne fais pas ceci, que pourrai-je faire à la place qui a plus d'importance ? ».

› Rendez explicite ce que vous décidez d'arrêter de faire : pour vous-même, et pour votre entourage qui cessera de vous solliciter à mauvais escient.

› Lancez-vous des défis de temps sur les tâches à alléger (outil 33). ■

Avantages

- Le cap du renoncement franchi, nous ressentons rapidement le confort de la légèreté.
- Nous augmentons la valeur ajoutée de notre contribution et nos résultats.
- Notre agenda est plus souple pour accueillir les missions qui nous intéressent et nous sommes plus alertes aux opportunités.

Précautions à prendre

- Avant de supprimer une tâche, vérifiez l'impact de votre décision sur votre entourage. Réfléchissez avec lui à des solutions alternatives.
- Il peut s'écouler plusieurs mois avant que vous ne puissiez prendre en charge les nouveaux projets de la deuxième marche. Clarifiez ce que vous voulez (outil 2) et soyez proactif.

Les méthodes d'auto-pointage

MESURER OBJECTIVEMENT LE TEMPS DÉPENSÉ

Horloge	Activités (exemple pour un manager commercial)	Durée	Matrice I / U	Catégorie	Autre indicateur
9h00	Arrivée au bureau. Café avec quelques collègues.	15'	D	relations	
9h15	J'allume mon ordinateur. Les mises à jour automatiques se lancent…	10'	D	outils	
9h25	J'ouvre la boite mail. Je traite un mail du service marketing qui demande des renseignements sur les ventes par produit.	30'	C	mails	
9h55	Je démarre le dossier Castel sans cesse reporté depuis 2 jours. *(problème sur un matériel installé chez un client important)* : je cherche les documents épars dans mes mails et mes dossiers, les ouvre pour avoir une vue d'ensemble.	15'	A	clients	
10h10	Je reçois un mail d'un de mes anciens clients surpris de n'avoir pas reçu son devis, qu'un commercial de mon équipe devait lui envoyer. Je vais voir le commercial et lui demande de traiter la demande. Il en profite pour me soumettre une question tarifaire.	15'	C	clients	
10h25	Il ne reste que 5' avant ma réunion. Je recherche le mail contenant les caractéristiques du nouveau produit pour le travail en réunion.	5'	A	admin.	
10h30	Réunion d'équipe : « réussir le lancement du nouveau produit ».	1h	A	managt	
11h30	Retour sur le dossier Castel. J'appelle le technicien en charge du site, laisse un message sur son répondeur. Impossible d'avancer plus.	5'	A	clients	
11h35	Je rédige le compte-rendu de ma réunion d'équipe, rassemble les idées émises pour capitaliser les arguments et bonnes pratiques	45'	A	managt	
12h20	Déjeuner avec l'équipe.	1h	D	managt	
13h20	Le technicien en charge du site Castel appelle. J'ai toutes les infos.	15'	A	clients	
13h35	Je me remets sur le dossier Castel, sans avancer. Je reçois des mails, je réponds aux plus urgents pour m'en débarrasser.	25'	A/C	Clients / mails	
14h00	Réunion DRH sur l'entretien professionnel. Je savais déjà 90%.	1h	D	managt	

En résumé

Combien de fois nous sommes-nous écriés : « Je ne comprends pas où passe mon temps : mes journées sont remplies, et pourtant je n'avance pas sur l'essentiel ! »

Pour le savoir, la meilleure solution est d'examiner de façon factuelle **les dépenses de notre « budget temps »** : saisie des « écritures » au fur et à mesure des dépenses, puis analyse par poste du « crédit temps » dépensé.

Une fois les anomalies identifiées, nous pouvons agir au bon endroit et nous fixer des objectifs de réduction de temps sur les postes qui ne sont pas essentiels.

Insight

How many times have we cried out: "I do not understand how I spend my time: my days are full, yet I'm not making any progress on essential things! "

*The best way to understand this, is to factually examine our **"time budget" expenses**: inputting entries as expenses are incurred, then analyzing each "time credit" item spent.*

Once the anomalies are identified, we can act where necessary and set time reduction targets on not essential items.

http://goo.gl/r1m6g6

Téléchargez votre journal de bord automatique.

Pourquoi l'utiliser ?

Objectif

Les méthodes d'auto-pointage permettent d'analyser nos dépenses de temps pour agir au bon endroit et traquer le temps gâché sur des tâches inutiles ou à faible valeur ajoutée.

Contexte

Si vous ne savez pas où passe votre temps, ou si vous voulez confirmer une impression de perte de temps ciblée sur un type de tâches, les méthodes d'auto-pointage vous aideront à y voir clair dans vos « dépenses ».

Comment l'utiliser ?

Étapes

› **Tenez votre journal de bord :**
- Tracez votre tableau d'enregistrement : une colonne pour noter l'heure de début et de fin des événements, une colonne « activités », et au moins 3 colonnes à droite pour noter la durée de chaque événement et les catégories ou indicateurs que vous choisirez d'analyser.
- Notez les événements de votre journée à chaque fois que vous changez d'activité, y compris les interruptions de 5 minutes.
- Calculez la durée pour chaque ligne.

› **Classez les événements par catégorie :**
- Attribuez une lettre selon le cadran de la matrice d'Eisenhower (outil 6).
- Affectez des catégories par projet ou type d'activité (temps passé en réunion...).

› **Repérez les anomalies significatives :**
- Calculez le cumul des durées par catégorie.
- Mesurez le temps passé sur des tâches mineures, sur les activités essentielles : le temps des interruptions et imprévus, les temps de déplacement, la durée des séquences réalisées en continu : votre temps est-il morcelé ?

› **Analysez les causes :** par exemple, trop de réunions dans des lieux différents la même journée, trop de temps d'attente ; trop de « oui » à des sollicitations ; manque d'anticipation, etc.

› **Listez les pistes solutions :**
- Diminuer le temps de certaines tâches : déléguer, renoncer à la perfection, supprimer.
- Négocier un fonctionnement collectif efficace (réunions, interruptions, mails...)
- Dire « non » à certaines sollicitations.

› **Agissez et rentabilisez vos gains :**
- Choisissez une piste et donnez-vous un objectif concret : par exemple, diviser par 2 le temps passé en réunion.
- Planifiez d'occuper ce temps gagné avec une activité essentielle pour vous.

« La plus coûteuse des dépenses, c'est la perte de temps. »
Théophraste

Méthodologie et conseils

› Choisissez des journées types.

› Tenez votre journal de bord sur 3 jours minimum, idéalement une semaine. Refaites-le après 3 mois pour mesurer vos progrès.

› Si vous avez géré vos mails pendant 1 heure, affectez un temps estimatif à chaque catégorie selon l'importance des mails traités.

› Vous pouvez varier les indicateurs pour une analyse ciblée de votre temps : repérer vos signaux de stress (outil 36), vos pics d'énergie (outil 17), la part des activités plaisantes, etc.

› Pour un audit ciblé, notez uniquement les activités à mesurer. ■

Avantages

- Le calcul permet de nous donner des objectifs concrets motivants et de suivre des indicateurs de gain de temps.
- Il permet de négocier une révision des priorités avec notre hiérarchie sur une base factuelle.

Précautions à prendre

- Notez les événements au fur et à mesure qu'ils arrivent. Sinon, vous risquez d'en oublier ou de déformer la durée.

OUTIL 9

Le paradigme du temps perdu

FAIRE DES CHOIX ET VIVRE PLEINEMENT CHAQUE MOMENT

En résumé

Le temps perdu l'est deux fois : le sentiment de perdre son temps est désagréable en lui-même et en plus, il nous empêche de profiter des opportunités offertes par ces temps *a priori* vides de sens.

Car dans une proportion raisonnable, ces moments sont les respirations de l'esprit. Un espace de décompression où nos idées sont libres, pour faire des associations ou se reposer. Un temps où nous pouvons, sans souci d'en faire quelque chose, profiter des beautés qui nous entourent.

Car le temps perdu, finalement, est celui où nous ne savourons pas notre présent.

Halte à la dictature de la productivité !

Insight

Time lost is twice lost: not only does wasting time feel unpleasant, it also prevents us from making full use of the ensuing opportunities of this time, at first considered as being meaningless.

Because these moments are, in a reasonable proportion, the mind's breathing space. A space in which to relieve pressure, make free associations, or simply to rest. Time in which we can enjoy the beauty around us, without trying to make something out of it.

In the end, real time lost is that in which we do not savor the present.

Stop the tyranny of productivity!

Pourquoi l'utiliser ?

Objectif

Changer notre façon de regarder le temps perdu permet de vivre chaque instant de notre vie avec plénitude.

Contexte

Cet outil se concentre sur les « temps morts », les « temps d'attente », les temps incompressibles pendant lesquels nous ne produisons pas. Ce livre aborde largement par ailleurs le temps à gagner en optimisant notre organisation et nos relations.

Comment l'utiliser ?

Étapes

› **Cernez le sujet : à quoi reconnaître le temps perdu ?**

- Il s'accompagne d'émotions désagréables : ennui, impatience, agacement... que nous ressentons sur le moment ou après-coup.
- Il est lié au sentiment de n'être pas à la bonne place au bon moment : nous pensons que nous aurions mieux à faire par ailleurs.
- Ce temps est vécu comme imposé, nous le subissons. C'est pourquoi nous le vivons mal.

› **Changez de paradigme sur le temps perdu.**

- Les temps morts ont leurs bénéfices : sas de décompression entre la journée de travail et la vie familiale, mise sous tension avant un entretien important ou une réunion.
- Ce sont des espaces de gestation des idées (outil 24) : les illuminations peuvent survenir dans le métro lorsque le cerveau n'est justement pas concentré sur un travail de production, ou par association d'idées avec une observation fortuite. C'est en observant le vol des oiseaux que Léonard de Vinci a inventé sa machine volante.
- Ils peuvent nous mettre en contact avec des opportunités si nous sommes « disponibles ».

› **Faites des choix en tenant compte de votre marge de manœuvre.**

- Prenez des dispositions pour supprimer ou réduire les temps morts qui prennent une place trop importante dans votre emploi du temps (outil 8) (télétravailler, commander par Internet, organiser des téléconférences).
- Transformez-les en opportunité pour les vivre autrement sans les subir (transformer le temps de trajet en séance de sport, transformer le temps d'attente au démarrage d'une réunion en opportunité relationnelle, profiter d'une attente pour lire, se former, se détendre).
- Vivez pleinement ceux sur lesquels vous n'avez pas de marge de manœuvre. Ce sont des temps de gestation. Soyez ouvert à ce qui se passe autour de vous, laissez aller votre esprit, relâchez la tension. Soyez ouvert à la beauté des choses, à la lumière, aux sons, à l'air que vous respirez.

« Moi, se dit le petit prince, si j'avais cinquante-trois minutes à dépenser, je marcherais tout doucement vers une fontaine... » Antoine de Saint-Exupéry

Méthodologie et conseils

› Donnez-vous la permission de ne pas être à fond tout le temps ! Votre cerveau a besoin de temps de décompression pour être efficace. Sachez prendre votre temps !

› Ayez toujours de quoi écrire sur vous, vos meilleures idées peuvent surgir dans ces fameux « temps morts ».

› Rebaptisez vos « temps morts », vous les vivrez autrement ! Par exemple, « temps blancs », « sas de décompression », « temps ouverts », etc. ■

Avantages

- **Nous sommes plus heureux si nous savourons la plénitude de chaque instant de notre vie.**

Précautions à prendre

- **Tout est dans le dosage : sachez dire « non » à des propositions qui feraient exploser le compteur du temps perdu (outils 40 et 50) !**

DOSSIER

2 S'ORGANISER AVEC LES LEVIERS D'EFFICACITÉ

« J'ai vu un ange dans le marbre et j'ai seulement ciselé jusqu'à l'en libérer. »

Michel-Ange

Le tailleur et la fée-fontaine

Il était une fois un tailleur très talentueux. Son atelier était minuscule, mais les clients venaient de loin pour acheter chez lui leurs habits. Il n'avait pas son pareil pour dessiner des modèles qui mettaient en valeur leur silhouette, choisir les étoffes et les couleurs pour relever leur teint. Sa renommée était telle qu'un jour le roi le fit venir à la cour. Il quitta son petit atelier pour se rendre au palais, où il fut logé dans un appartement dix fois plus grand.

Les commandes affluèrent bientôt. Toute la noblesse voulait être vêtue d'élégance et de beauté. Le tailleur ne savait plus où donner de la tête ni des aiguilles. Il travaillait jusque tard dans la nuit, mais au matin de nouvelles requêtes lui étaient apportées par les valets de chambre des grands du royaume. Il en arrivait à se tromper dans ses patrons, mélangeait les couleurs, et devait recommencer à l'aube un ouvrage qu'il avait cousu de travers le soir.

Un matin, après un essayage douloureux chez le roi au cours duquel il avait piqué Sa Majesté à trois reprises avec des épingles, il pénétra dans une petite cour ombragée à l'écart de l'agitation du palais. Une fontaine de marbre en ornait le centre. Des jets d'eau jaillissaient des quatre côtés d'un socle surmonté d'une statue de femme. Le tailleur remarqua la grâce de sa tunique au drapé délicat. Épuisé, il s'assit sur la margelle et aspergea son visage d'eau fraîche.

– De quoi as-tu besoin ? demanda doucement la statue.

– De dormir, répondit-il sans remarquer l'insolite de la situation.

– Alors va te coucher, murmura la fée-fontaine.

Il rentra chez lui à la façon d'un automate et plongea dans un profond sommeil jusqu'au lendemain. Au matin, il se réveilla frais et dispos pour la première fois depuis des semaines. Il regarda les étoffes entassées en désordre, les habits ébauchés, les croquis éparpillés. Il était à la fois lucide et serein. Ce qui le troublait était le souvenir doux et diffus d'une femme en tunique.

Il retourna dans la cour ombragée. La fontaine était bien là, et la statue immobile sur son socle de marbre. Il en fut désappointé. Pour ne pas laisser le découragement l'envahir, il se pencha au-dessus du bassin et arrosa copieusement son visage d'eau fraîche.

– De quoi as-tu besoin ?

Le tailleur redressa la tête, le cœur gonflé de joie. La fée-fontaine n'était pas un rêve.

– De terminer l'habit du roi pour la cérémonie du pèlerinage qui a lieu dans six jours, répondit-il.

– Et pour le finir avant six jours, de quoi as-tu besoin ?

– De pouvoir m'y adonner pendant cinq jours sans être dérangé continuellement par les demandes des gens de la cour, soupira le tailleur.

– Et pour pouvoir être tranquille pendant cinq jours, de quoi as-tu besoin ? interrogea encore la fée-fontaine.

La vision d'un atelier minuscule dans lequel il avait toujours connu la quiétude s'imposa au tailleur. Soulagé, il remercia la fée-fontaine et rentra faire son bagage. Il n'emporta que les fils et les étoffes nécessaires à l'habit du roi et se retira dans son village.

Lorsqu'il revint cinq jours plus tard avec l'habit enfin terminé, le roi en fut si enchanté qu'il décida de l'emmener avec lui en voyage.

La veille du départ, le tailleur, inquiet, rendit visite à la fée-fontaine.

– De quoi as-tu besoin ? lui demanda-t-elle comme d'habitude.

– De savoir quoi faire quand tu ne seras plus là pour me guider, répondit le tailleur.

– Et pour le savoir, de quoi as-tu besoin ?

Le tailleur réfléchit un long moment. Il fouilla sa mémoire à la recherche des conseils que la fée lui avait donnés. Il n'en trouva aucun. Alors, il leva les yeux vers elle et son visage s'éclaira d'un sourire lumineux.

LES OUTILS

10 Le levier des priorités 36
11 Le levier de la planification 38
12 Le rétroplanning 40
13 Le levier du choix 42
14 Le processus de décision 44
15 Le levier de la focalisation 48
16 Le levier de l'énergie 52
17 La chronobiologie 54
18 La boussole des cultures du temps 58
19 Les leviers d'efficacité collective 60

OUTIL 10

Le levier des priorités

SE DONNER LES MOYENS DE CONCRÉTISER SES PROJETS

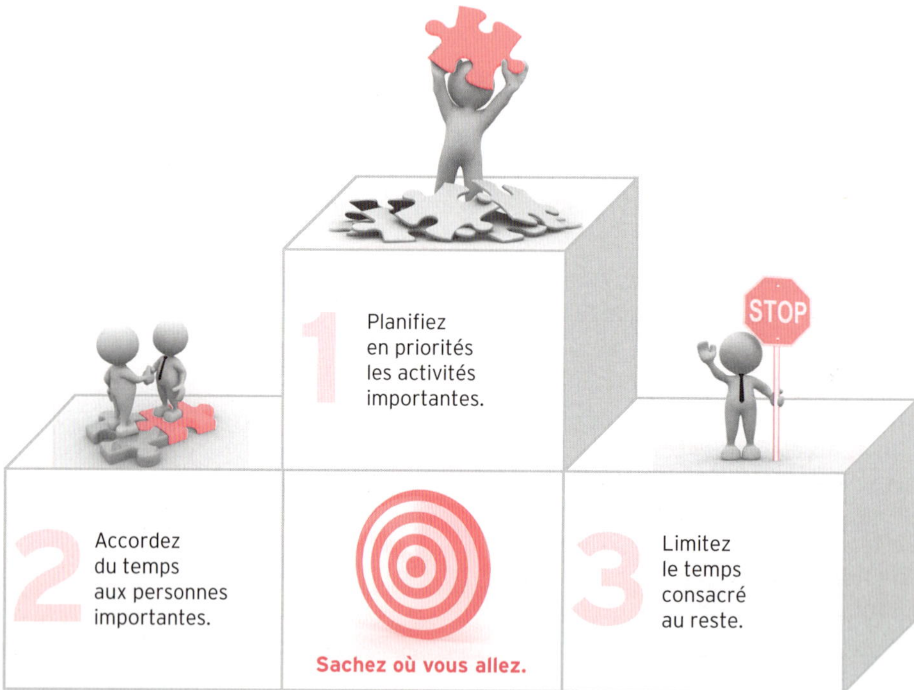

En résumé

Lorsque nous n'alignons pas nos actes sur nos priorités, nous ressentons un malaise, un décalage, voire une terrible frustration. Avec le risque, un jour, de nous retourner pleins d'amertume sur une vie trop pleine de ce que nous n'avons pas fait.

Le levier des priorités a pour but de concrétiser nos projets professionnels ou personnels les plus importants.

En redonnant la priorité aux actions qui nous permettent de réaliser nos rêves et aux projets qui nous tiennent à cœur, nous développons notre sentiment de réalisation personnelle et menons une vie plus épanouie.

Insight

When we do not align our actions on our priorities, we feel a sense of uneasiness, a lag, maybe even terrible frustration. To the risk of looking back with bitterness, one day, on a life too full of what has not been done.

*The purpose of the **Priority Leverage** is to achieve our most important personal or professional projects.*

Giving priority to actions that enable us to accomplish our dreams and the projects we hold dear, we develop our sense of personal accomplishment and our life becomes more fulfilling.

http://goo.gl/GW35Ov

Voir le témoignage vidéo.

Pourquoi l'utiliser ?

Objectif

Le levier des priorités donne les principes essentiels pour concrétiser nos projets les plus importants.

Contexte

Ces principes sont valables pour nos projets professionnels actuels et futurs, pour réaliser nos projets personnels et nos rêves.

Comment l'utiliser ?

Étapes

› **Le préalable : sachez où vous allez.**

– Clarifiez vos priorités de vie (outils 1 et 2), vos priorités professionnelles et celles de votre fonction actuelle (outil 4).
– Répertoriez les activités qui contribuent à l'atteinte de vos objectifs. Affectez-leur un ordre ou un coefficient de priorité (par exemple, activités Jackpot = priorité 1).
– Identifiez les personnes importantes pour vous et/ou qui peuvent vous aider à atteindre vos objectifs.

› **Planifiez en priorité les activités importantes.**

– Découpez les projets importants en objectifs intermédiaires concrets (outil 21).
– Planifiez les tâches les plus importantes en priorité dans votre agenda, aux moments où votre énergie est élevée (outil 17).
– Réservez des moments de réflexion pour vos projets importants. Notez-les dans votre agenda. Prévoyez le temps de maturation des idées (outil 24).
– Anticipez la recherche d'information en amont pour être efficace.
– Faites au moins une activité importante par jour, professionnelle et/ou personnelle.
– Commencez par une tâche importante le matin.
– Soyez tout entier à ces moments importants : éteignez téléphone, messagerie, etc.

› **Accordez du temps aux personnes importantes.**

– Planifiez - en priorité ! - du temps pour elles, pour réaliser des activités en commun.
– Manifestez-leur votre joie d'être avec elles, votre enthousiasme à travailler avec elles.
– Restez souple lorsqu'elles vous sollicitent, sachez leur rendre service.

› **Limitez le temps consacré au reste.**

– Protégez-vous des urgences des autres en sachant dire non avec diplomatie (outil 40).
– Fixez un temps limité aux tâches de moindre importance (outils 33 et 34).
– Supprimez les tâches sans rapport avec vos priorités.

› **Mesurez l'avancement de vos projets.**

– Savourez le chemin parcouru et faites de nouvelles projections pour clarifier et ajuster vos priorités.
– Revisitez régulièrement vos priorités.

« Donnez la priorité aux priorités. »
Stephen Covey

Méthodologie et conseils

› N'oubliez pas vos priorités personnelles et les personnes qui vous sont chères.

› Intégrez au moins une fois par semaine une activité qui vous rapproche de vos objectifs à long terme. ■

Avantages

- Le levier des priorités permet d'avancer avec constance vers nos objectifs prioritaires professionnels ou personnels.
- En obtenant des résultats concrets, nous renforçons notre confiance en nous et notre motivation pour les atteindre.

Précautions à prendre

- Réfléchissez au préalable aux priorités de votre vie. Sinon, vous risquez d'investir le meilleur de votre temps pour un but finalement vide de sens.
- Vos priorités doivent être motivantes et riches de sens pour vous. Sinon, vous ne résisterez pas aux sirènes des urgences des autres.

OUTIL 11

Le levier de la planification

LA PLANIFICATION N'EXCLUT PAS LA SOUPLESSE

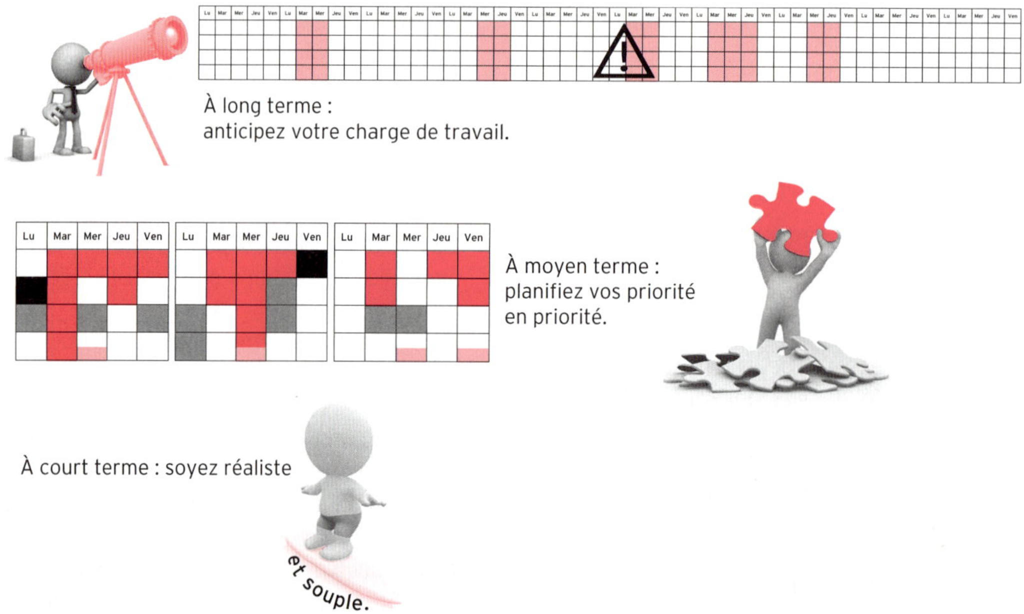

En résumé

L'agenda est l'outil indispensable de la gestion du temps. Il permet d'organiser nos activités pour atteindre nos objectifs prioritaires en tenant compte de nos contraintes temporelles. Une planification efficace prévoit des budgets temps très en amont, en anticipant nos cycles et pics d'activité. Elle fixe les grandes lignes de notre emploi du temps à moyen terme pour réserver nos meilleures plages horaires à nos projets prioritaires. Elle ajuste nos engagements jusqu'au dernier moment avec souplesse et réalisme pour faire l'essentiel au quotidien.

Insight

The calendar is essential in time-management. It helps us organize our activities in order to achieve priority goals within time constraints. Effective planning defines time budgets well in advance, anticipating activity cycles and peaks. It outlines the medium time schedules to assign the best time-slots for priority projects. Commitments will be adjusted to the very last moment with realism and flexibility, to ensure the essential tasks are completed on a daily basis.

http://goo.gl/YTPOUM

Voir le témoignage vidéo.

Pourquoi l'utiliser ?

Objectif

La planification est un guide précieux sur la route de nos objectifs. Elle permet de visualiser nos contraintes et nos marges de manœuvre pour optimiser notre gestion du temps.

Contexte

La planification à long terme peut se préparer un an à l'avance puis sur 6 mois glissants. Le moyen terme s'étale généralement sur 3 à 6 semaines, et le court terme ajuste l'agenda des 2 prochaines semaines et du lendemain.

Comment l'utiliser ?

Étapes

› À long terme, anticipez votre charge de travail.

- Repérez les cycles et pics d'activité de votre fonction.
- Notez en « provisoire » des budgets temps correspondant à la charge de travail prévisionnelle. Cela vous évitera de prendre trop d'engagements sur une période chargée.
- Réservez également les temps « obligés » : réunions d'équipe, séminaires, salons, etc.
- Posez vos vacances avant d'être pris dans l'engrenage de l'activité et des urgences.
- Faites le rétroplanning de vos projets qui ont une date butoir fixe (outil 12). Affichez les jalons et le temps de travail de manière visible.

› À moyen terme, planifiez en priorité vos priorités (outil 10).

- Notez les rendez-vous avec vous-même et pas seulement les réunions ou entretiens : réflexion, préparation, formalisation, etc.
- Notez sur votre agenda vos rendez-vous privés et respirations personnelles.

› À court terme, soyez réaliste.

- Estimez la durée des tâches de façon réaliste en vous référant à votre expérience.
- Prenez une marge de sécurité pour pallier les aléas (bug logiciel, panne matérielle, etc.).
- Ne planifiez pas plus que vous ne pourrez faire : réservez un rendez-vous fictif pour les imprévus (outil 29).
- Laissez un temps tampon de 15 mn entre deux activités pour souffler, passer un appel, envoyer un mail ou discuter avec vos collègues.
- N'oubliez pas les pauses. Elles sont nécessaires ! Planifiez des séquences de travail de 1 heure 30 à 2 heures maximum.

« Ne pas planifier, c'est programmer l'échec. » Anonyme

› Révisez votre planification en temps réel.

- Notez immédiatement dans votre agenda les nouveautés : réunions, entretiens, projets.
- Révisez vos priorités et votre planification en conséquence.
- Autorisez-vous au nom de vos priorités à revoir les engagements pris auprès d'autres personnes.

Méthodologie et conseils

› Planifiez la veille votre journée du lendemain, le vendredi la semaine suivante.

› Tenez compte de votre chronobiologie pour planifier vos journées (outil 17). Donnez aux sollicitations non prioritaires le créneau de 14 h, même si vous êtes libre le matin.

› Mettez de la couleur dans votre agenda ! vous repérerez mieux vos missions et projets essentiels, les jalons critiques, les temps obligés et vos temps de respiration. ■

Avantages

- La planification révisée en temps réel permet de garder le cap sur l'essentiel tout en faisant preuve de souplesse pour accueillir l'imprévu.

Précautions à prendre

- Ne vous bercez pas d'illusions sur ce que vous pourrez faire. Mieux vaut planifier avec réalisme et renoncer d'emblée aux tâches de moindre importance.

OUTIL 12

Le rétroplanning

TENIR COMPTE DU TEMPS DE TRAVAIL DES CONTRIBUTEURS

Projet : Appel d'offre client GT		Calendrier																										
Date butoire : 26 septembre 15h.		Septembre																										
Tâches	Qui ?	1	2	3	4	5		8	9	10	11	12		15	16	17	18	19		22	23	24	25	26		29	30
Lecture du cahier des charges	Moi																											
Envoi dossiers aux contributeurs	Moi																											
Pilotage & relances	Moi																											
Décision go/no go	Dir Co																											
Configuration de l'offre / 3 lots	Commercial																											
Rédaction cahier technique Lot1	expert 1																											
Rédaction cahier technique Lot2	expert 2																											
Rédaction cahier technique Lot3	expert 1																											
Rédaction argumentaire	Commercial																											
Proposition financière	Commercial																											
Validation proposition financière	Dir Co																											
Dossier administratif	Moi																											
Mise en forme de la réponse	Moi																											
Copies en x exemplaires	prestataire																											
Envoi chez le client	coursier																											

En résumé

Il arrive que nous nous mettions en difficulté parce que nous demandons trop tard un travail à quelqu'un qui n'est plus disponible pour le faire.

Le rétroplanning est une représentation graphique de l'enchaînement des tâches d'un projet à livrer à une date fixe.

Il nous permet de nous organiser pour tenir les délais et facilite le pilotage des actions menées par d'autres contributeurs.

Le rétroplanning est une variante simplifiée du diagramme de Gantt utilisé pour piloter des projets complexes (grand nombre de tâches, de contraintes, de contributeurs).

Insight

Sometimes we put ourselves in a difficult position by requiring work from someone when it is too late, and this person is no longer available to do so.

Retroplanning *is a graphic representation, for a project, of the sequencing of the tasks to be carried out at a fixed date.*

Its purpose is to organize us so that deadlines are met and it facilitates the management of actions carried out by other contributors.

Retroplanning is a simplified version of the Gantt chart used to manage complex projects (large number of tasks, constraints, contributors).

http://goo.gl/r1m6g6

Téléchargez l'exemple de rétroplanning (à modifier).

Pourquoi l'utiliser ?

Objectif

Le rétroplanning permet d'optimiser le temps de déroulement d'un projet et de contrôler les risques de dérive pour tenir un délai.

Contexte

Il est utile pour tout projet avec remise de livrable à date fixe composé de plusieurs tâches plus ou moins interdépendantes les unes des autres. Encore plus lorsque plusieurs contributeurs sont impliqués.

Comment l'utiliser ?

Étapes

› **Faites l'inventaire des tâches à faire.**

- Listez tout ce qui doit être fait, par vous ou par d'autres. N'oubliez pas les tâches de réflexion. Fractionnez en tâches secondaires les tâches trop lourdes.
- Estimez une durée pour chaque tâche.
- Identifiez les tâches interdépendantes : quelles sont celles qui ne peuvent être démarrées avant qu'une autre soit finie ?

› **Ordonnancez les tâches.**

- Classez les tâches dans l'ordre logique de réalisation. Représentez par un rectangle sur un calendrier leur durée.
- Indiquez d'une flèche ou « connecteur » partant de la fin d'une tâche A au début d'une tâche B les liens de dépendance (B ne peut être commencé tant que A n'est pas fini).
- Superposez verticalement les tâches qui peuvent être menées en parallèle.
- Marquez les jalons ou points critiques : les livrables intermédiaires indispensables à la poursuite du projet.

› **Mettez à jour votre agenda.**

- En partant de la date de fin du projet, notez de façon visible les jalons. Prenez une marge de manœuvre pour parer aux aléas.
- Réservez le temps nécessaire pour effectuer le travail qui vous revient.
- Planifiez les réunions et leur préparation.
- Notez les relances à effectuer auprès de vos contributeurs.

› **Et si le rétroplanning ne rentre pas dans le délai imparti ?**

- Trouvez des solutions pour raccourcir les tâches qui ne sont pas majeures : délégation, défi temps absolu (outil 33) ; renoncez à la perfection... voire à certaines tâches.
- Révisez vos priorités, gagnez du temps sur vos autres missions ou projets.
- Négociez un report de délai avec votre commanditaire si cela est possible.

› **Agissez et pilotez.**

- Annoncez le plus tôt possible à vos contributeurs ce que vous attendez d'eux et fixez le calendrier des réunions de travail.
- Suivez l'avancement des tâches sur le rétroplanning.

« La science des projets consiste à prévenir les difficultés de l'exécution. »
Luc de Clapiers, marquis de Vauvenargues

Méthodologie et conseils

› Ne sous-estimez pas le temps de travail de vos contributeurs. Anticipez les congés, une surcharge d'activité. Validez avec eux le rétroplanning.

› Demandez-leur de vous alerter en cas de retard pour réviser le rétroplanning.

› En cas de dérive, faites de nouveaux arbitrages sur les tâches ou vos autres missions. Demandez de l'aide si possible.

› Alertez votre commanditaire le plus tôt possible en cas de dérive critique. ■

Avantages

- **Le rétroplanning simplifie le pilotage des tâches confiées à nos contributeurs.**

Précautions à prendre

- **Le risque principal est de sous-estimer les aléas ou le délai de réalisation des tâches.**
- **Il est tentant de renégocier le délai plutôt que de renoncer à la qualité. Or, le délai est un critère tout aussi important qu'un autre pour la réussite.**

Le levier du choix

CONSIDÉRER LA NON-DÉCISION COMME UN CHOIX PARMI D'AUTRES

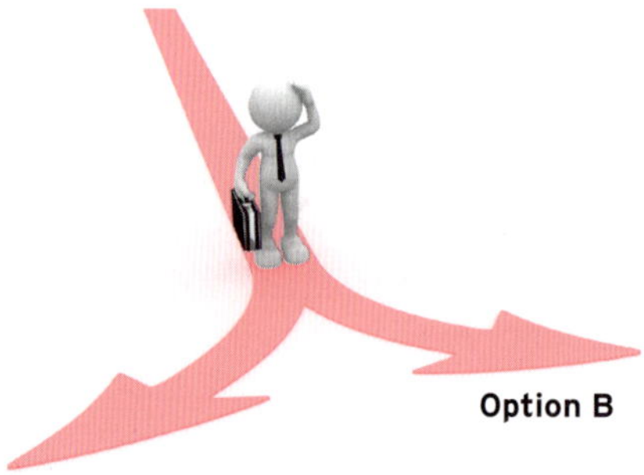

Pour chaque option :
- Avantages ?
- Inconvénients/risques ?

Quelles conséquences à laisser la décision en suspens ?

En résumé

Nous avons tous fait l'expérience du soulagement ressenti après une prise de décision difficile. Une décision en suspens pèse sur notre charge mentale (ça nous « prend la tête », au sens propre !). Elle fatigue et nous rend moins disponible pour le reste de nos activités. Elle prend du temps puisque nous y revenons sans cesse et bloque toutes les actions qui en découlent.

Or, souvent nous ne décidons pas parce que nous avons peur de l'échec. Choisir A ou B, c'est risquer de se tromper. L'option C nous aide à prendre des décisions en mettant aussi dans la balance les risques à ne pas décider.

Insight

We all have experienced the sense of relief that comes after taking a difficult decision. A pending decision is a mental burden (it literally does one's head in). It tires us and makes us less available for the remaining activities. It is time-consuming because we keep coming back to it, and it blocks all ensuing actions.

And yet, we avoid taking a decision by fear of failure. Choosing between A or B means taking the risk of making a mistake. Option C helps us to decide by taking into account the risks incurred by not deciding.

Pourquoi l'utiliser ?

Objectif

L'indécision prend du temps, consomme de l'énergie, et peut présenter des risques réels. Au contraire, décider permet d'avancer vers nos objectifs.

Contexte

Cet outil s'applique aussi bien aux décisions opérationnelles qu'aux décisions concernant la gestion de notre temps : faire ou ne pas faire une tâche, clore ou pas un dossier, décider de donner la priorité à telle ou telle action.

Comment l'utiliser ?

Étapes

› **Posez l'équation… complète !**

- Clarifiez vos options. Pour les décisions binaires (faire/ne pas faire), clarifiez en positif l'option *ne pas faire* : pour faire quoi à la place ?
- Pour chaque option A et B, listez les avantages et les inconvénients ou risques.
- Ajoutez l'option C : *ne pas décider*, qui n'est pas pareil que *décider de ne pas faire*. La décision reste en suspens. Quels sont les avantages, les inconvénients ou risques ?

› **Écoutez votre ressenti pour prendre une décision « juste ».**

- Imaginez tour à tour que vous prenez chacune des 3 options A, B, puis C, et écoutez vos émotions. Quelle décision « sentez-vous » le mieux ?
- S'il subsiste un doute, faites le même exercice en imaginant dans les 3 cas que « ça se passe mal » : lequel des 3 scénarios êtes-vous prêt à assumer ?

› **Décidez en positif.** Pour agir, notre cerveau a besoin de se représenter une situation concrète.

- Plutôt que de cesser de travailler, décidez de vous reposer ; plutôt que de cesser de perfectionner ce dossier, décidez de le clore pour passer à autre chose.
- Plutôt que de ne pas décider, décidez de reporter la décision à telle date, et définissez le plan d'action qui vous permettra d'avancer dans votre processus de décision (outil 14) : obtenir des informations, trouver d'autres solutions, consulter d'autres personnes, etc.

› **Facilitez vos prises de décision futures.**

- Prenez le temps de savourer vos émotions : joie, fierté, soulagement, etc.
- Sentez votre esprit se libérer, la fatigue se dissiper.

« Ne pas choisir, c'est encore choisir. »
Jean-Paul Sartre

Méthodologie et conseils

› On trouve parmi les inconvénients de l'option C (ne pas décider) :

- Des risques opérationnels (laisser s'aggraver un problème non résolu).
- Des risques relationnels (la personne se sent mise de côté, oubliée, trahie, etc.).
- Des risques personnels (charge mentale, perte de temps, inefficacité, stress).

› Donnez-vous le droit à l'erreur.

- Relativisez les enjeux d'une erreur de décision (outil 35).
- Agissez même si la solution n'est pas parfaite, vous ajusterez grâce à l'expérience. ■

Avantages

- La décision libère l'esprit et notre créativité.
- Décider et agir permet de capitaliser sur une expérience concrète qui rend plus pertinents nos choix ultérieurs.
- Le choix permet de bien vivre le temps sans subir les événements.

Précautions à prendre

- Toute décision implique d'en assumer les conséquences : cette pensée peut bloquer la décision ! Osez agir, nous apprenons aussi de nos échecs.
- Choisir est irréversible… Mais faire de nouveaux choix est toujours possible ! Autorisez-vous à réviser vos décisions.

OUTIL 14

Le processus de décision

UNE DÉCISION N'EST PRISE QUE LORSQU'ELLE SE CONCRÉTISE DANS L'ACTION

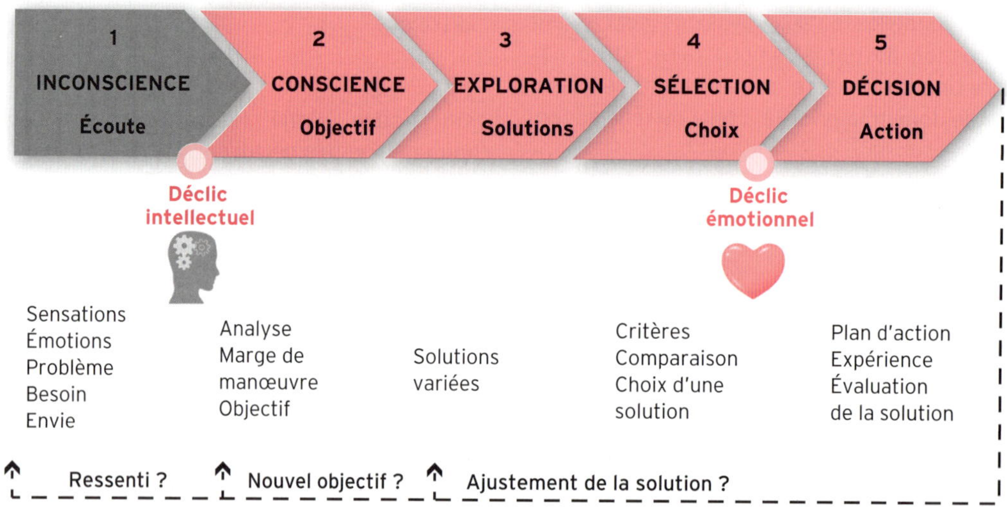

En résumé

La plupart de nos décisions sont le fruit d'un processus en cinq étapes. De l'inconscience où seules les émotions peuvent nous guider à l'action provoquée par un déclic émotionnel, nous cheminons dans les étapes de la rationalité : clarifier ce que nous voulons, envisager plusieurs solutions avant d'en choisir une.

Nous avançons plus ou moins vite selon les cas. Parfois nous restons bloqués, revenons en arrière, ou court-circuitons certaines étapes. Le neuropsychologue Antonio Damasio a démontré que si l'analyse rationnelle nourrit l'intuition, au final, nous décidons avec nos émotions.

Insight

Most decisions are the result of a five-step process. From unawareness (when we are only guided by our emotions) to action (caused by an emotional trigger), we make our way through the stages of rationality: clarify what we want, consider the different options before choosing one.

Depending on the situation, we progress more or less quickly. Sometimes we are blocked, turn back or even bypass certain steps. The neuropsychologist Antonio Damasio has shown that whereas rational analysis nourishes intuition, in the end, we decide with our emotions.

Pourquoi l'utiliser ?

Objectif

Le processus de décision permet de situer notre degré de maturité dans la décision et indique ce qu'il faut faire pour progresser vers l'action.

Contexte

Ce processus se vérifie pour tout type de décision, individuelle ou collective.

C'est un formidable outil pour stimuler à bon escient la prise de décision collective.

Comment l'utiliser ?

Étapes

› **Décidez de décider !**

- Écoutez vos sensations, vos émotions et repérez vos problèmes (ce qui vous gêne, un malaise, un inconfort), vos besoins et envies.
- Décidez si oui ou non vous voulez changer quelque chose à la situation.

› **Donnez-vous un objectif.**

- Analysez les faits, les causes du problème ; répertoriez les situations, précisez le besoin.
- Définissez ce sur quoi vous pouvez et voulez agir en tenant compte de votre marge de manœuvre (outil 32).
- Fixez-vous un objectif réaliste, exprimé en termes positifs et dépendant de vous (outil 2).

› **Explorez les solutions.**

- Explorez les solutions susceptibles de répondre à l'objectif.
- Dans cette étape, pas de censure !

› **Sélectionnez une solution.**

- Définissez si besoin des critères de choix.
- Comparez les avantages et inconvénients des différentes solutions entre elles, ou évaluez-les avec les critères définis.
- Retenez celle qui répond le mieux à vos besoins pour atteindre l'objectif.

› **Transformez votre décision en action.**

- Si à ce stade vous hésitez encore à mettre en œuvre concrètement votre décision, provoquez un déclic émotionnel (*cf.* pages suivantes).
- Agissez ! Définissez un plan d'action si besoin, et mettez en œuvre la première action.

« L'action est la première marche vers le succès. »
Pablo Picasso

Méthodologie et conseils

› La formulation de votre objectif ne doit pas comporter de solution mais exprimer un besoin. Dites « me déplacer rapidement d'un point à un autre » plutôt qu'« avoir une voiture rapide ». Sinon, vous bloquez votre créativité dans la phase d'exploration.

› Séparez bien les phases 3 et 4. La phase 3 est une phase dite de « divergence » en créativité. Le but est de récolter un maximum de solutions. Accueillez les idées farfelues et laissez le jugement et l'évaluation pour la phase de « convergence » (phase 4).

› C'est parfois le mélange de plusieurs solutions qui produira la solution la plus adaptée. N'hésitez pas à transformer des solutions toutes faites !

› Pensez à mettre l'option C « ne pas décider » (outil 13) ou mieux encore « ne rien faire » dans la panoplie des solutions possibles.

› Dans la phase de mise en œuvre, autorisez-vous à ajuster votre solution, revoir votre objectif ou reprendre des idées écartées au premier abord.

Avantages

- Le découpage en étapes permet de mieux identifier les outils d'aide à la décision à utiliser pour avancer dans le processus (*cf.* pages suivantes).
- Les étapes 2 et 3 du processus élargissent notre vision et augmentent nos chances de trouver une solution pertinente.

Précautions à prendre

- À chacun son rythme dans le processus. Pour gagner du temps, impliquez les personnes concernées par une décision collective le plus en amont possible.

SUITE OUTIL 14 →

Le processus de décision

Comment être plus efficace ?

Voici une sélection d'outils pour sortir des blocages potentiels en étapes 2 à 5.

Clarifier un problème confus

Quand la situation semble inextricable, nous avons du mal à définir l'objectif. Nous racontons l'histoire en tournant en rond.

Les questions puissantes, inspirées du méta-modèle de la PNL, mettent en évidence nos propres filtres pour y voir plus clair :

- Questionner les interprétations : « À quoi voyons-nous que… » ; « En quoi tel fait prouve telle interprétation ? » ; « Et si nous cherchions un contre-exemple ? »
- Questionner les règles explicites ou implicites que nous ne voyons plus : à chaque fois que nous surprenons les mots « il faut », « je dois », « je ne peux pas », prenons le contre-pied de ce qui est affirmé comme une évidence : « Qu'est-ce qui empêche de… ? » ; « Que se passerait-il si… ? »
- Questionner les jugements conçus à partir de nos expériences passées ou de valeurs qui ne sont plus d'actualité : « Qu'est-ce qui nous fait dire aujourd'hui que… ? » ; « En quoi est-ce important aujourd'hui ? »

Élargir la palette des solutions

Bien sûr la technique du brainstorming (outil 52) et la carte mentale (outil 25) sont des outils essentiels pour rechercher des solutions variées. Les techniques ci-après aident à sortir du cadre pour aller au-delà des solutions évidentes.

Le cadre du « comme si » nous permet de retrouver notre âme d'enfant, lorsque tout était possible : faisons « comme si » nous avions tous les moyens, toutes les ressources, toute l'expertise…

Le scénario catastrophe nous libère de la propension à trouver des solutions raisonnables : « Que faudrait-il faire pour saboter… ? » En accentuant le problème, nous soulevons parfois une pépite qui, une fois inversée en positif, se transformera en solution intéressante.

Les questions impertinentes font sauter les barrières des habitudes : « Que pourrions-nous faire que nous n'avons jamais osé faire jusque-là ? » ; « Que se passerait-il si… ? » Ces questions peuvent valider la pertinence d'une idée farfelue… ou pas tant que ça.

Le point de plus approfondit une solution trouvée : « Quelle note de satisfaction donnons-nous à telle solution, de 1 à 10 ? Que faudrait-il pour mettre un point de plus ? »

Personnaliser sa solution

Les techniques les plus classiques évaluent les solutions les unes par rapport aux autres.

La matrice Avantages/inconvénients/intéressant si… permet de construire une solution nouvelle à partir de deux solutions pour retenir le meilleur de chacune.

Créer un déclic émotionnel

Grâce à la puissance de l'imagination, nous avons le pouvoir de créer le fameux déclic émotionnel qui fera passer à l'acte.

	Solution A	Solution B
Avantages	Lesquels préserver ? Sous quelle forme (parfois différente) ?	Lesquels préserver ? Sous quelle forme (parfois différente) ?
Inconvénients	Comment les minimiser ? Quels sont ceux que l'on peut supprimer avec B ?	Comment les minimiser ? Quels sont ceux que l'on peut supprimer avec A ?
Intéressant si…	Que faudrait-il changer pour que cette solution soit viable/idéale ?	Que faudrait-il changer pour que cette solution soit viable/idéale ?
Solution hybride	Comment prendre le meilleur de A et B pour construire une nouvelle solution mieux adaptée à l'objectif ?	

EXEMPLES de Déclics émotionnels

Type de déclic émotionnel	Inquiéter	Rassurer	Conforter	Décompresser
Dans quel but utiliser ce type de déclic ?	Nous chercherons à éviter ce qui est désagréable.	Retirer un obstacle réel ou imaginaire.	Renforcer les émotions positives.	Retirer le poids du stress de la décision, qui peut être bloquant.
Situation 1 : départager deux solutions entre lesquelles nous n'arrivons pas à décider.	Si ça tournait mal, quelle décision est-ce que j'assumerais le mieux ? (méthode des catastrophes les mieux assumées).		Visualiser le futur, six mois après la décision : qu'est-ce que je ressens ? Quelles sont les conséquences positives de chaque solution ?	
Situation 2 : se résoudre à décider.	Quels sont les risques à ne pas décider ?	Qu'est-ce qui peut arriver de pire si je me trompe ?		Que faudrait-il de plus pour prendre la décision ?
Situation 3 : le petit coup de pouce pour franchir le pas de la décision.		Quel test puis-je proposer à petite échelle ?	Lister tous les avantages de la solution, puis trouver un bénéfice supplémentaire (un effet de bord positif).	Passer en revue les prochaines étapes comme si la décision était prise : qu'est-ce que je fais maintenant ? (parler au présent).

Selon les cas, les différents types de déclics seront plus ou moins efficaces. Tout dépend de l'enjeu de la décision et de notre perception des risques.

Une chose est sûre : décider est toujours un acte incertain, puisqu'il engage l'avenir. L'accumulation d'informations ne réduira jamais cette zone d'incertitude.

Nos émotions sont des guides extraordinaires si nous apprenons à les écouter et leur faire confiance.

Si, au cours de l'exercice des déclics émotionnels, nous sentons la panique monter à l'idée de décider, c'est sans doute qu'il n'est pas temps de le faire. Nous pouvons alors décider de reporter la décision et écouter ce que nos émotions nous disent à propos de cette décision. Si nous nous sentons soulagés, c'est que cette décision est juste et qu'il faut repartir au début du processus de décision pour clarifier le problème. ■

> « La capacité d'exprimer et de ressentir des émotions est indispensable à la mise en œuvre des comportements rationnels. »
> Anonio R. Damasio

OUTIL
15

Le levier de la focalisation

S'ENFERMER DANS UNE BULLE AVEC UN OBJECTIF PRÉCIS

Planifiez 1h30
au bon moment

Visualisez
l'objectif atteint

Rassemblez
les éléments

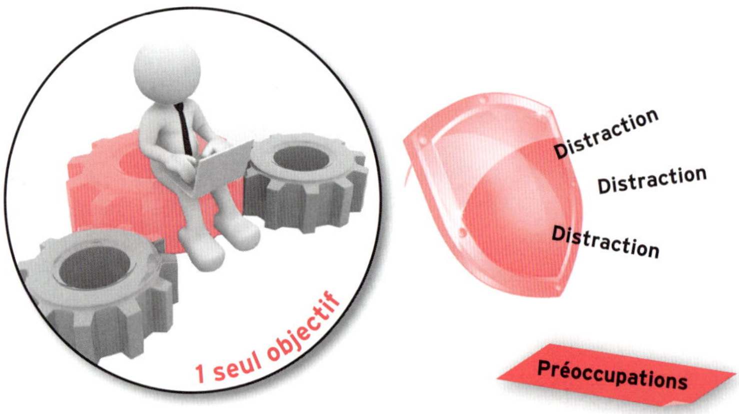

Préparez les conditions…

… puis isolez-vous

En résumé

Que nous ayons une tendance monochrone ou que nous soyons doués pour la polychronie (outil 18), il arrive toujours un moment où nous avons besoin de nous concentrer en continu sur un seul dossier pour être efficace. Les plus monochrones d'entre nous y arrivent plus longtemps, voilà tout. Les plus polychrones seront plus tentés par les distractions.

Dans les deux cas, le levier de la focalisation propose une méthode pour optimiser notre efficacité à traiter les dossiers qui exigent le plus de concentration.

Cet outil est complété par des stratégies pour augmenter notre capacité de concentration.

Insight

Whether we fall in the Monochrone category or are gifted for Polychrony (see tool 18), there comes a time when, to be efficient, we need to focus on one issue at a time without interruption. Monochrones can simply handle it longer; Polychrones will be distracted more easily.

In both cases, Focus Leverage provides a method for optimizing our efficiency to process cases that require more concentration.

This tool is completed by strategies to improve our ability to concentrate.

Pourquoi l'utiliser ?

Objectif

Nous sommes beaucoup plus efficaces lorsque nous travaillons en continu sur un même dossier que lorsque nous courons plusieurs lièvres à la fois en étant interrompus tout le temps.

Contexte

Ce levier est particulièrement utile pour les tâches de réflexion, le traitement des dossiers complexes et des priorités en général. Il est indissociable de la planification et exige une énergie élevée.

- Coupez boite mail, téléphone, Smartphone, mettez des messages d'absence.
- Retirez de votre vue les autres dossiers.
- Si des préoccupations surgissent, ne les rejetez pas, notez-les simplement sur un papier pour les traiter plus tard, et revenez « ici et maintenant ».

Méthodologie et conseils

Si vous avez du mal à vous motiver sur une tâche qui vous rebute, promettez-vous une récompense lorsque vous aurez fini, ou trouvez une manière de faire qui vous convienne mieux (outil 28).

« Trente rayons convergent au moyeu, mais c'est le vide médian qui fait marcher le char. »
Lao Tseu

Comment l'utiliser ?

Étapes

› Planifiez votre séquence de focalisation.

- Repérez votre amplitude de concentration : la durée moyenne selon les individus varie de 1 h 15 à 2 heures environ.
- Réservez dans votre agenda une plage horaire où votre énergie est élevée, notamment pour les dossiers complexes ou à fort enjeu.

› Motivez-vous sur un objectif précis.

- Vous serez d'autant plus efficace que vous travaillerez sur **un seul objectif à la fois.**
- Découpez en objectifs partiels (outil 21) un livrable qui prendrait plus de 1 h 30 ou qui est composé de plusieurs étapes.
- Pour vous motiver, visualisez votre objectif (ou sous-objectif) atteint, la veille ou en début de séance (outil 20).

› Rassemblez tous les éléments en amont.

- De préférence la veille, rassemblez tous les documents utiles à votre travail (outil 22).
- Mettez-les dans un dossier à part, hors de votre boîte mail, et créez un raccourci sur le bureau pour y accéder directement.

› Isolez-vous des distractions.

- Mettez-vous au calme. Choisissez votre stratégie d'isolement (*cf.* pages suivantes).

Avantages

- Concentré sur un seul objectif, le cerveau opère des connexions plus nombreuses en lien avec cet objectif. Les idées sont plus riches et viennent plus rapidement.
- Plus on s'habitue à se concentrer, mieux on y arrive ! La focalisation est plus dense et elle dure plus longtemps.
- Cette méthode s'applique aussi à une somme de petites tâches de même nature qui seront plus vite effectuées dans la continuité (réponses aux mails, appels téléphoniques, notes de frais, etc.). Nous pouvons alors choisir une plage horaire de moindre énergie.

Précautions à prendre

- S'il est dans votre fonction de répondre à de multiples sollicitations, mettez en place un dispositif de dérivation : message indiquant l'heure de votre retour ou remplacement par un collègue. Vous limiterez ainsi les interruptions aux cas extrêmes.
- Les difficultés à se concentrer dépendent aussi de l'état de fatigue ou de stress et de l'alimentation (carence en magnésium).

SUITE OUTIL 15 →

Le levier de la focalisation

Comment être plus efficace ?

Notre capacité de concentration dépend bien sûr de multiples facteurs, et chacun a ses préférences. Certains préfèrent travailler en musique quand d'autres ont besoin d'un calme absolu. Les stratégies présentées ci-dessous ne sont que des exemples. À vous de les adapter selon vos contraintes et vos besoins !

Les stratégies d'isolement

Le but des stratégies d'isolement est de se couper de toute interaction avec l'extérieur. Un bruit de fond modéré peut stimuler la créativité, d'après une étude américaine publiée dans le *Journal of Consumer Research*. Une interaction interrompt nos pensées en nous forçant au dialogue sur un autre sujet.

Rappel : quelle que soit la stratégie, coupez votre boîte mail et votre téléphone.

› Le télétravail

C'est la plus radicale des stratégies d'isolement. En étant absent physiquement des locaux de l'entreprise, vous ne risquez pas d'être dérangé. Elle peut être modulée selon les « permissions » de votre contexte :

- Une journée complète à la maison est la plus efficace des méthodes : non seulement vous êtes tranquille, mais en plus vous économisez le temps de trajet.
- La première séquence de travail du matin à la maison : vous réservez vos heures les plus productives pour un dossier de fond, et le trajet qui suit vous procure une pause.

› S'isoler au bureau

Plusieurs options sont possibles :

- Décaler vos horaires le matin : vous profitez de votre fraîcheur d'esprit, mais vous risquez d'être perturbé par les arrivées successives de vos collègues.
- Le décalage sur un horaire tardif a quant à lui l'inconvénient de tomber dans la pente descendante de votre efficacité intellectuelle. À réserver pour les dossiers courts !
- S'isoler dans une salle de réunion : c'est dans l'absolu une bonne stratégie, mais les salles de réunion sont rares et vous risquez de vous faire déloger, donc interrompre !
- Certaines entreprises ont mis en place des « salles silence » sans téléphone où se rassemblent silencieusement les personnes qui ont besoin de concentration.

› S'isoler mentalement

On peut aussi se concentrer en faisant abstraction de l'environnement :

- Mettez un casque sur les oreilles et écoutez en sourdine votre musique préférée : cela crée une barrière contre les intrusions et vous isole du bruit extérieur.
- Placez un panneau de signalisation « concentré » sur votre bureau ou sur votre porte pour dissuader les intrus.
- Mettez en place avec vos collègues des règles de bonne conduite et de solidarité si vous travaillez en open space (outil 49).

Les stratégies « temps limité »

Nous avons tous fait l'expérience du train à prendre ou du rendez-vous inamovible de fin de journée. Les heures qui précèdent sont en général particulièrement productives. La limite de temps imposée force la concentration.

Nous pouvons volontairement nous fixer des limites de temps pour réaliser un objectif précis. La technique Pomodoro® en est un parfait exemple.

Voir aussi le « défi absolu » (outil 33) dont l'objectif est de raccourcir de manière drastique le temps de réalisation d'une tâche à faible valeur ajoutée.

EXEMPLE de Stratégie « temps limité » : la technique Pomodoro®

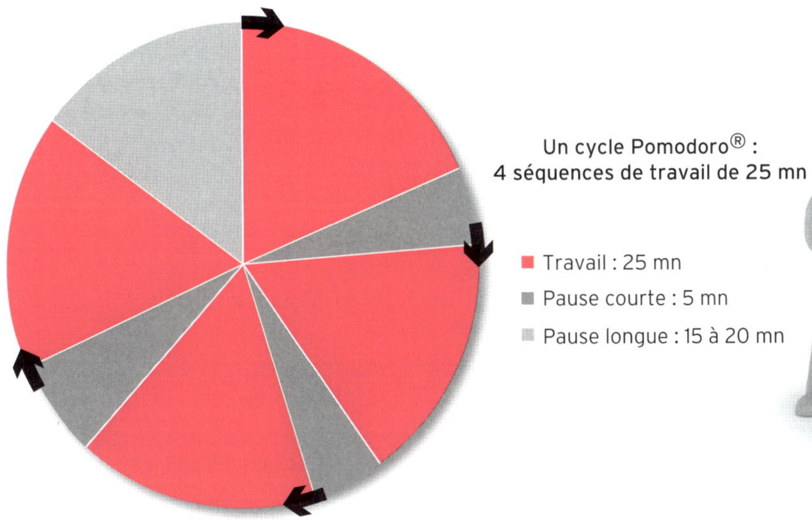

La technique Pomodoro® a été développée par Francesco Cirillo à la fin des années 1980. Elle doit son nom au minuteur de cuisine qu'il utilisait et avait une forme de tomate (*pomodoro* en italien).

Elle consiste à rythmer très précisément la journée en séquences de travail de 25 mn (les *pomodori*), séparées par des pauses courtes de 5 mn. La 4e *pomodoro* est suivie d'une pause plus longue de 15 à 20 mn.

La principale difficulté de cette technique d'une simplicité enfantine réside dans le découpage amont des objectifs de la journée en sous-tâches de 25 mn.

C'est aussi ce qui en fait la puissance :

- La tâche est plus précise que pour une séquence de 2 heures. L'esprit se disperse moins.
- Il est plus facile de résister à toute distraction sur une période courte.
- À la fin de chaque *pomodoro*, la tâche est rayée comme étant accomplie : la motivation est entretenue par la progression du résultat.

L'efficacité de cette technique réside également dans le déclenchement du minuteur qui conditionne le début de l'action et aide à lutter contre la procrastination. ■

« Tout devrait être rendu aussi simple que possible, mais pas plus. » Albert Einstein

OUTIL 16

Le levier de l'énergie

LE REPOS EST LE CARBURANT INDISPENSABLE DE L'EFFICACITÉ

Chaque jour :
- Amplitude limitée
- Pauses régulières
- Alterner les tâches

Chaque semaine :
- Une activité extraprofessionnelle pour soi
- Profiter des week-ends

Sur l'année :
- Vacances ou grand week-end toutes les 6 à 8 semaines
- Déconnexion totale (sans e-mail et sans téléphone)

En résumé

C'est grâce à notre énergie que nous pouvons mener à terme les projets qui nous tiennent à cœur ou relever de nouveaux défis. Notre cerveau a besoin de repos pour classer, mémoriser, simplifier, faire des connexions nouvelles, trouver des idées.

Pour ceux qui perçoivent le repos comme une perte de temps, voici trois bonnes raisons de le considérer comme un carburant :

- Nous sommes plus efficaces lorsque nous avons rechargé nos batteries.
- Plus sereins, nous résolvons mieux les difficultés, résistons mieux au stress et agissons avec discernement.
- Un corps épuisé met plus de temps à se régénérer.

Insight

Our energy is the force thanks to which we complete projects that we hold dear or take up new challenges. Our brain needs rest to classify, store, simplify, make new connections, find ideas.

For those who see rest-periods as a waste of time, here are three good reasons to regard them as a ressource:

- *We are most effective when our batteries have been recharged.*
- *When calm or more serene, we better solve problems, cope with stress and act with better judgment.*
- *Exhausted, the body takes longer time to regenerate.*

Pourquoi l'utiliser ?

Objectif

Le levier de l'énergie est le ciment des autres leviers d'efficacité. C'est en étant en forme que nous avons le recul suffisant pour discerner nos priorités dans les périodes agitées, faire des choix pertinents et nous concentrer.

Contexte

Une planification efficace tiendra compte de nos variations d'énergie et prévoira le temps nécessaire pour recharger nos batteries au quotidien, dans la semaine et sur l'année.

Comment l'utiliser ?

Étapes

› **Respectez vos rythmes biologiques quotidiens.**

- Limitez l'amplitude de vos journées de travail.
- Faites des pauses de 5 mn à 15 mn toutes les 1 h 30 à 2 heures, une vraie pause le midi pour déjeuner, si possible une courte sieste.
- Alternez les tâches de nature différente : réflexion de fond, tâches faciles ou amusantes.

› **Ressourcez-vous chaque semaine.**

- Faites dans la semaine au moins une activité extraprofessionnelle pour vous.
- Profitez de vos week-ends sans travailler. Sinon, définissez clairement la plage horaire et profitez à fond du reste du temps sans culpabilité.

› **Déconnectez-vous plusieurs fois par an.**

- Prenez des vacances ou grands week-ends toutes les 6 à 8 semaines.
- Faites une vraie coupure annuelle sans mail ni téléphone : organisez vos délégations. Si nécessaire, fixez un cadre strict : un ou deux points par semaine, clairement définis. Vos équipes s'organiseront en conséquence.

› **Restez vigilant en cas de surcharge d'activité.**

- Révisez vos priorités et ne faites pas tout.
- Faites des pauses courtes mais faites-les.
- Lorsque tout s'agite et que les urgences pleuvent, autorisez-vous une « crise de calme » : fermez les yeux 4 à 5 mn, faites le vide, concentrez-vous sur votre respiration. Puis prenez tranquillement une matrice d'Eisenhower (outil 6) et relativisez les urgences par rapport à l'importance.

› **Organisez-vous pour travailler moins !**

- Donnez-vous un objectif de gain de temps précis (terminer à 18 h deux fois par semaine ; avoir tous mes week-ends à moi).
- Soyez à l'affût des opportunités qui vous feront gagner du temps plus tard.
- Réduisez ou supprimez le temps passé aux tâches les moins importantes (outils 7, 33, 34).

« Ce qui compte, ce n'est pas le nombre d'heures que vous consacrez à vos activités, c'est l'énergie que vous y mettez. » Dan Millman

Méthodologie et conseils

› Écoutez-vous, sentez les moments où votre énergie baisse, reposez-vous sans attendre.

› Soyez tout entier à votre repos. Rien n'est plus important que de vous régénérer.

› Affectez une couleur aux temps de pause dans votre agenda. Parcourez les semaines à venir. Y a-t-il assez de respirations ?

› Assumez de faire des pauses au bureau, c'est salutaire pour votre efficacité (outil 17) ! ■

Avantages

- C'est une spirale vertueuse : grâce à notre énergie nous gagnons du temps pour nous ressourcer et renforcer notre énergie !
- La gestion quotidienne de notre énergie nous rend plus résistants en cas de surcharge d'activité.

Précautions à prendre

- Fixez-vous des objectifs progressifs. Vos interlocuteurs risquent d'être surpris que vous soyez tout à coup moins disponible. Mettez en place un nouveau fonctionnement avec eux.

OUTIL
17

La chronobiologie

L'EFFICACITÉ INTELLECTUELLE VARIE AU COURS DE LA JOURNÉE

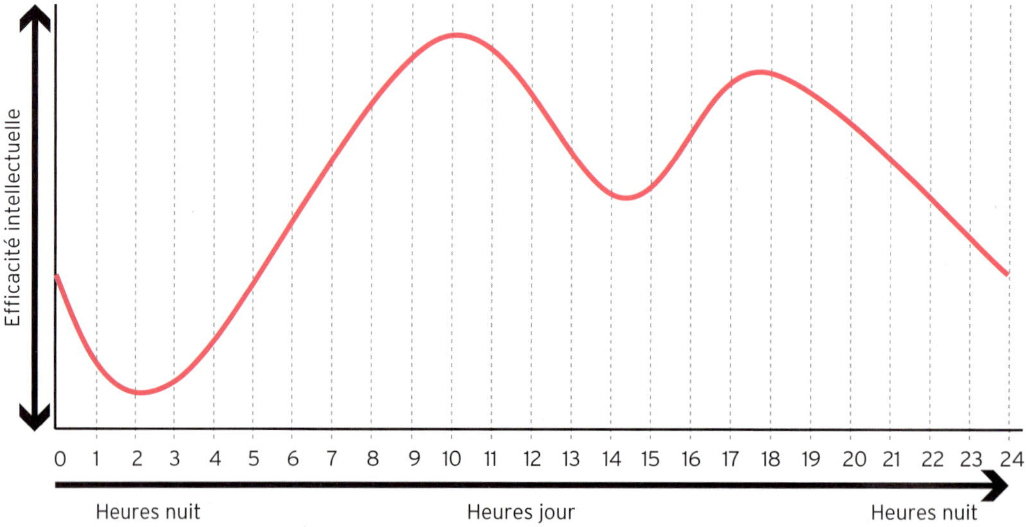

En résumé

La chronobiologie est la science qui étudie les rythmes des organismes vivants. Initialement utilisée en pharmacologie pour synchroniser la prise des médicaments avec le moment de réceptivité maximale des cellules à soigner, cette discipline élargit son champ d'application à d'autres domaines : traitement des troubles du sommeil, hygiène alimentaire, etc.

En gestion du temps, la chronobiologie nous permet d'organiser notre activité en tenant compte de nos rythmes physiologiques et intellectuels pour optimiser notre efficacité au cours de la journée, voire de l'année.

Insight

Chronobiology studies the biological rhythms of every living being, it is the science of biorhythms. Originally used in pharmacology to synchronize medication with the time when cells to be treated are most receptive, the field widened its scope to other areas: treatment of sleep disorders, food hygiene, etc.

In time management, chronobiology helps us to organize our activities taking into account our physiological and intellectual rhythms to optimize our efficiency throughout the day or the year.

http://goo.gl/v5Y3ii

Voir le témoignage vidéo.

Pourquoi l'utiliser ?

Objectif

La chronobiologie nous permet d'utiliser au mieux de leur efficacité nos potentiels physiques et intellectuels. Plutôt que de nous forcer à agir à contre-courant de nos tendances naturelles, il s'agit de synchroniser nos activités sur nos rythmes biologiques.

Contexte

La chronobiologie est un préalable à toute organisation efficace. Prenez conscience de vos rythmes avant de planifier vos rendez-vous et d'organiser vos journées.

Comment l'utiliser ?

Étapes

› Écoutez-vous !

- Regardez la courbe du schéma ci-contre, qui indique les pics d'efficacité intellectuelle moyens de l'être humain.
- Comparez cette courbe à ce que vous ressentez personnellement de vos rythmes journaliers. Il peut y avoir des écarts allant jusqu'à 2 heures, entre ceux qui sont « du matin » et ceux qui sont plus efficaces le soir.
- Repérez les moments de la journée où vous êtes le plus efficace pour :
  - un travail complexe de réflexion logique, de raisonnement et d'analyse ;
  - un travail minutieux demandant de l'attention ;
  - un travail plus créatif ;
  - une performance physique, un effort demandant de l'endurance.

› **Organisez vos journées en tenant compte de vos rythmes biologiques :**

- Dédiez votre pic du matin aux tâches importantes qui demandent de la concentration : dossiers de fond, réflexion à long terme ou réunions à fort enjeu.
- Consacrez la fin de matinée aux tâches qui demandent peu d'effort intellectuel : c'est le moment idéal pour une séquence CAP mails (outil 61), pour gérer votre organisation, rappeler les personnes qui ont laissé un message sur votre répondeur.
- Donnez rendez-vous à vos interlocuteurs de préférence juste après déjeuner. Votre efficacité à travailler seul sur un dossier complexe serait de toute façon illusoire.
- Réservez votre pic de l'après-midi (vers 16 h-17 h) pour une nouvelle séquence de travail intellectuel et des réunions importantes. C'est aussi le bon moment pour placer les séances de créativité.
- Faites du sport vers 18 h ou 19 h plutôt qu'à 20 h-21 h, ce qui pourrait perturber votre endormissement et pèserait sur votre journée du lendemain.

« Le moment où l'on pense est aussi important que ce que l'on pense. »
Marc Schwob, psychiatre, auteur de ***Les rythmes du corps****, Odile Jacob*

Méthodologie et conseils

› Pour tirer le meilleur parti de vos phases de plus grande efficacité, mettez en place un système de protection : isolez-vous (outil 15) ou instaurez avec vos collègues des règles du jeu (outil 49).

› Il existe aussi un rythme biologique annuel (ou saisonnier) : nous sommes plus fragiles en octobre-novembre et en février-mars. Si possible, tenez compte de votre forme à l'échelle de l'année pour programmer aux moments les plus propices les projets à fort enjeu.

Avantages

- Nous traitons les dossiers complexes avec plus d'efficacité : un résultat plus performant à moindre effort.

Précautions à prendre

- Distinguez les pics d'efficacité liés à votre chronobiologie de ceux liés au rythme de l'entreprise : vous pouvez être plus efficace après 19 h parce que vous n'êtes pas dérangé, mais votre réflexion s'accomplit avec plus d'effort qu'à 9 h ou 10 h.

SUITE OUTIL 17 →

La chronobiologie

Comment être plus efficace ?

Tenir compte de nos rythmes biologiques pour organiser nos journées, c'est profiter au mieux de notre réservoir d'énergie. Et si nous prenions soin de ce réservoir pour en augmenter la capacité énergétique ?

Dormez suffisamment

Le sommeil est indispensable à la récupération physique et psychique. Il joue un rôle majeur dans la structuration de la pensée, la mémorisation, la capacité d'adaptation.

Il est conditionné par des régulateurs internes (la température du corps baisse quand il est temps de se reposer) et des régulateurs externes (luminosité, alternance travail/repos, activités sociales). Malheureusement, le monde moderne multiplie les *stimuli* externes et nous luttons souvent contre notre horloge interne, au détriment de notre efficacité du lendemain.

Prenez le train du sommeil à l'heure !

Une nuit de sommeil est un train constitué de plusieurs wagons : ce sont des cycles de 1 h 30 à 2 heures environ. Chaque cycle comporte 5 phases :

1. Endormissement : notre vigilance baisse, nous sommes pris de bâillements, nous nous frottons les yeux. Nos muscles se relâchent. **C'est le moment de s'endormir. Sinon, il faut attendre le train suivant !**
2. Sommeil léger : nous sommes assoupis mais un bruit ou un contact peuvent nous réveiller.
3. Sommeil lent léger : nos signes vitaux (respiration, cœur) ralentissent et deviennent plus réguliers. Les muscles sont au repos.
4. Sommeil lent profond : la température de notre corps est au plus bas. Nos signes vitaux sont totalement réguliers. C'est la phase la plus longue de notre sommeil. Le corps récupère activement. C'est dans cette phase qu'il grandit (division cellulaire) chez les enfants.
5. Sommeil paradoxal : notre esprit se réveille mais nous ne percevons pas l'environnement. C'est le sommeil des rêves, qui permet la récupération psychique. Cette phase occupe 20 % du premier cycle et s'allonge au cours de la nuit. Les derniers wagons de notre sommeil sont plus propices à notre repos psychique.

N'enchaînez pas les nuits trop courtes pour permettre à votre cerveau de se ressourcer. Il sera plus efficace à résoudre les problèmes et plus créatif.

Remettez vos pendules à l'heure !

Une activité physique élève la température du corps le jour et l'abaisse le soir, ce qui favorise l'endormissement (si elle n'est pas pratiquée trop tard).

La lumière du jour règle naturellement l'horloge interne. Sortir prendre l'air redonne de l'énergie et régule le sommeil.

L'alimentation stimule l'horloge biologique : il est conseillé de prendre un solide petit-déjeuner (pain, beurre, œufs, fromage) et de dîner tôt (19 h) pour digérer avant de dormir.

Ressourcez-vous en début d'après-midi

C'est une habitude perdue en Occident, mais nous avons besoin d'un temps de récupération en milieu de journée, comme l'indique la courbe de notre rythme biologique.

Un temps de repos permet au corps de récupérer et à l'esprit de prendre du recul.

Ensuite, une activité tonifiante permet de repartir avec une énergie nouvelle pour un après-midi de travail efficace. ■

> « Le sommeil est pour l'ensemble de l'homme ce que le remontage est à la pendule. » Arthur Schopenhauer

PRATIQUE de la sieste

Siestes et activité tonique	Comment pratiquer ?
La sieste flash 10 à 20 mn 	Elle se pratique au départ d'un train du sommeil, si possible tous les jours : l'entraînement favorise un endormissement rapide et un réveil contrôlé. Trop courte pour entrer en sommeil profond, elle permet de se réveiller en pleine forme, même si le réveil est provoqué par un signal sonore. Un réveil est plus difficile et moins réparateur en phase 4 ou 5. Guettez les signaux d'endormissement : baisse de vigilance, regard flou, besoin de se tenir, paupières lourdes, etc. Installez-vous confortablement dans un fauteuil, sur lequel vous pouvez laisser reposer votre tête. Mettez-vous à l'aise, enlevez vos chaussures, desserrez cravate et ceinture. Décidez de vous réveiller dans un quart d'heure. Fermez les yeux, ne pensez à rien qu'à vous laisser aller, visualisez un trou noir.
La sieste longue Un cycle de sommeil (1 h 15 à 1 h 45) 	Idéalement, elle se pratique allongé, dans un endroit confortable, isolé du bruit et de la lumière. Veillez à ne pas être réveillé en milieu de cycle. Elle est plus réparatrice puisqu'elle permet de se reposer physiquement et psychiquement, mais elle peut pénaliser l'endormissement le soir. Elle est recommandée pour récupérer du sommeil en retard ou en prévision d'une nuit courte à venir. Là encore, guettez les signes d'endormissement. Allongez-vous ou inclinez votre fauteuil le plus confortablement possible. Fermez les yeux, détendez les muscles, ne pensez à rien. Vous vous réveillerez naturellement à la fin du cycle. N'attendez pas d'être épuisé pour la pratiquer, sinon vous enchaînerez plusieurs cycles au détriment du train de nuit.
Étirements et contractions musculaires 3 à 5 mn 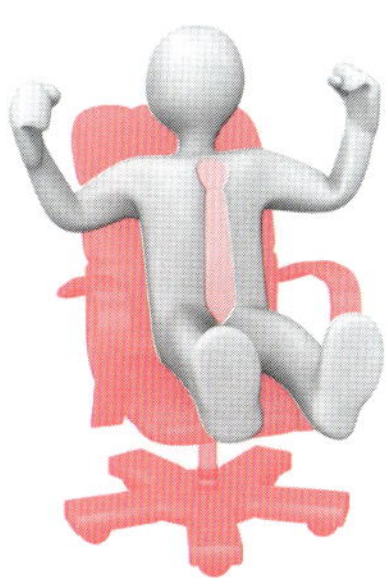	À la fin de votre sieste, prenez quelques minutes pour remettre votre corps en énergie : commencez par le bas du corps : étirez les jambes devant vous, tendez la pointe des pieds en contractant les muscles. Faites des petits cercles avec vos chevilles. Tendez les muscles des mollets (pieds fléchis), des cuisses, contractez les fessiers. Agitez les jambes devant vous, tendues et contractées. Déroulez vos doigts, vos poignets, repliez les bras, contractez les biceps. Étirez votre dos, contractez les abdominaux. Poussez le plafond, vos deux bras tendus au-dessus de vous. Massez votre cou, votre visage énergiquement. Plissez les yeux, les muscles du visage. Regardez autour de vous. Pour terminer, asseyez-vous quelques instants le dos bien droit, corps tonique, et visualisez-vous en train d'accomplir la prochaine tâche à faire.

OUTIL 18

La boussole des cultures du temps

AFFÛTER SON ORGANISATION EN S'INSPIRANT D'AUTRES CULTURES

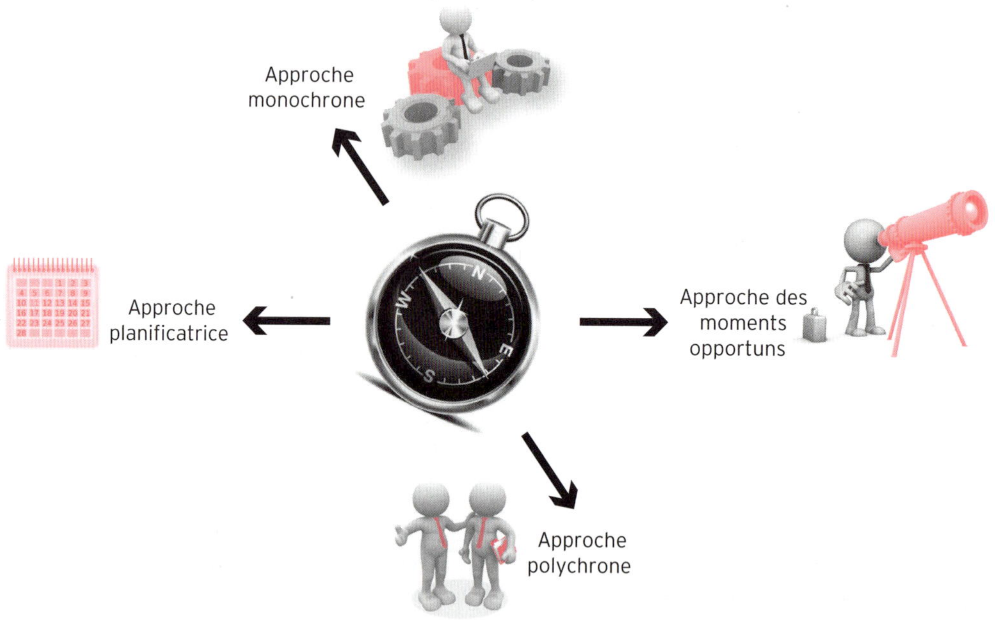

En résumé

Inspirée des travaux de l'anthropologue Edward T. Hall et enrichie de l'approche chinoise, cette boussole vise à tirer le meilleur parti des différentes cultures du temps dans le monde.

La culture monochrone, (Europe, Amérique du Nord), privilégie le résultat et le respect des délais. La culture polychrone (pays du sud et orientaux) accorde une place prépondérante aux échanges sociaux.

La culture chinoise s'oppose à l'approche planificatrice occidentale : héritée de la philosophie taoïste, elle considère que rien n'arrive par hasard. Il s'agit d'être attentif aux signes pour saisir les opportunités.

Insight

Inspired by the work of the anthropologist Edward T. Hall and improved by the Chinese approach, this compass is designed to make the most of the world's different cultures of time.

The Monochrone culture (Europe and North America) focuses on the result and deadlines. The Polychrone culture (Southern and oriental countries) gives more importance to social interchange.

The Chinese culture is in opposition to the Western planning-approach: inherited from the Taoist philosophy, it considers that nothing happens by chance. Ones must therefore always be attentive to signs of opportunities to be seized.

Pourquoi l'utiliser ?

Objectif

Cette boussole permet d'assouplir notre approche pour optimiser notre organisation selon les tâches à effectuer et de travailler de façon plus efficace avec les autres.

Contexte

C'est un repère utile pour les projets collectifs et à titre individuel pour organiser nos journées avec plus d'efficacité.

Comment l'utiliser ?

Étapes

› **Identifiez vos approches préférées.**

- **Monochrone** : vous préférez faire une chose à fois, au calme et sans interruption. Vous aimez aller au fond des choses et cultiver votre expertise. Vous valorisez le résultat. Vous préférez le travail individuel ou à deux.
- **Polychrone** : vous faites plusieurs choses à la fois. Les interruptions sont bienvenues et les contacts vous stimulent. Vous privilégiez la polyvalence à l'expertise. Les relations sont essentielles. Vous adorez le travail collectif.
- **Planificatrice** : vous définissez des objectifs clairs et programmez votre temps pour les atteindre. Vous avez à cœur d'optimiser les ressources.
- **Moments opportuns** : vous êtes attentif aux opportunités de faire les choses à moindre effort. Vous savez être patient et cueillir le fruit quand il est mûr.

› **Choisissez l'approche la plus appropriée.**

- **Monochrone** : idéale pour traiter les dossiers de fond qui demandent de la concentration, les tâches importantes de réflexion, les tâches minutieuses avec un risque d'erreur en cas d'interruption.
- **Polychrone** : très efficace pour les projets collectifs où le partage d'idées conditionne la réussite, elle permet de tester des idées nouvelles et de recueillir des feedbacks. Elle permet d'entretenir un réseau et de capter des informations. Elle est aussi compatible avec des tâches à faible charge mentale.
- **Planificatrice** : approche des projets par excellence, c'est un levier essentiel de la gestion du temps en Occident. De nombreux outils d'efficacité en sont dérivés.
- **Moments opportuns** : si une opportunité se présente de faire maintenant ce que vous comptiez faire plus tard, calculez le gain de temps potentiel pour assouplir votre agenda. Soyez à l'écoute des signaux en lien avec vos projets, et dites « oui » à ce qui vous permettra de les réaliser. Enfin, soyez sensible à votre niveau d'énergie et faites les choses au bon moment pour vous.

› **Acceptez le fonctionnement des autres :** il est efficace pour eux ! Exprimez vos propres besoins sans vous braquer. Cherchez des compromis en alternant les séquences d'approches différentes.

« Il y a plusieurs manières de perdre son temps. Ne rien faire. Mal faire ce qu'il faudrait faire. Le faire au mauvais moment. » Voltaire

Méthodologie et conseils

› Adoptez la culture dominante de votre environnement. Vous gagnerez du temps et de l'énergie.

› Pour profiter de l'approche des moments opportuns, soyez clair sur ce que vous voulez (outil 2).

› Utilisez vos talents naturels pour enrichir vos approches. Par exemple, « planifiez » une séquence de polychronie ! ■

Avantages

- Nous vivons mieux le temps collectif sans nous agacer du fonctionnement des autres. Moins de toxines, plus d'efficacité !

Précautions à prendre

- Trouvez le bon dosage entre votre efficacité personnelle et l'efficacité collective.

OUTIL 19

Les leviers d'efficacité collective

COORDONNER LES FORCES POUR MARCHER ENSEMBLE VERS UN MÊME BUT

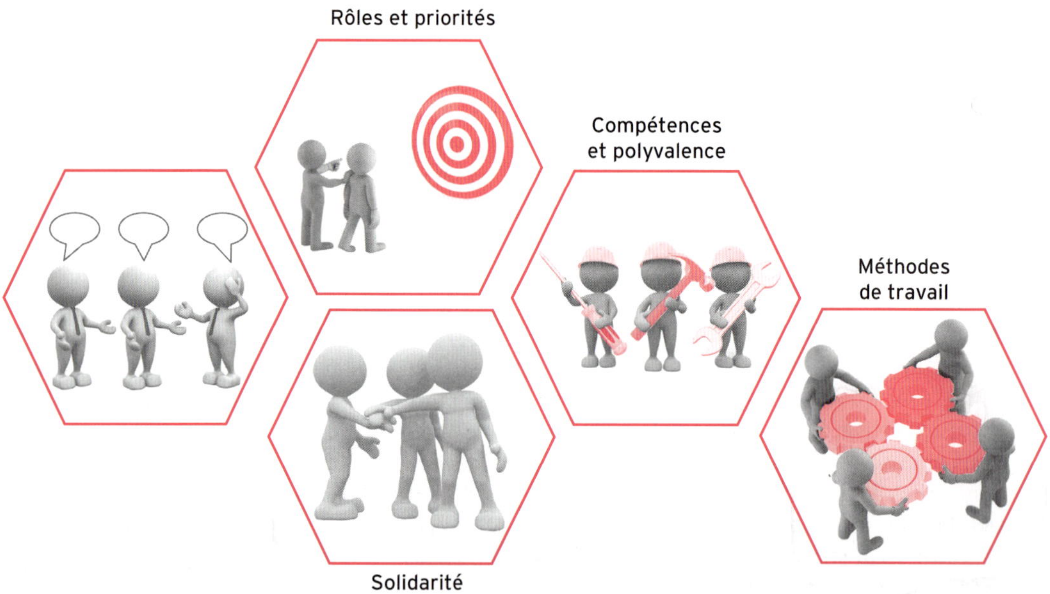

En résumé

Conflits de priorités, information pléthorique et confuse ou *a contrario* données manquantes, méthodes de travail hétérogènes ou peu fluides, absence problématique d'un collègue… L'efficacité individuelle se heurte parfois à l'inefficacité collective.

Un manager dispose d'une grande latitude pour agir sur **le fonctionnement de son équipe** et combattre les facteurs chronophages internes. Il peut clarifier les rôles et priorités pour atteindre ensemble le but commun, édicter des règles de communication, améliorer les méthodes de travail, développer la polyvalence et insuffler un esprit de solidarité.

Insight

Conflicting priorities, excessive and confusing information or, conversely, missing data, heterogeneous or inefficient working method, the absence of a colleague... In some cases, individual effectiveness clashes with collective inefficiency.

A manager has a great deal of leeway with regard to the ***team's functioning*** *and fighting internal time-consuming factors. He can clarify the roles and priorities to achieve a common goal together, enact communication rules, improve work methods, develop flexibility of staff members and instill a spirit of solidarity.*

Pourquoi l'utiliser ?

Objectif

Le fonctionnement de l'équipe peut générer des pertes de temps ou facteurs chronophages internes. Les équipes performantes ont mis en place des leviers pour les éradiquer.

Contexte

Il est évidemment plus facile d'agir sur ces leviers pour un manager d'équipe. Toutefois, chacun de nous peut suggérer des pistes d'amélioration et remonter les dysfonctionnements à la hiérarchie, lors d'une proposition d'arbitrage par exemple (outil 48).

Comment l'utiliser ?

Étapes

Pour chaque levier d'efficacité collective, repérez les symptômes de votre équipe et personnalisez les pistes d'action proposées.

› **Rôles et priorités.**

- Conflits liés à des priorités divergentes, tâches effectuées en doublon ou au contraire non prises en charge, tâches superflues.
- Clarifiez le but commun de l'équipe, les missions de chacun (outil 4), donnez des critères de priorité (outil 6).

› **Méthodes de travail.**

- Travail à refaire ou harmoniser après-coup, absence de traçabilité qui rend problématique toute absence, travail collectif chaotique. Processus non fluides, temps morts, délais non tenus, travail au dernier moment.
- Animez une réunion en choisissant des méthodes participatives (outil 52) pour décider ensemble de méthodes communes.

› **Circulation de l'information.**

- Mails pléthoriques envoyés sans discernement, information mal organisée ou pas à jour : pertes de temps à trier, chercher la bonne information. *A contrario,* certaines données essentielles ne sont pas transmises.
- Instaurez des règles pour l'envoi des mails : choix des destinataires, limitation des copies, objets explicites, textes synthétiques.
- Organisez l'information commune sur un serveur accessible à tous.

› **Compétences et polyvalence.**

- Pertes de temps dues à un manque de compétence, disparité de la charge de travail, difficultés à faire face aux pics d'activité et aux absences imprévues.
- Repérez les compétences prioritaires à faire progresser pour gagner du temps, constituez des binômes pour favoriser le transfert des compétences et assurer la relève en cas d'absence.

› **Solidarité.**

- Absence d'attention : interruptions continuelles, peu d'effort pour arranger un collègue ou l'aider. Chacun est seul face à ses problèmes.
- Instaurez des règles pour protéger la concentration individuelle (outil 49). Travaillez régulièrement ensemble à la résolution du problème d'un des membres de l'équipe : « le problème de l'un est le problème de tous ».

Méthodologie et conseils

› Faites participer votre équipe à l'élaboration des règles et méthodes pour créer l'adhésion.

› Montrez l'exemple. ■

« Lorsque deux forces sont jointes, leur efficacité est double. » Isaac Newton

Avantages

- Chaque membre de l'équipe gagne du temps et l'équipe est plus performante.

Précautions à prendre

- Les dispositifs mis en place doivent être équitables pour favoriser la coopération.
- Toute règle ou méthode doit pouvoir être révisée pour s'adapter au contexte.
- En tant que collaborateur, il vous est difficile d'agir sur les rôles et priorités qui relèvent de la hiérarchie.

DOSSIER

3 BOOSTER SA PRODUCTIVITÉ

« Le meilleur moment pour planter un arbre était il y a quarante ans. Le deuxième meilleur moment est maintenant. »

Proverbe chinois

Les trois fils de l'érudit

Il était une fois un homme qui avait passé la première moitié de sa vie à étudier et la seconde à transmettre son immense savoir à ses fils. Il rêvait pour eux des distinctions qu'il n'avait pas pris le temps de rechercher pour lui-même. Les deux aînés aimaient l'étude autant que lui, mais le benjamin était d'une autre nature. Sa mère n'ayant vécu que peu de jours après sa naissance, il avait passé ses plus jeunes années en nourrice dans la famille d'un charpentier, et s'était lié d'amitié avec son frère de lait. Revenu étudier chez son père à l'âge de raison, il s'échappait dès qu'il pouvait pour jouer avec son ami sous la surveillance de l'artisan. L'érudit se désespérait de le voir gâcher ainsi son intelligence à des occupations futiles.

Il se consola le jour où son fils aîné fut admis au service du prince.

– Fais honneur à mon enseignement, lui dit-il le matin de son départ. Accomplis quelque grand dessein pour que le prince te distingue !

Il se passa un an avant que l'érudit ne se résolût à s'enquérir lui-même de son fils dont il était sans nouvelles. Il fut surpris de le trouver occupé à faire des comptes.

– Comment mon fils, toi qui es si savant, tu es employé à faire des calculs qu'un enfant de dix ans saurait faire ? N'as-tu pas quelque grand dessein à accomplir ?

– Mon père, j'ai l'idée d'un procédé qui permettrait à un seul homme de faire le travail de dix lors de la récolte du blé. Les économies réalisées feraient la fortune du prince.

– Très bien, mon fils, très bien, se réjouit l'érudit. Quand le prince va-t-il te décharger de ces comptes pour que tu te consacres à ce grand projet ?

– Je ne lui en ai pas encore parlé, père. Mon invention n'est pas au point et je manque de temps pour m'y consacrer.

L'érudit rentra chez lui déçu.

Quand son second fils entra au service du prince, il lui donna un conseil.

– Lorsque tu auras quelque brillante idée, va voir le prince sans tarder pour qu'il te distingue !

Il attendit encore un an avant de rendre visite à ses fils. L'aîné faisait toujours des comptes sans que son projet eût avancé. Son frère puîné rédigeait des courriers administratifs.

– Mon fils, pourquoi rédiges-tu ces lettres d'une simplicité enfantine quand tu pourrais faire valoir tes connaissances auprès du prince ?

– Les idées me manquent, mon père. Lorsque je pense à en avoir, mon esprit reste fermé et je ne puis écrire une seule ligne qui vaille la peine.

L'érudit s'en retourna chez lui dépité.

Ce fut enfin au tour du benjamin de rentrer au service du prince.

– Mon fils, fais chaque jour du mieux que tu peux, lui dit son père. Et envoie-moi de temps en temps de vos nouvelles, car tes frères ne m'écrivent pas.

Au bout d'un an, n'ayant encore reçu aucune lettre, l'érudit se rendit une nouvelle fois au palais. Il demanda à voir son troisième fils pour lui reprocher sa paresse. Il fut reçu avec une déférence inaccoutumée et conduit sur le chantier où son fils dirigeait de grands travaux.

– C'est un système hydraulique pour irriguer les cultures en terrasse. Le prince peut ainsi étendre la production de son domaine sur la montagne, expliqua-t-il.

– Comment as-tu fait, mon fils, pour te distinguer quand tes frères sont restés dans l'ombre ? demanda le père étonné de la tournure des événements.

– Je n'ai pas cherché à me distinguer, mon père.

– Quel prodige t'a permis, alors, de réussir là où tes frères ont échoué ?

Le troisième fils de l'érudit réfléchit. Il repensa à son enfance lorsqu'avec son frère de lait il construisait des cabanes. Il revit les planches écroulées de leurs premiers essais et leur enthousiasme à recommencer leur ouvrage. Il se souvint du regard bienveillant du charpentier qui semblait leur dire par-delà leurs échecs « vous réussirez ».

– La confiance, répondit-il.

LES OUTILS

20 La visualisation du livrable 64
21 Les objectifs partiels 66
22 La trousse à crayons 68
23 La méthode des 3 « O » 70
24 Les 4 phases du processus créatif 72
25 La carte mentale 74
26 Le fil de l'eau 76
27 Le draft 78
28 L'auto-motivation 80

OUTIL 20

La visualisation du livrable

RESPECTER LA VITESSE DU CERVEAU

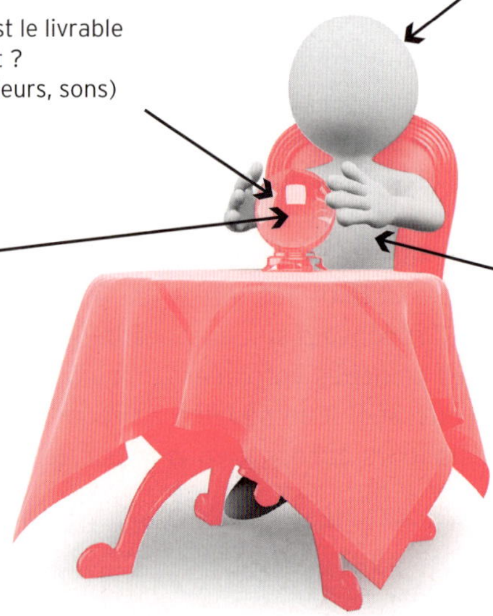

En résumé

Nous avons parfois une bribe d'idée sur ce que nous devons produire, mais le temps de former les mots pour l'écrire, l'idée s'est enfuie, et nous nous retrouvons dans les limbes des ébauches avortées, à ne plus savoir par où commencer.

La visualisation du livrable est un moment où nous laissons notre cerveau fonctionner à son rythme – c'est-à-dire très rapidement.

Il s'agit d'imaginer le livrable terminé et fonctionnel, avec toutes les qualités requises pour notre satisfaction et celle des utilisateurs. Pour notre cerveau, les scènes vécues sont bien réelles et l'objectif atteignable… puisque déjà atteint !

Insight

We sometimes have the beginning of an idea of what we want to produce, but with the time needed to write it down, the idea slips away, and we find ourselves in the ideas' limbo, no longer knowing where to start.

Visualizing the deliverable is letting our brain work at its own pace – meaning very fast.

The idea is to imagine the deliverable once completed and operational, with all the qualities required to meet our satisfaction and that of users. For our brains, those scenes are real and the goal attainable, because already achieved!

Pourquoi l'utiliser ?

Objectif

L'imagination est beaucoup plus rapide que les gestes ou le langage. Le processus de réalisation ralentit la pensée ! La visualisation du livrable permet à notre cerveau de faire le parcours une première fois sans entrave.

Contexte

S'il est basé sur un principe similaire à la méthode des états désirés (outil 3), la visualisation du livrable est un outil du quotidien. Il peut être appliqué à n'importe quel livrable, même un sous-objectif d'un ensemble plus vaste.

Il peut aussi servir de point de départ à un travail collectif pour enrichir les points de vue.

Comment l'utiliser ?

Étapes

› **Clarifiez l'objectif du livrable.**

- Avant de démarrer votre séquence de visualisation, remettez-vous en mémoire l'objectif de votre livrable, sa finalité.
- Si nécessaire, écrivez-le.

› **Installez un état de détente.**

- Veillez à ne pas être dérangé pendant 10 mn.
- Fermez les yeux.
- Respirez calmement plusieurs fois en gonflant le ventre. Expirez d'un souffle régulier par la bouche en vous concentrant sur vos sensations jusqu'à vous sentir détendu.

› **Visualisez votre livrable précisément.**

- Imaginez votre livrable terminé.
- Quelle forme a-t-il ? quelle taille, quelles couleurs ? Émet-il des sons ?

› **Inspirez vos émotions.**

- Visualisez-vous en train de le manipuler.
- Que ressentez-vous ? Qu'est-ce qui vous rend particulièrement fier, heureux ?
- Quel est votre dialogue intérieur, que vous dites-vous à vous-même ?

› **Visualisez les réactions de votre entourage.**

- Imaginez que votre entourage, collègues, manager voient le livrable. Imaginez vos utilisateurs s'en servir, votre public écouter votre discours... Visualisez l'environnement, la lumière, les sons.
- Imaginez leurs réactions : comment manifestent-ils leur enthousiasme ? Que disent-ils du livrable ? Qu'est-ce qui leur plaît ?

› **Inspirez de nouveau vos émotions.**

- Que ressentez-vous en entendant ces louanges ? Quelles sont celles qui vous font le plus plaisir ? Pourquoi ?
- Laissez-vous imprégner de ces émotions.
- Affirmez quelque chose de positif et précis à propos de votre livrable : « il est... » (clair, facile à utiliser, pratique, beau, etc.).
- Ouvrez les yeux.

› **Mettez-vous immédiatement au travail.**

- Notez tout de suite votre affirmation positive.
- Esquissez rapidement une première version de votre livrable, tant que vos images sont encore vives.

« Pour voir, je ferme les yeux. »
Paul Gauguin

Méthodologie et conseils

› Lors des étapes de visualisation, placez-vous **dans** la scène et non en simple spectateur.

› Imaginez les réactions des utilisateurs de votre livrable même si vous ne les connaissez pas (par exemple, visualisez un lecteur en train de consulter votre livre !). ■

Avantages

- C'est un exercice très court qui nous motive à nous mettre au travail rapidement pour concrétiser le fruit de notre imagination.
- Il arrive que des illuminations (outil 24) surviennent lors d'une séquence de visualisation.

Précautions à prendre

- Visualisez d'abord le livrable complet fini avant les livrables de vos objectifs partiels (outil 21).

OUTIL 21

Les objectifs partiels

AVANCER AVEC SÉRÉNITÉ D'UN OBJECTIF HOMOGÈNE À L'AUTRE

En résumé

« Découragé par l'ampleur de la tâche. » Cette expression familière montre bien qu'un objectif trop élevé peut anéantir notre énergie au lieu de nous galvaniser.

La solution, c'est de faire un pas après l'autre, pour avancer tranquillement et régler son sort à la procrastination.

Sur un chemin long, il y a d'autres embûches, comme par exemple la complexité. **Le découpage en objectifs homogènes** simplifie le travail cérébral. Plus sereins, nous sommes plus productifs.

Enfin, des séquences courtes se glissent plus facilement dans l'agenda. Nous avançons avec régularité.

Insight

"Discouraged by the size of the task." *These familiar words show that when targets are too high, it can crush our energy instead of galvanizing action.*

The alternative is to take it one step at a time, to just move along steadily and settle the fate of procrastination.

When the process is long, one may stumble on other obstacles, such as areas of complexity. ***Classification by homogeneous goals*** *simplifies the brainwork. Serene and stress-free, we are more productive.*

Finally, short sequences are easier to slide on the agenda. We move forward steadily.

http://goo.gl/JRVbbg

Voir le témoignage vidéo.

Pourquoi l'utiliser ?

Objectif

Les bonnes raisons de découper un objectif ambitieux en unités plus petites sont multiples : planification réaliste et efficace, concentration, motivation personnelle, pilotage.

Contexte

C'est une pratique utile pour toute tâche qui nécessite plus de 2 heures. Elle est particulièrement recommandée pour tout travail complexe dont les différentes phases font appel à des fonctionnements cérébraux différents.

Comment l'utiliser ?

Étapes

› **Évaluez le travail à faire.**

- Listez toutes les tâches à faire pour produire le livrable complet.
- Évaluez leur durée.
- Indiquez pour chacune la nature du travail à faire : recherche, analyse, production d'idées, travail d'imagination, tri, sélection, structuration d'un document, rédaction, test, mise en forme, etc.

› **Créez un objectif par unité de temps.**

- Découpez toute tâche supérieure à votre durée maximale de concentration : environ 1 h 30, voire 25 mn si vous utilisez la technique Pomodoro® (outil 15).
- Affectez à chaque nouvelle tâche un objectif précis (finir telle partie, etc.).

› **Travaillez par objectif homogène.**

- *Produire des idées* (pas de censure, rebond) ne fait pas appel au même fonctionnement cérébral que *sélectionner une solution* (esprit critique requis !).
- Séparez les différentes étapes d'un processus de travail en objectifs homogènes : pour un travail de veille, *choisir ses articles* est une première étape (on survole les titres), *lire les articles sélectionnés* en est une deuxième. Confondre les deux fait perdre du temps.

› **Planifiez vos objectifs partiels.**

- Vous ne pourrez peut-être pas tout faire le même jour. Donnez un ordre cohérent à vos étapes et planifiez-les dans votre agenda.
- N'oubliez pas d'inclure des temps de pause si vous les réalisez en continu, et des temps de remise en route si vous les espacez.
- Tenez compte de vos rythmes biologiques pour planifier les séquences qui vous demandent plus ou moins d'effort.

› **Focalisez-vous sur un objectif à la fois.**

- Tenez votre planning sans chercher à réaliser deux objectifs à la fois.
- Pour un travail collectif, communiquez à vos coéquipiers votre découpage.

« Le commencement est la moitié de tout. » Pythagore

Méthodologie et conseils

› Il vaut mieux deux courtes séquences homogènes qu'une longue nécessitant deux formes de pensée différentes. Faites une pause entre les deux.

› Vous pouvez en revanche regrouper des tâches homogènes bénéficiant à plusieurs sous-ensembles de votre livrable : mutualiser les recherches Internet de plusieurs sujets.

› Vous trouverez des exemples d'objectifs partiels sur le processus de création de livrable dans ce dossier (outils 22, 24, 25, 27). ■

Avantages

- Les objectifs partiels clarifient la démarche et balisent notre chemin. L'entreprise paraît moins ardue.
- Notre motivation est plus facilement déclenchée pour accomplir une tâche courte. Elle est entretenue par la progression à chaque étape.
- La planification est plus flexible.

Précautions à prendre

- Évaluez avec réalisme les durées. Notez au fur et à mesure le temps réel pour affiner vos estimations futures.

OUTIL 22

La trousse à crayons

PRÉPARER SES CRAYONS POUR PRÉPARER SON CERVEAU

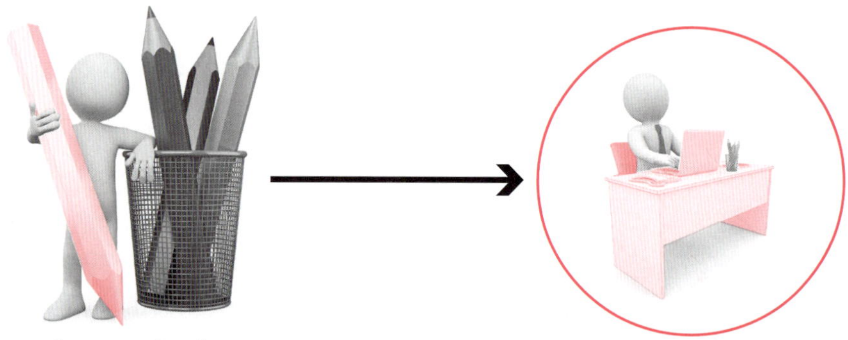

Crayons préparés la veille

Efficacité assurée le lendemain

En résumé

Rien de plus frustrant que de voir des obstacles minuscules gâcher notre volonté de venir à bout d'un dossier important : informations éparpillées ou manquantes, mails perturbateurs, micro-interruptions. La distraction nous éloigne de notre objectif. La matinée est passée et le dossier à peine entamé.

La métaphore de **la trousse à crayon** nous ramène au temps de notre enfance, lorsque nous préparions nos affaires la veille pour être prêts à partir de bonne heure pour l'école.

En préparant physiquement notre cadre de travail et les éléments de contenu nécessaires, nous conditionnons également notre cerveau à « démarrer de bonne heure ».

Insight

There is nothing more frustrating than seeing tiny obstacles come and ruin our willingness to deal with an important issue: missing or scattered information, disruptive emails, micro-interruptions. Distraction deflects us from the goal. Morning is over and the task barely begun.

The metaphor of ***the pencil case*** *brings us back to childhood, when we prepared our things the night before to be ready to leave for school early.*

By physically preparing our workspace and organizing the required elements, our brain is also conditioned to "start early."

http://goo.gl/I8rkES

Voir le témoignage vidéo.

OUTIL 22

Pourquoi l'utiliser ?

Objectif

Préparer la « trousse à crayons » la veille nous permet de démarrer directement dans le vif du sujet le lendemain matin, en profitant du temps où notre énergie est à son maximum pour les travaux de réflexion.

Contexte

Cette méthode est particulièrement indiquée pour les dossiers de fond, surtout s'ils doivent faire appel à plusieurs documents répartis en divers endroits.

Comment l'utiliser ?

Étapes

› **Prenez une trousse vide.**
- Créez dans votre ordinateur un répertoire spécifique pour le dossier à traiter demain.
- Si vous avez besoin d'accéder à des sites Internet, créez de la même manière un nouveau répertoire « favoris ».
- Débarrassez votre bureau de tout autre document susceptible de distraire votre attention. Ne laissez à portée de vue que ce qui concerne votre dossier.

› **Rassemblez les crayons.**
- Déplacez ou copiez dans votre nouveau répertoire tous les documents dont vous aurez besoin pour traiter votre dossier.
- Ajoutez les pages Internet utiles dans votre nouveau dossier « favoris ».
- Rassemblez tout matériel utile : papier, crayon pour faire un draft, post-it™ pour une séquence de créativité, etc.

› **Si besoin, taillez vos crayons.**
- Commencez à personnaliser la maquette du document aux couleurs de votre projet : les titres, la date et autres éléments spécifiques.
- Ajoutez tout ce qui vous semble utile et ne concerne pas le fond de votre sujet.

Méthodologie et conseils

› Arrangez-vous pour que les documents soient accessibles sans avoir à ouvrir votre boîte mail. L'intérêt de la méthode est justement d'éviter tout risque de distraction ! Créez un raccourci sur votre bureau pour y accéder directement.

› Vous pouvez déléguer la « taille des crayons » si ce travail représente un budget temps non négligeable.

› S'il vous reste du temps, vous pouvez compléter cette méthode avec l'étape du draft (outil 27).

› Si possible, fermez votre ordinateur en mode veille pour laisser toutes les applications et fichiers utiles ouverts et prêts à l'emploi.

› Vous pouvez préparer vos crayons dans l'heure creuse du début d'après-midi, quand votre énergie est au plus bas. Cela vous laissera aussi une marge de manœuvre pour demander un document manquant. ■

« Partir le matin de bonne heure se décide le soir. »
Proverbe Malinké

Avantages

- Très facile à mettre en œuvre, cet outil demande peu de temps et aucun effort.
- Il réduit considérablement le « temps de chauffe » pour atteindre notre niveau optimal d'efficacité lors du traitement du dossier : en préparant le terrain la veille, nous avons conditionné notre cerveau à être efficace.
- Lorsque nous sommes bien concentrés sur notre travail, cela se voit. Nos collègues ont tendance à mieux respecter notre temps.

Précautions à prendre

- Prévoyez une partie du travail qui ne soit pas dépendante de la technique, pour pallier les pannes éventuelles sans entamer votre enthousiasme et pouvoir démarrer de bonne heure quoi qu'il arrive.

La méthode des 3 « O »

PRODUIRE UN LIVRABLE DANS UN TEMPS LIMITÉ

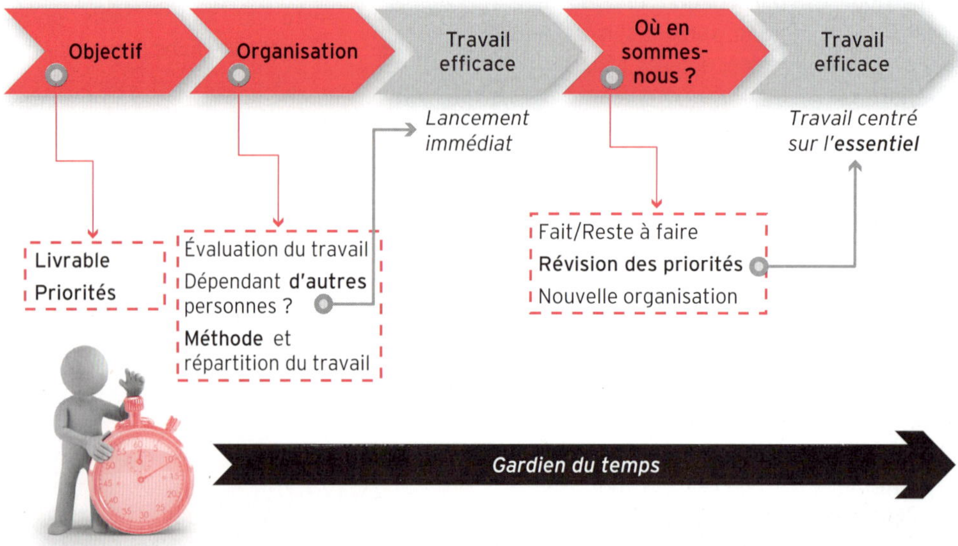

En résumé

La méthode des 3 « O » consiste à réfléchir avant d'agir. Elle nous permet de produire avec efficacité des dossiers complexes faisant appel à de multiples tâches. L'objectif mérite d'être clarifié avec notre commanditaire s'il existe. L'organisation permet de découper l'ensemble du travail et de hiérarchiser les tâches avant de les répartir en cas de projet collectif. Le point d'avancement « où en sommes-nous ? » est nécessaire pour tenir le délai ou le renégocier avec le commanditaire.

Insight

The GOW method (Goal, Organization, Where we stand) is about thinking before acting. It allows to efficiently handle complex cases involving multiple tasks. The goal should be clarified with the person who gives the case, if any. Organization serves to divide the work and prioritize tasks before attributing them in the case of a group project. The "where do we stand?" progress report is necessary to meet deadlines or re-negotiate them.

Pourquoi l'utiliser ?

Objectif

Respecter une contrainte de temps répond à un double enjeu :

› **Tenir nos engagements** de délai vis-à-vis de nos commanditaires, pour notre réussite personnelle (image) et professionnelle (résultats).

› **Gagner du temps** en limitant la durée de réalisation d'un travail donné.

Contexte

Cette méthode s'applique à tout travail complexe composé de plusieurs tâches.

Elle est utilisable à titre individuel et en équipe.

Comment l'utiliser ?

Étapes

› **Clarifiez l'objectif** avec votre commanditaire.

- Posez des questions sur la finalité au-delà de la demande : à quoi ce travail va-t-il servir ?
- Faites préciser le livrable attendu : sous quelle forme ? En l'absence de commanditaire, prenez le temps de visualiser concrètement le résultat final (outil 20).
- Validez le délai pour éviter tout malentendu.

› **Organisez-vous avant de démarrer.**

- Listez toutes les tâches à accomplir.
- Repérez les informations à rassembler, celles pour lesquelles vous dépendez d'autres personnes.
- Affectez un budget temps à chaque tâche et étape du processus.
- Répartissez le travail entre les membres du groupe.
- Prévoyez un point d'avancement, et nommez un gardien du temps.
- Lancez les activités en commençant par contacter les personnes contributives à l'extérieur du groupe de travail pour qu'elles puissent vous livrer les informations à temps.

› **« Où en sommes-nous ? »**

- Évaluez ce qui est réalisé, ce qui reste à faire.
- Révisez les priorités. Le cas échéant négociez avec le commanditaire un délai supplémentaire ou un arbitrage sur le livrable.
- Revoyez le temps à consacrer aux tâches restant à réaliser en fonction de leur importance, pour focaliser sur l'essentiel.
- Revoyez la répartition des tâches.

Méthodologie et conseils

› Utilisez l'alarme de votre Smartphone comme gardien du temps : il est fiable et vous permet de vous concentrer sur le travail.

› Affectez aux tâches une durée relative en fonction de leur importance dans la contribution au résultat.

› Acceptez de ne pas tout faire parfaitement.

› Positionnez le point d'avancement aux deux tiers ou aux trois quarts de la fin du délai.

› Pour les dossiers lourds, prévoyez plusieurs jalons « où en sommes-nous ? ».

› Prévoyez des jalons de relance pour les personnes dont vous attendez des informations. ■

« Plus vous laissez de temps à un travail pour se réaliser, et plus il a tendance à prendre ce temps qui s'allonge pour se réaliser. »
C. N. Parkinson

Avantages

- La méthode des 3 « O » est un outil efficace pour lutter contre les dérives de délai.
- La contrainte de temps oblige à aller à l'essentiel. Elle est un moteur puissant de concentration et de créativité, donc d'efficacité.

Précautions à prendre

- Dans l'affectation des budgets temps, gardez une marge de manœuvre pour traiter les imprévus ou d'autres demandes prioritaires.
- Certains sujets méritent qu'on y consacre un temps de maturation. Dans ce cas, utilisez le processus créatif (outil 24).
- Il existe d'autres outils plus adaptés pour le management de projets (diagramme de GANTT par exemple). Cependant, la méthode des 3 « O » peut s'appliquer à une sous-tâche d'un projet.

OUTIL 24

Les 4 phases du processus créatif

SÉPARER L'IMPRÉGNATION DE LA PRODUCTION

I Imprégnation	II Incubation	III Illumination	IV Production
Je cherche ↓ Je « sèche »	Mon inconscient prend le relais	Mon inconscient communique au conscient sa « trouvaille »	J'évalue ma trouvaille et formalise ma solution

Définir le problème Chercher les informations Noter les 1res idées.	Cesser de penser au sujet Faire autre chose	Accueillir les idées Noter tout sans censure	Confronter les idées au besoin et à la réalité Travailler la solution
Phase longue *Heures* *Jours* *Années*	**Phase longue** *Heures* *Jours* *Années*	**Phase courte** *Secondes* *Minutes* *Heures*	**Phase moyenne** *Heures* *Jours* *Semaines* *Mois*

D'après source Cegos

En résumé

Les 4 phases du processus créatif ont d'abord été observées sur des mathématiciens qui avaient eu des idées géniales appelées « illuminations » (le fameux « Eurêka ! » d'Archimède). Dès 1926, le neuroscientifique G. Wallas démontre que les meilleures idées viennent d'un processus créatif qui laisse la part belle à l'intuition.

Pour résoudre des problèmes complexes (trouver des solutions nouvelles à des situations inconnues), nous avons donc intérêt à séparer une première phase dite « d'imprégnation », du moment où nous allons évaluer et formaliser les solutions après l'illumination.

Insight

The 4 phases creative process were first observed in mathematicians who had ideas of genius called "Illuminations" (Archimedes' famous Eureka!). In 1926, the neuroscientist G. Wallas shows that the best ideas come from a creative process that provides ample space for intuition. To solve complex problems (to find new solutions to unfamiliar situations), our best interest is, therefore, to separate an initial phase called "impregnation" from the moment when we formalize and evaluate solutions after the illumination.

http://goo.gl/KNUXIk

Voir le témoignage vidéo.

Pourquoi l'utiliser ?

Objectif

Ce processus permet d'inventer des solutions pertinentes pour résoudre des problématiques nouvelles à moindre coût en temps et en énergie, comparativement à une réflexion rationnelle menée en continu.

Contexte

Il s'applique à tout travail créatif : réflexion de fond, réflexion stratégique, résolution de problèmes complexes, projets innovants.

Comment l'utiliser ?

Étapes

› **Phase I : imprégnation**

- Posez le problème : périmètre, objectif ; que cherchez-vous à résoudre, dans quel but ?
- Rassemblez les informations : événements, statistiques, recherche documentaire, etc.
- Notez les premières idées qui vous viennent à l'esprit, de façon large et sans censure. La carte mentale est idéale (outil 25).

› **Phase II : incubation**

- Lâchez prise ! Ne pensez plus à votre problème. Laissez votre inconscient travailler. Votre cerveau droit (créatif) prend le relai de votre cerveau gauche (rationnel).
- Faites du sport, de la musique ou une activité très différente, peu consommatrice en charge mentale.

› **Phase III : illumination**

- L'illumination peut survenir à tout moment : le matin au réveil, en vous brossant les dents, dans les transports...
- Vous pouvez favoriser son arrivée en lui donnant « rendez-vous » : prévoyez une séance d'écriture libre de 45 mn tous les matins entre les phases d'imprégnation et de production.

› **Phase IV : production**

- Confrontez les idées de l'illumination à la réalité : en quoi répondent-elles au problème ? Quelle est leur faisabilité, leur coût ? Quels sont les avantages et limites de chacune ? Etc.
- Sélectionnez les plus pertinentes et mettez en forme le plan d'action qui en découle.

« La créativité naît dans le noir. »
Julia Cameron

Méthodologie et conseils

› Planifiez dans votre agenda les phases I et IV (travail rationnel), a minima séparées par une nuit, si possible à plusieurs jours d'intervalle.

› Le meilleur moment pour avoir une illumination est lorsque le cerveau n'est pas au maximum de son efficacité intellectuelle logique alors que le corps est en pleine forme physique : très tôt le matin ou vers 19 h après une séance de sport.

› Faites-vous confiance ! Le cerveau est une magnifique machine à produire des idées géniales, et la gestation (phase II) est utile.

› Les phases I et IV peuvent être menées en groupe.

› Vous pouvez décider en phase IV de réitérer le processus pour creuser une idée. ■

Avantages

- Nos idées sont plus riches et pertinentes que si nous menons le travail en continu.
- L'anticipation réduit le stress d'une production au dernier moment.

Précautions à prendre

- Planifiez suffisamment à l'avance. Réservez du temps au calme pour les phases I et IV.
- Respectez l'objectif de la phase I sans chercher à produire : votre problème sera plus clairement défini et vos idées plus libres. Votre inconscient pourra associer des idées farfelues pour créer une idée recevable en phase III. Laissez le tri pour phase IV.
- L'illumination est très fugace et peut survenir à tout moment. Ayez à portée de main de quoi la noter immédiatement.

OUTIL 25

La carte mentale

LAISSER LES IDÉES JAILLIR DANS L'ORDRE OÙ LE CERVEAU LES CONÇOIT

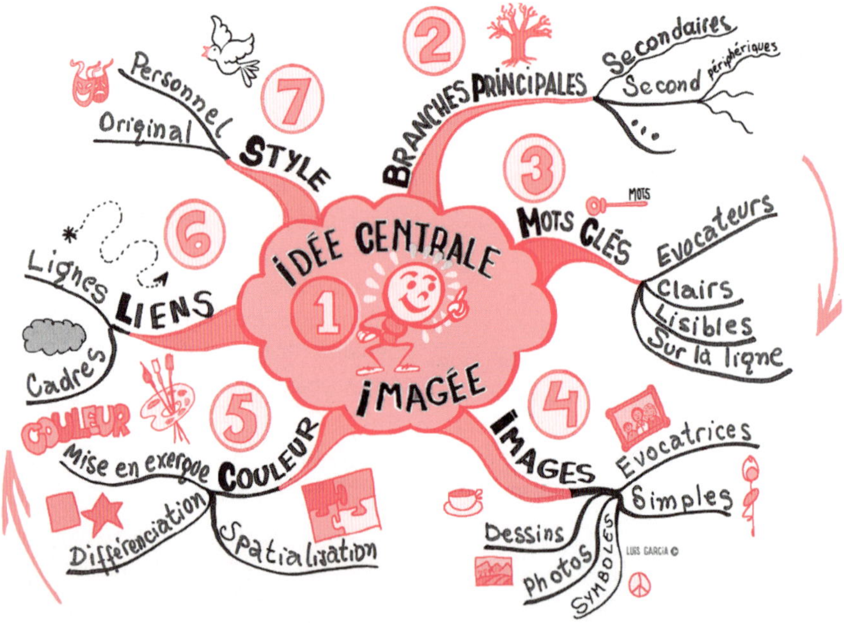

Les principes du mind mapping © Luis Garcia, extrait d'*Organisez votre temps avec le Mind Mapping*, X. Delangaigne, Dunod, 2013

En résumé

La carte mentale (ou schéma heuristique) est un formidable outil de productivité formalisé dans les années 1970 par le psychologue anglais Tony Buzan. Son principe repose sur la similarité entre le fonctionnement du cerveau et la représentation concrète des idées sur la feuille.

Habituellement, nous procédons de façon linéaire en commençant par écrire en haut de la page avec des phrases et des énumérations. Or, il est beaucoup plus efficace de placer l'idée principale au centre, puis laisser les autres idées se ramifier par association à partir du thème central en élaborant une sorte d'arbre.

Insight

The Mind Map is a valuable tool for productivity, established by the English psychologist Tony Buzan in the 1970s. Its principle is based on similarity between the functioning of the brain and concrete representation of ideas on paper.

A linear approach is usual, by which one begins at the top of the page with phrases and enumerations. However, it is much more efficient to place the main idea at the center and then branch off from the central theme by association, to form a kind of tree.

Pourquoi l'utiliser ?

Objectif

La carte mentale permet de produire rapidement des idées en libérant le cerveau du carcan de la pensée linéaire.

Elle permet d'explorer un sujet de manière globale, ce qui facilite la prise de décision et la production de livrables.

Contexte

Elle peut s'utiliser seul ou à plusieurs. Ses domaines d'application sont infinis ! En voici un florilège :

- clarifier un problème complexe ;
- clarifier nos idées avant de créer un livrable ;
- explorer une situation nouvelle ;
- trouver le maximum d'idées ou de solutions ;
- prendre des notes faciles à exploiter ;
- répertorier les tâches à faire avant de nous organiser (outil 23) ;
- préparer une réunion (dossier 6).

Comment l'utiliser ?

Étapes

› **Placez le sujet au centre.**

- Prenez une feuille blanche (non quadrillée) en mode paysage, pour que votre cerveau puisse s'exprimer librement dans toutes les directions.
- Idéalement utilisez une image. Elle stimulera mieux votre imagination et vous aidera à rester concentré sur votre thème pendant le processus.

› **Tracez les branches principales.**

- À partir du centre, tracez des courbes plutôt que des lignes : elles sont plus dynamiques pour le cerveau. Utilisez de la couleur, qui stimule elle aussi les neurones.
- Écrivez sur chaque branche l'idée principale qu'elle porte, en vous limitant à un seul mot. Les idées secondaires en seront plus riches.

› **Tracez les branches secondaires et les brindilles.**

- Utilisez la couleur de la branche à laquelle elle se rattache pour faciliter la lecture.
- Connectez les branches (chaque rameau touche sa branche native). Le cerveau fonctionne par association : il produira de manière plus fluide si les liens sont clairs.
- Utilisez un seul mot-clé pour décrire chaque branche, les formulations trop précises limitent la créativité.
- Utilisez des images et pictos, plus puissants visuellement et mentalement que les mots.

« Le talent, c'est une question de quantité. Le talent, ce n'est pas d'écrire une page, c'est d'en écrire trois cents. »
Jules Renard

Méthodologie et conseils

› Plus votre carte mentale sera plaisante à regarder, plus votre cerveau sera stimulé : donnez à votre arbre une allure organique similaire à celle des neurones, amusez-vous avec les couleurs, les dessins, les symboles.

› Dessinez quelques branches secondaires vides derrière chaque branche principale. Votre cerveau aura envie de les remplir ! ■

Avantages

- Le rapport production d'idées/temps investi est remarquable.
- Une carte mentale peut être un draft ou servir de préalable à un draft (outil 27).
- C'est un excellent outil pour lutter contre la procrastination, parce que l'objectif (produire des idées) est facilement atteignable.

Précautions à prendre

- Évitez de dépasser 3 niveaux de branches pour conserver une belle lisibilité.
- Séparez la phase de production d'idées libres avec la carte mentale de la phase de tri.
- Donnez-vous un seul objectif : une carte mentale avec pour branches principales « symptômes », « causes » « solutions » est moins efficace que 3 cartes mentales dédiées à chacune de ces étapes du processus de résolution de problème.

OUTIL 26

Le fil de l'eau

ALIMENTER SON PROJET SANS EFFORT AVANT DE LE TRAVAILLER

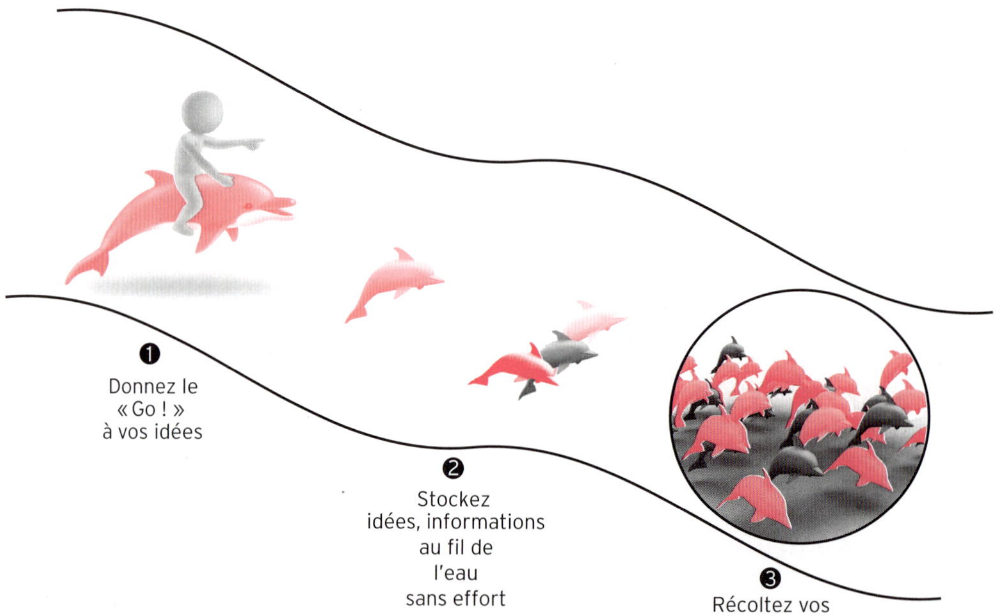

En résumé

Le syndrome de la page blanche est l'une des causes majeures de la procrastination. Elle n'est pas réservée qu'aux écrivains. Elle nous concerne tous dès que nous avons un projet complexe à initier, qui fait appel à notre réflexion.

Alors, nous ne démarrons pas et finissons au pied du mur et dans la douleur par produire un livrable qui nous déçoit au regard du potentiel d'idées que nous aurions pu y mettre. Et nous accusons le manque de temps.

Le fil de l'eau permet de disposer d'un stock d'idées acquises sans effort le jour où nous décidons de travailler sur notre projet.

Insight

"Writer's block" is one of the main causes of procrastination. But it doesn't happen only to writers. It can affect all of us when we have a complex project to initiate, that calls for thought.

Then, we never get started and end up, back to the wall, painfully producing a deliverable that disappoints us in comparison with the potential of ideas we could have put in it. And we blame lack of time.

***"Do with the flow"** provides a stock of ideas to effortlessly pick from the day we decide to work on the project.*

http://goo.gl/4XBiJp

Voir le témoignage vidéo.

Pourquoi l'utiliser ?

Objectif

Le fil de l'eau permet d'éviter la procrastination causée par le syndrome de la page blanche.

Contexte

Il s'applique à tout projet de réflexion à mener à moyen ou long terme.

Comment l'utiliser ?

Étapes

› Donnez le « Go ! » à vos idées.

- Il s'agit de démarrer votre projet dans votre tête aujourd'hui, sans vous dire « je verrai cela plus tard lorsque je serai plus disponible, j'ai encore le temps » !
- Concrètement, ouvrez dès à présent (dès que vous avez décidé de l'entreprendre ou dès qu'il vous est confié) des dossiers dédiés au projet dans votre ordinateur : explorateur, messagerie, favoris Internet.
- Créez un fichier de prise de notes « idées en vrac » dans Word, OneNote ou EverNote, etc.
- Notez les toutes premières idées qui vous sont déjà venues, sans vous forcer.

› Au fil de l'eau, stockez sans les traiter :

- les informations pêle-mêle, des liens Internet, les mails reçus qui ont un rapport avec votre projet, des documents variés, des références bibliographiques ;
- vos idées en vrac dans votre fichier de prise de notes.

› Récoltez vos idées lors de votre première séance de travail.

- Relisez vos notes, les grandes lignes des informations stockées.
- Faites une carte mentale (outil 25) ou utilisez les post-it™ pour structurer vos idées.
- Dessinez les contours de votre livrable, son plan, les idées principales. La page n'est pas blanche.

Méthodologie et conseils

› Ayez bien en tête votre projet. Vous pouvez compléter l'étape 1 par une séquence de visualisation (outil 20).

› Au début, mettez des rappels « pour y penser » dans votre agenda : « Qu'ai-je vu cette semaine qui peut alimenter ma réflexion sur le projet Y ? »

› Si des idées assez abouties surgissent, commencez à les traiter : rédigez un paragraphe par-ci, faites un schéma par-là... Ce sera une bonne surprise lorsque vous entamerez le travail de réalisation.

› Si vous constatez une inflation des idées ou des informations dans l'étape de fil de l'eau, formez des catégories. Créez des sous-répertoires dans vos dossiers pour faciliter le classement et l'exploitation des informations à venir. ■

« La force de l'eau vient de la source. »
Proverbe persan

Avantages

- Cette méthode ne prend pas de temps et ne demande aucun effort !
- Elle est très facile à mettre en œuvre : lorsque le cerveau est conditionné par un objectif, il « capte » naturellement ce qui va pouvoir l'alimenter.
- Les idées sont plus riches car elles ont le temps « d'incuber dans le noir » (outil 24) et de se multiplier.
- Il est plus motivant de se mettre au travail lorsque la page n'est pas blanche.

Précautions à prendre

- Cette méthode a peu de chance de marcher si vous « oubliez » votre projet parce qu'il n'est pas assez important pour vous. Vous risqueriez de ne pas remarquer les informations susceptibles de l'alimenter. Utilisez l'outil 28 pour vous motiver ou mettez-vous un rappel chaque semaine.
- Faites des sauvegardes régulières de vos fichiers à idées, surtout si votre projet a de l'ampleur et que vos idées sont nombreuses.

OUTIL 27

Le draft

EXPLOITER LA SOUPLESSE D'UN PREMIER JET

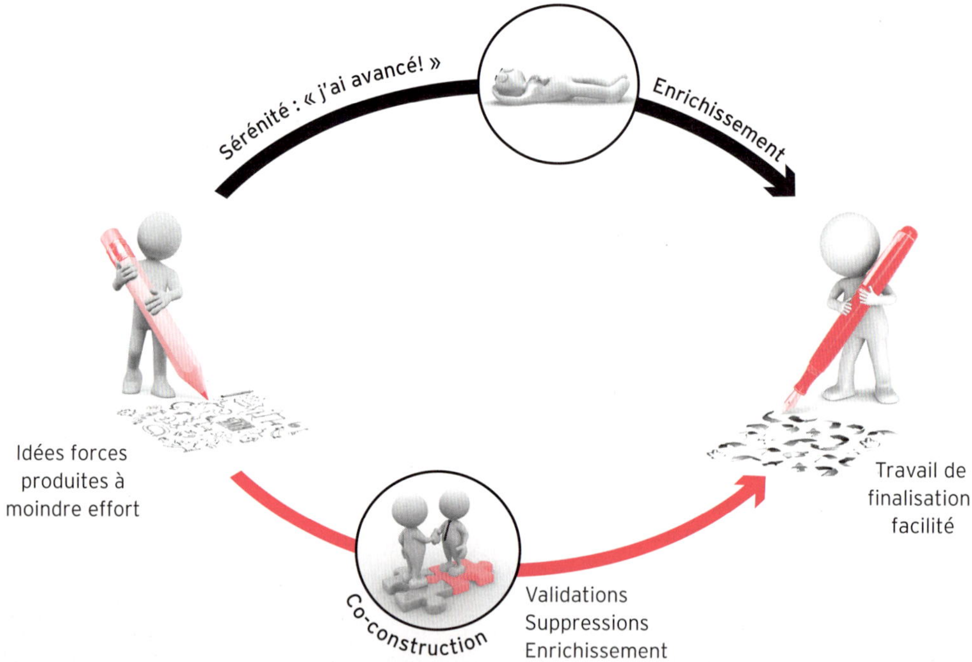

En résumé

Qui n'a jamais éprouvé de la frustration à l'idée de devoir recommencer un travail qui avait demandé des heures ?

Le draft (du terme anglais qui signifie « brouillon » ou « ébauche »), au contraire, permet de dégrossir les idées à moindre effort, sans souci de mise en forme, pour le soumettre à la critique.

Présenté tel quel à un commanditaire ou à des collègues bienveillants, il nous permet de recueillir des feedbacks que nous pourrons intégrer de façon souple dans le livrable pour l'enrichir ou l'ajuster.

Les gains de temps dans un processus d'élaboration de livrables innovants sont colossaux.

Insight

Who among us has never felt frustration at the thought of having to start a task all over again that had already required hours of work?

*The **draft** is used to bring forth ideas, with minimal effort and no concern with form, to submit them to criticism.*

Thus, we can get feedback from those we report to or benevolent colleagues, and then easily include it in the deliverable to adjust or improve it.

In the process of elaborating innovative deliverables, the draft provides colossal timesavings.

Pourquoi l'utiliser ?

Objectif

Le draft est une version brouillon d'un livrable. Créé à faible coût en temps et énergie, il permet un gain de temps considérable pour toute production appelée à évoluer.

Contexte

Si vous vous obligez toujours à présenter à vos partenaires de travail des livrables propres et aboutis, cet outil est fait pour vous !

Si vous avez du mal à amorcer la réalisation d'un livrable, essayez-le parmi d'autres antidotes à la procrastination.

Comment l'utiliser ?

Étapes

› **Donnez-vous le draft pour objectif.**

- Libérez votre esprit de l'obligation de perfection. Il s'agit de produire une première ébauche, quelle qu'en soit la forme.
- Donnez-vous un temps court pour réaliser ce premier travail.

› **Libérez votre spontanéité pour le 1er jet.**

- Écrivez (ou dessinez !) rapidement de manière elliptique des idées plutôt que des phrases. Utilisez des symboles, des schémas.
- N'interrompez pas le fil de vos idées. Donnez-vous la permission d'écrire mal et dans tous les sens. Raturez, gribouillez au gré de vos idées. Ne corrigez pas les fautes. Utilisez des ronds et des flèches pour déplacer une idée sans la récrire. Suivez vos intuitions au pas de course ! Là est la force du draft, dans la fluidité de la pensée en mouvement.
- Accueillez toutes vos idées sans censure, le tri sera pour plus tard.

› **Dégagez les idées forces.**

- Mettez en valeur à chaud les idées forces. Faites des liens : sortez les crayons de couleur, faites des flèches, soulignez.
- Vous pouvez maintenant corriger les coquilles et fautes qui vous gênent !

Méthodologie et conseils

› Choisissez le média le plus confortable pour vous. Le bon vieux papier est pratique car il accueille plus rapidement les symboles et les flèches. La pensée n'est pas ralentie. Aérez votre page au départ pour pouvoir insérer de nouvelles idées.

› Le draft peut prendre une multitude de formes, de la plus esquissée à la plus proche du résultat final visé : carte mentale (outil 25), synopsis, plan, schéma, prototype en papier ou pâte à modeler, etc.

› N'hésitez pas à faire plusieurs drafts à différents stades de votre projet pour obtenir des feedbacks de vos commanditaires... ou de vos collègues ! Vous gagnerez un temps précieux. ■

« Une esquisse ne fatigue jamais – elle promet tant de choses ! On admire un tableau... on adore une esquisse. »
Jean de Lafontaine

Avantages

- En associant nos commanditaires à la construction du livrable, nous renforçons leur adhésion et garantissons sa validation dans le délai prévu. La relation est aussi plus souple puisque nous sommes prêts à accueillir la critique.
- Libéré de la pression du résultat parfait, le cerveau se détend et la pensée est très fluide. Nos idées sont en général plus riches, cohérentes et pertinentes.
- Le draft peut être réalisé en fin d'après-midi lorsque l'énergie décroît. Le cerveau est alors plus à même de lâcher prise sur ses conventions habituelles, comme l'obligation de perfection.

Précautions à prendre

- Il vaut mieux en amont obtenir l'accord du commanditaire. Dans 99,9 % des cas il dira oui ! Mettez-vous d'accord avec lui sur le « niveau » du draft, plus ou moins proche du livrable final.

OUTIL
28

L'auto-motivation

LA SEULE MOTIVATION DURABLE EST CELLE QUI VIENT DE L'INTÉRIEUR

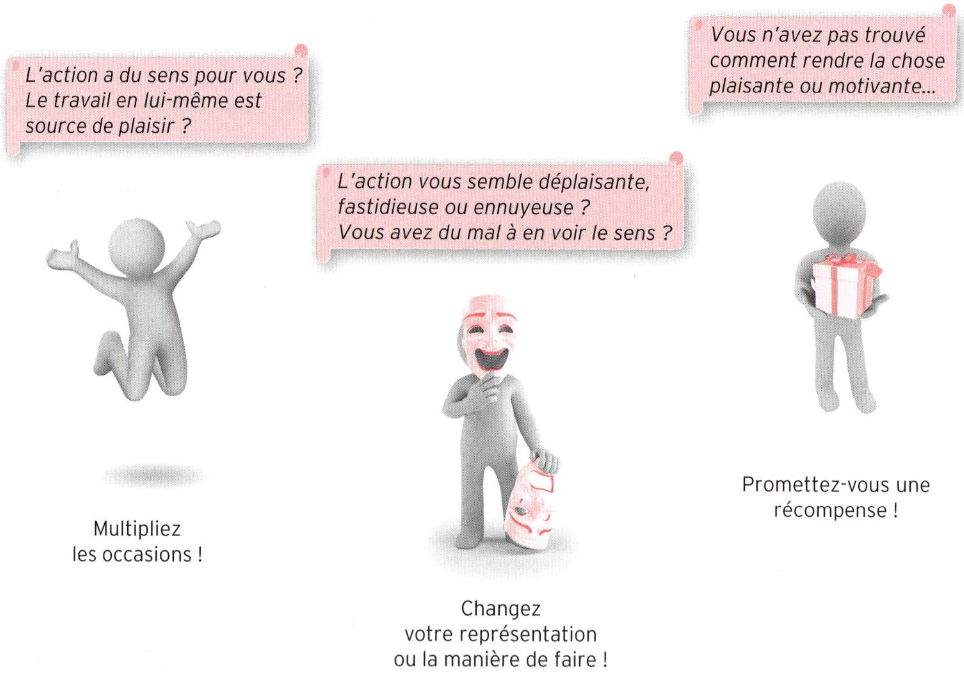

En résumé

Le travail est fait de toutes sortes d'activités : certaines nous plaisent beaucoup, et c'est pour elles que nous aimons notre métier. D'autres nous plaisent moins voire pas du tout mais elles font partie du package ! Et nous ne pouvons pas toutes les esquiver. Plus nous les laissons traîner et plus elles nous semblent pénibles, plus elles nous fatiguent en somme.

Les stratégies alternatives **d'auto-motivation** peuvent non seulement nous aider à nous débarrasser au plus vite des tâches déplaisantes, mais aussi nous procurer un certain plaisir !

Ne nous en privons pas...

Insight

Work is made of all kinds of activities: some, we much enjoy, and these are the reason we love our job. Others, we like less or not at all, but are part of the package! And cannot all be avoided. The longer we leave those unattended, the more difficult they seem, and in the end will tire us all the more.

Alternative ***self-motivation*** *strategies cannot only help us to quickly be rid of the most unpleasant tasks, but might also bring us pleasure!*

Let us not forego the pleasure...

Pourquoi l'utiliser ?

Objectif

Plus nous sommes motivés, plus nous nous mettons rapidement au travail et plus nous sommes efficaces et performants.

Contexte

Cet outil est utile pour nous motiver sur les tâches qui nous semblent déplaisantes ou ennuyeuses et que nous avons tendance à reporter sans cesse.

Comment l'utiliser ?

Étapes

› Sachez ce qui vous motive.

- Repérez les activités qui vous procurent du plaisir, de l'enthousiasme, de l'exaltation : quels points communs ont-elles ?
- Est-ce le fait d'avoir du sens pour vous, parce qu'elles sont reliées à votre objectif personnel puissant (outil 2) ?
- Est-ce dû aux personnes avec lesquelles ce travail est réalisé ?
- Est-ce l'action elle-même qui est source de plaisir ? Elle vous ressource, vous l'anticipez avec gourmandise, la simple idée de la réaliser vous met de bonne humeur ?
- Ces activités sont votre carburant : multipliez les occasions de les pratiquer, positionnez-vous sur les projets qui vous permettront de mettre ces talents en œuvre, car vous y êtes efficace et performant !

› Trouvez des stratégies alternatives pour vous motiver sur le reste.

- Si vous ne pouvez pas vous soustraire à une tâche ennuyeuse ou déplaisante, changez la manière de faire pour la rendre plaisante. (Voir pages suivantes).
- Si vous ne la faites pas pour vous, faites-la pour quelqu'un : en quoi ce livrable est-il important pour le destinataire ? En quoi est-ce important pour lui et pour votre relation qu'il soit livré à l'heure ? Par exemple, vous lui épargnez du stress...
- Explorez les bénéfices indirects qu'elle peut vous apporter : une délégation que vous avez acceptée sans enthousiasme (outil 44), peut vous mettre en contact avec des personnes utiles au développement de votre objectif personnel puissant ou vous faire grandir en compétence (ne serait-ce que sur votre capacité à gérer la surcharge de travail ! *Cf.* dossier 4).

› Dans le pire des cas, promettez-vous une récompense.

- Parfois vous ne trouverez rien. Ce n'est pas pour autant qu'il faut laisser traîner la chose sur votre bureau : ce serait multiplier la dose de déplaisir par le nombre de fois où vous la regarderez en vous disant « il y a ça à faire ».
- Faites-la sans tarder et promettez-vous une récompense : une activité qui vous ressource, une pause bien méritée ou même un vrai cadeau (une séance de cinéma, etc.).
- Pensez aussi au résultat obtenu : un pas de plus vers vos objectifs annuels, une relance désagréable évitée, la reconnaissance d'un collègue ou de votre manager.

« Rappelle-toi : l'unique personne qui t'accompagne toute ta vie, c'est toi-même ! Sois vivant dans tout ce que tu fais. »
Pablo Picasso

Méthodologie et conseils

Alternez les tâches plaisantes et déplaisantes pour gérer votre motivation et votre énergie au cours de la journée.

Avantages

- Nous passons moins de temps sur les tâches qui nous semblaient pénibles.
- En plus, nous les vivons mieux !

Précautions à prendre

- Il serait dommage que la stratégie alternative demande deux fois plus de temps que ne l'aurait fait la manière peu plaisante...
- *Faire sans tarder* ne veut pas dire renoncer à faire en priorité les tâches importantes.

SUITE OUTIL 28 →

OUTIL 28

L'auto-motivation

Comment être plus efficace ?

Taibi Kahler, dans son modèle Process Com®, a identifié 6 types de personnalité (dossier 8) et 8 besoins psychologiques. Potentiellement, nous pouvons tous ressentir ces 8 besoins, de façon plus ou moins prononcée.

Certains de ces besoins sont notre carburant essentiel : ils nous donnent de l'énergie lorsque nous les satisfaisons, et nous entrons sous stress lorsque nous en sommes privés. Ce sont ceux-là qu'il faut repérer pour multiplier les occasions de les nourrir directement grâce aux activités qui nous ressourcent, ou indirectement avec des stratégies d'auto-motivation alternatives.

Type de personnalité Empathique

Vous avez besoin d'être **reconnu en tant que personne**, pour ce que vous *êtes* et pas seulement pour ce que vous *faites*. Les contacts chaleureux et authentiques sont essentiels pour vous. Vous aimez travailler en équipe, et avez à cœur de favoriser l'entraide et la coopération, d'instaurer une ambiance conviviale.

L'environnement de travail est également très important pour satisfaire vos **besoins sensoriels** : la lumière, le bruit, le décor (personnalisé si possible), la qualité du café ou du thé, etc., sont des éléments auxquels vous êtes sensible.

Type de personnalité Travaillomane

Vous avez besoin d'être **reconnu pour votre travail et vos compétences.** Vous aimez le travail bien fait, clair et logique. Vous aimez raisonner et résoudre les problèmes. Apprendre vous motive.

Vous avez aussi besoin de **structurer votre temps**, planifier, anticiper, connaître les échéances.

Type de personnalité Persévérant

Vous avez besoin d'être **reconnu pour votre travail et votre implication.** Vous vous dévouez volontiers pour les causes qui ont de la valeur à vos yeux. Vous avez besoin de **sens** pour agir.

Vous avez aussi besoin de reconnaissance de vos opinions. Vous aimez donner votre avis et appréciez qu'on vous le demande... ou au moins qu'il soit respecté en tant que tel.

Type de personnalité Rebelle

Votre carburant, c'est le **contact ludique** ! La vie est faite pour s'amuser. Vous travaillez mieux à plusieurs que seul, et encore mieux quand c'est fun. Votre créativité alors ne connaît pas de limite. Vous aimez la **variété**, rien ne vous ennuie plus que la routine. Vous êtes un champion pour vous renouveler, inventer, innover.

Type de personnalité Rêveur

Vous avez **besoin de solitude et de temps pour vous.** Vous aimez le calme. Trop d'interactions finissent par vous gêner. Vous aimez aller au fond des choses, traiter des dossiers complexes, explorer des problématiques et imaginer des solutions nouvelles.

Vous avez besoin d'**objectifs clairs** sur lesquels vous pouvez travailler de façon autonome.

Type de personnalité Promoteur

Vous avez **besoin d'excitation.** Les défis, les challenges vraiment stimulants vous motivent. Vous aimez vous dépasser. Ce qu'il vous faut avant tout, c'est de l'**action** ! Il faut que ça bouge ! ■

EXEMPLES de Stratégies alternatives d'auto-motivation

Type de Personnalité	Tâche *a priori* peu plaisante	Stratégie d'auto-motivation
Empathique	*Mettre de l'ordre dans les archives : quelle horreur ! Tout ce temps seul dans une pièce sans fenêtre !*	**De la chaleur humaine et un environnement agréable !** En amont, il demande à chacun quels documents lui sont utiles et comment il aimerait se repérer dans les archives. Il installe une petite table avec des thermos de café à l'entrée de la pièce, et flèche le parcours : « un café vous attend par-là... ». Ça lui amène de la compagnie ! Il met de la couleur dans les rangées et les dossiers, des étiquettes avec des images pour rendre le lieu un peu moins triste tout en le rendant encore plus fonctionnel pour les utilisateurs.
Travaillomane	*Un projet international sur un sujet qui ne l'intéresse pas ou plus.*	**Apprendre !** Il en profite pour se donner un objectif d'apprentissage de l'anglais : dans 6 mois quand le projet sera fini, il sera bilingue ! Il anticipe les réunions comme une formidable occasion de s'entraîner, prend les documents à rédiger comme des exercices pour perfectionner son style écrit.
Persévérant	*Prendre en charge une mission qui n'a pas beaucoup de sens ou peu de valeur pour lui.*	**Motivation : trouver du sens... ou le créer !** Il utilise cette mission pour promouvoir une autre façon de fonctionner qui a du sens pour lui : il se donne pour objectif de mener cette mission de la manière la plus écologique possible : zéro papier, déplacements limités au strict minimum ou moyens de transport non polluants, etc. Il fait de cette mission un projet de développement durable qui aura valeur d'exemple !
Rebelle	*Rédiger le cahier des charges pour la mise en place d'un espace collaboratif : c'est long et fastidieux !*	**Travailler à plusieurs, du fun !** Il profite d'une réunion d'équipe pour animer une séquence dynamique et collective pour recueillir toutes les informations de manière amusante. Bonus : il nomme un rapporteur avec lequel il a préparé en amont la réunion et le modèle de cahier des charges.
Rêveur	*Faire une présentation de l'activité devant les collaborateurs de l'entreprise.*	**Imaginer et rêver** Il imagine une façon de présenter les chiffres et les données sous forme d'histoire, comme un conte. Le jour de la présentation, il s'imagine sur une scène de théâtre plutôt que dans une salle de conférence.
Promoteur	*Le reporting d'activité : des tableaux à remplir, ce n'est pas excitant !*	**Le chrono-défi du siècle !** Il se donne des défis pour que le reporting soit fait le plus rapidement possible. Tous les moyens sont bons ! Automatiser, déléguer à quelqu'un qui va adorer le faire, en lui donnant aussi les moyens de gagner du temps. À chaque reporting, le but est d'améliorer le score !

> « Si nous faisions tout ce dont nous sommes capables, nous nous surprendrions vraiment. » Thomas Edison

DOSSIER

4 GÉRER LA SURCHARGE DE TRAVAIL

« On peut tout prendre à un homme sauf une chose, la liberté de choisir son attitude dans n'importe quelle situation. »

Viktor Frankl

Le serviteur en quête d'un bon maître

Il était une fois un homme qui avait fui sa terre natale à cause des ravages de la guerre et de la cruauté des hommes. Arrivé dans un royaume prospère, il se mit en quête d'un emploi. « Sûrement, il doit se trouver dans cette contrée si amène quelque bon maître au service de qui je pourrai couler des jours heureux », se dit-il.

Il résolut de questionner les serviteurs qu'il croiserait sur son chemin afin de trouver le meilleur maître de la région.

Bientôt, il avisa un homme qui tournait la manivelle d'un puits. Il y mettait une énergie peu commune. Le seau à peine remonté et l'eau versée dans l'une des outres qui garnissaient le ventre d'une mule, l'homme replongea le récipient au fond du puits à grands coups de tourniquets.

– Voilà un serviteur bien diligent ! Il doit avoir un bon maître pour être si empressé à le servir.

Il s'approcha du puits. L'homme remontait le seau rempli.

– Ton maître doit être content d'avoir un serviteur aussi zélé, dit-il. Et toi, es-tu heureux de le servir ?

– Ne m'en parle pas ! répondit l'homme en moulinant de plus belle. C'est le maître le plus cruel qui soit. Je passe mes journées à courir pour le satisfaire, mais il me donne toujours plus de travail. Ma vie est un calvaire !

Le voyageur poursuivit sa route sans pousser plus avant la conversation.

Il arriva bientôt près d'un verger où un homme cueillait des figues. Ses gestes étaient lents et précis. La paume de sa main entourait délicatement le fruit avant d'en détacher la tige d'un mouvement sûr.

– Ton maître est sûrement satisfait d'avoir un serviteur aussi dévoué, dit-il. Et toi, es-tu heureux avec lui ?

– Mon maître est le meilleur qui soit, répondit l'homme sans arrêter sa cueillette. Il exige le meilleur de chacun, mais il sait se montrer juste et compréhensif.

– Sais-tu où je peux trouver ce maître exceptionnel pour proposer mes services ? demanda le voyageur.

– Suis ta route jusqu'en haut de la colline. Sa demeure est sur l'autre versant, à l'ombre d'un rideau d'arbres. Tu le rencontreras à la tombée du jour car pour l'heure, il visite ses terres. Va, les femmes te donneront à manger.

Le voyageur, ravi, se mit en route. Il trouva sans difficulté la maison et fut nourri par les femmes qui préparaient le repas du soir. Puis il attendit le retour du maître. Il vit rentrer le cueilleur de figues chargé de lourds paniers. Peu après, quelle ne fut pas sa surprise de voir le serviteur du puits apparaître à son tour ! Quel était donc ce maître tour à tour honni et loué ?

Le soleil caressait l'horizon lorsqu'un cavalier pénétra dans le domaine. Un valet se précipita pour s'occuper de son cheval. D'un geste, il lui désigna l'homme qui attendait.

– On me dit que tu cherches à t'employer, lança le cavalier. Quelles sont tes qualités ?

– J'apprends vite et j'obéis aux ordres de mon maître s'ils sont justes, répondit le voyageur. Je n'épargne pas ma peine, mais je veux vivre heureux, sans craindre les tourments d'un maître tyrannique.

Le maître sourit à cette réponse. Le voyageur poursuivit :

– Si j'entre à ton service, qu'attendras-tu de moi ? À qui veux-tu que je ressemble, à ce serviteur aux gestes mesurés qui lave les figues, ou à cet autre qui porte en courant ses outres pleines ?

Le maître observa un moment ses deux serviteurs, pensif.

– Le serviteur pressé travaille beaucoup, admit-il. Mais ce n'est pas ce que je lui demande. Regarde, il laisse échapper de l'eau dans sa précipitation. Quant à celui qui lave les figues, vois quel soin il prend de ma récolte. Celui-ci sait m'alerter lorsque le travail devient trop lourd, pour que je prenne la meilleure décision concernant la gestion de mon domaine. C'est à lui que je veux que tu ressembles.

LES OUTILS

29 La gestion des imprévus 86

30 La méthode LIMITER 88

31 La révision des priorités 90

32 L'acceptation de la donnée d'entrée 92

33 Le défi absolu 94

34 La clôture d'un dossier 96

35 La relativisation des enjeux 98

36 Les remèdes contre le chrono-stress 100

37 Le lâcher-prise 104

OUTIL 29

La gestion des imprévus

LES IMPRÉVUS SONT INCONNUS MAIS PRÉVISIBLES

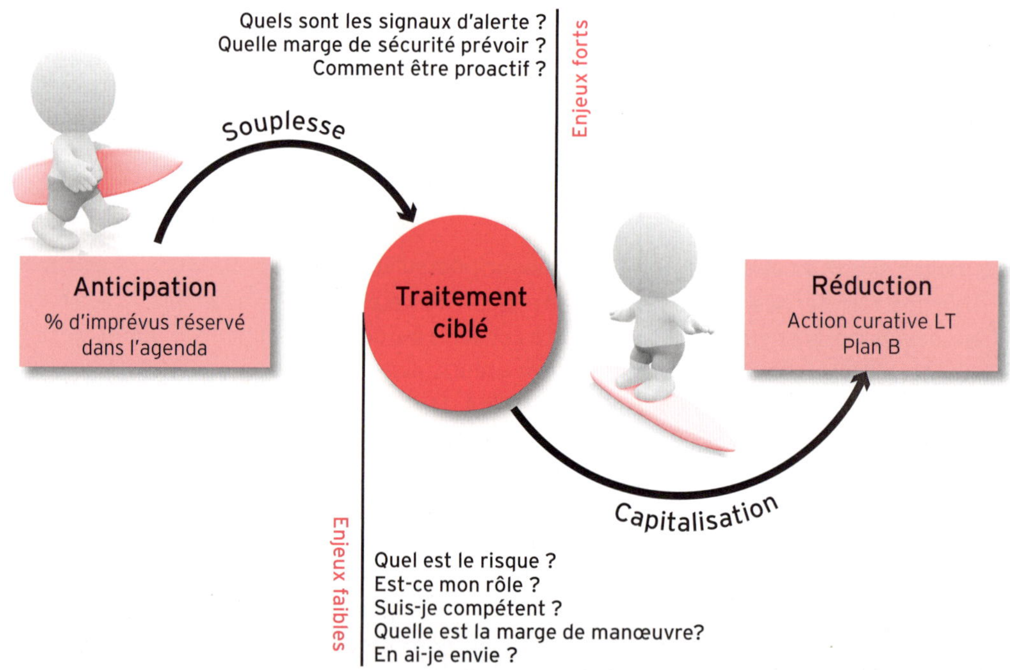

En résumé

Parce qu'ils peuvent arriver n'importe quand et que nous ne savons pas exactement de quoi ils seront faits, nous risquons de subir les imprévus : ils nous éloignent de nos priorités et consomment beaucoup d'énergie.

La gestion des imprévus les intègre *de facto* dans l'agenda :

- Un pourcentage statistique d'imprévus lié à chaque fonction est réservé pour les traiter avec souplesse.
- Des « rendez-vous importants » sont planifiés en aval pour les analyser et les éradiquer ou réduire leur impact.

Un questionnement complète le dispositif afin de choisir avec discernement les imprévus à traiter en urgence.

Insight

Because things can happen at any time and because we do not know what they will consist in, we may have to endure the unexpected, which will lead us away from our priorities and use a great deal of energy.

Contingency management integrates them de facto in the agenda:

- *Time is reserved for a statistical percentage of contingencies associated with each function to provide sufficient flexibility to deal with them.*
- *"Important appointments" are scheduled in advance, in order to analyze and eradicate them or reduce their impact.*

In addition to this approach, questions help us to choose the contingencies to be dealt with urgently.

Pourquoi l'utiliser ?

Objectif

Une chose est certaine : des imprévus, il y en aura toujours ! Cela fait partie de notre mission de les gérer, tout comme ils font partie de la vie. La gestion des imprévus permet de les traiter avec discernement et efficacité, sans les subir.

Contexte

Réagir à chaque imprévu n'est pas la même chose que les gérer. La gestion des imprévus englobe leur prise en compte en amont et en aval du moment où ils se manifestent.

Comment l'utiliser ?

Étapes

› **Réservez du temps pour les imprévus :**
- Combien de temps par jour ou par semaine consacrez-vous à traiter des imprévus ?
- Tenez-en compte dans votre planification : pour 25 % d'imprévus, ne prévoyez pas plus de 6 heures de travail sur une journée de 8 heures.

› **Choisissez ceux à traiter en urgence :**
- Évaluez le risque à ne pas traiter l'imprévu maintenant : comparez cet impact à celui de ne pas finir ce que vous êtes en train de faire.
- Vérifiez qu'il est de votre rôle de le traiter : s'inscrit-il dans vos missions essentielles ? Attention à ne pas endosser les problèmes des autres.
- Même si vous vous sentez *a priori* compétent, cherchez qui pourrait traiter cet imprévu plus efficacement que vous dans l'urgence du moment, ou vous aider à le traiter.
- Explorez vos marges de manœuvre : qualité du livrable, report de délai, moyens.
- Si vous êtes indécis, interrogez vos envies. Votre intuition sera juste.

› **Réduisez leur nombre et leur impact :**
- Sélectionnez les imprévus les plus récurrents et les plus pénalisants (*cf.* outil 6).
- Accordez-leur un traitement de faveur :
  - actions préventives pour les éradiquer ;
  - solutions alternatives à fonctionnalités réduites pour garantir la continuité d'activité ;
  - surveillez les signes avant-coureurs pour être proactif.

« Les faits ne cessent pas d'exister parce qu'on n'en tient pas compte. »
Aldous Huxley

Méthodologie et conseils

› Pour ne pas les subir, changez votre vision sur les imprévus :
- ils font partie de votre mission (amont) ;
- ce sont des opportunités d'améliorer les processus de travail (aval).

› Créez dans votre agenda une tâche « imprévus ». Vous pouvez même en préciser la nature (lundi : traitement des pannes du week-end).

› En étape 2, associez vos interlocuteurs à votre questionnement : ils n'ont pas forcément analysé la situation avant de vous soumettre le problème (outil 38).

› Lorsque vous mettez en place un nouveau processus de travail, imaginez ce qui pourrait se produire et anticipez les imprévus.

› Planifiez comme une tâche importante les actions préventives pour réduire le pourcentage d'imprévus et gagner du temps. ■

Avantages

- Cette méthode nous permet d'être à la fois plus sereins et mieux alignés avec nos priorités.
- À terme, les solutions standardisées mises en place permettent de gagner du temps.

Précautions à prendre

- Il peut être tentant de traiter les imprévus en mode « pompier » : adrénaline et sentiment d'héroïsme d'un côté, procrastination sur des tâches plus complexes de l'autre. Soyez objectif dans vos choix.
- Sachez dire « non » à ce qui ne vous concerne pas, même si votre « budget imprévus » n'est pas consommé.

OUTIL 30

La méthode LIMITER

ÉLIMINER DE LA TO DO LIST CE QU'ON NE POURRA PAS FAIRE

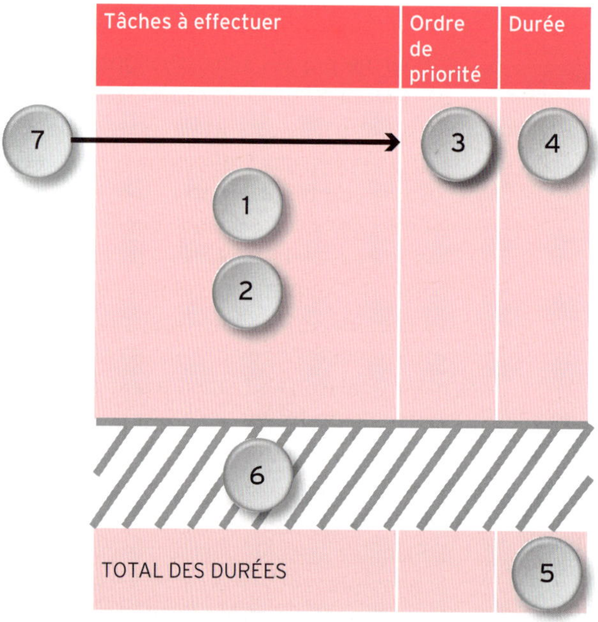

1 Lister toutes les tâches
2 Inclure les imprévus
3 Mettre un ordre de priorité
4 Indiquer une durée réaliste
5 Totaliser les heures
6 Éliminer les tâches hors limite
7 Réaliser les tâches dans l'ordre

En résumé

Certains soirs, nous quittons le travail tard avec le sentiment d'avoir beaucoup travaillé sans avoir avancé sur l'essentiel.

Inspirée par François Delivré, **la méthode LIMITER** est une *to do list* améliorée qui permet de gérer efficacement les journées surchargées.

Elle consiste à fixer une limite au temps de travail de la journée, puis à lister les tâches à effectuer avec leur durée en leur affectant un ordre de priorité.

L'efficacité de la méthode repose sur le principe du renoncement à toutes les tâches qui dépassent la durée maximale fixée, en tenant compte des imprévus.

Insight

Some evenings we leave work late feeling we've done a lot yet made little progress on essential matters.

Inspired by François Delivré, ***the LIMIT method*** *is an improved To-Do-List that enables to efficiently manage busy days.*

It consists in clearly defining time limits to your workday, then listing and prioritizing the tasks to be done with their duration.

The method's effectiveness is based on the principle of renouncement of all tasks that exceed the maximum time allowed, including time needed for unexpected contingencies.

http://goo.gl/BHD27z

Voir le témoignage vidéo.

Pourquoi l'utiliser ?

Objectif

Travailler de longues heures sans avancer sur nos missions essentielles est épuisant et stérile. La méthode LIMITER propose de fixer une durée maximale à l'amplitude de travail et focalise notre attention sur l'essentiel.

Contexte

Elle est utile en période de surcharge d'activité ou lorsque nous avons tendance à nous éparpiller dans des journées morcelées. Elle ne prend que 10 minutes la veille d'une journée dense.

Comment l'utiliser ?

Étapes

LIMITER : fixez une limite à l'amplitude de votre journée de travail. À quelle heure souhaitez-vous terminer ?

› **Listez toutes les tâches** : réunions, réflexion de fond, lecture de votre boîte mail, coups de fil, mails à envoyer, temps de pause, déjeuner.

› **Incluez les imprévus** selon le pourcentage habituel dans votre fonction (outil 29).

› **Mettez un ordre de priorités** en fonction de l'importance de la tâche pour votre mission. Posez-vous la question : « Si je ne devais faire qu'une seule chose ce serait laquelle ? » Lui affecter le n° 1. Et ainsi de suite, « si je pouvais faire deux choses », etc.

› **Indiquez une durée réaliste** pour chaque tâche. Fiez-vous à votre expérience. Dans le doute, multipliez par 1,2 votre première estimation. Comptez 10 mn pour un appel téléphonique, 5 mn pour un mail simple et jusqu'à 20 mn ou 30 mn pour un mail élaboré ou délicat.

› **Totalisez les heures** en prenant vos tâches dans l'ordre de priorité. Les heures d'imprévus sont à prendre en compte dès le départ !

› **Éliminez les tâches hors limite** : c'est en renonçant dès le départ à l'illusion de les faire que vous gagnerez en sérénité... et en satisfaction à la fin de la journée.

› **Réalisez les tâches dans l'ordre**. Si par chance aucun imprévu ne survient, poursuivez la liste avec les tâches éliminées.

« Choisir, c'est renoncer. » André Gide

Méthodologie et conseils

› Faites votre *to do list* LIMITER la veille pour démarrer par une tâche prioritaire.

› Fixez la durée de votre journée de façon réaliste et écologique par rapport à votre environnement professionnel. Quel est le seuil avec lequel vous vous sentez à l'aise ?

› Démarrez la journée par la 1re tâche sans regarder vos mails. Sauf dans les cas extrêmes où votre mission consiste à surveiller les flux de mails de la nuit, vous ne courez aucun risque majeur à ouvrir votre courrier à 10 h ou 11 h.

› Découpez les tâches trop lourdes en sous-tâches plus petites que vous pourrez clore à la fin de la journée. Ce qui est épuisant, c'est de ne rien finir ! ■

Avantages

- Cette méthode permet d'accomplir au moins une tâche essentielle dans la journée.
- Elle permet de préserver notre énergie : avancer sur l'essentiel « repose », et la durée limitée du travail nous permet de nous ressourcer.

Précautions à prendre

- Ne trichez pas sur les durées. La réalité vous donnerait tort et vous seriez frustré.
- Privilégiez l'importance à l'urgence pour fixer l'ordre de priorité de vos tâches.
- Cette méthode ne tient pas compte du temps imposé (réunions, etc.).
- Les tâches hors limite risquent de s'accumuler. Envisagez des suppressions définitives !

OUTIL 31

La révision des priorités

ÉQUILIBRER LA CHARGE EN RETRANCHANT DES ACTIVITÉS

Évaluez le volume des nouvelles activités.

Révisez vos priorités.

Renoncez à tout faire !

En résumé

Une surcharge d'activité, qu'elle soit personnelle ou professionnelle, peut provenir d'une sédimentation d'objectifs. De nouveaux projets ou centres d'intérêt sont apparus, des événements ont tout à coup donné de l'importance à une activité jusqu'à présent mineure ou inexistante, ou bien nous prenons de nouvelles responsabilités...

Les activités s'additionnent mais nous n'avons pas toujours le réflexe d'en retrancher. Ce sont nos signaux de stress qui nous indiquent alors qu'il est temps de revoir nos priorités.

Et si nous anticipions, pour éviter de frôler le *burn out* à chaque changement de cap ?

Insight

An overload of work, either personal or professional, can come from the sedimentation process of our goals. New projects or areas of interests have arisen; events have given more importance to tasks regarded as minor or simply non-existant until then; or new responsibilities are taken on...

We add activities without thinking of removing others. Stress signals tell us when it is time to adjust our priorities.

How about anticipating to avoid burn-out at each change of course?

Pourquoi l'utiliser ?

Objectif

La révision des priorités nous permet de nous consacrer avec toute l'énergie nécessaire à nos nouveaux projets.

Contexte

Elle permet de gérer plus vite et avec plus de confort les périodes de transition personnelle ou professionnelle, pendant lesquelles nous avons tendance à mener de front anciennes et nouvelles activités.

Elle peut servir à faire un point une fois par an.

Comment l'utiliser ?

Étapes

› **Évaluez le volume des nouvelles activités.**

- Formalisez vos nouveaux projets : comment s'insèrent-ils dans vos missions essentielles ou vos projets de vie ? dessinez une branche dans votre carte pour les identifier (outil 4) ou modifiez vos sphères de vie (outil 1).
- Estimez un budget temps pour les mener avec succès : découpez les tâches ou les grandes phases, calculez un temps approximatif par semaine ou par mois.

› **Révisez vos priorités.**

- Reprenez l'ensemble de vos missions et activités dans le nouveau contexte : quelles sont celles qui ont du sens par rapport à vos nouveaux projets ?
- Quelles sont celles qui restent importantes par ailleurs ?
- Identifiez celles qui ont moins d'importance qu'avant, ou moins d'importance que vos projets actuels, ou celles qui vous prennent trop de temps et d'énergie. Ce sont sur celles-ci que vous allez pouvoir agir pour équilibrer votre temps.

› **Retranchez des activités.**

- Décidez de supprimer carrément des activités, c'est le plus radical mais le plus efficace !
- Identifiez celles que vous pouvez déléguer.
- Choisissez les actions que vous allez réaliser plus rapidement : soit en diminuant l'objectif, soit en procédant radicalement différemment (outil 33).
- Choisissez celles dont vous souhaitez transférer la responsabilité sur quelqu'un d'autre.

› **Négociez et faites acter vos choix.**

- Présentez la situation à votre manager ou partenaires de travail.
- Soyez factuel, donnez les estimations de temps au crédit (les nouveaux projets) et au débit (les activités dont vous proposez de vous décharger).
- Mettez en avant les bénéfices de votre investissement sur les nouveaux projets pour l'entreprise et le collectif.

› **Mettez en place votre nouveau périmètre.**

- Organisez la délégation des tâches que vous ne faites plus, le transfert des dossiers que vous ne prenez plus en charge en direct.
- Prévenez vos interlocuteurs pour officialiser le changement.

Méthodologie et conseils

› Certains choix sont cornéliens, mais il faut parfois savoir renoncer à une activité qui nous plaît pour pouvoir nous consacrer pleinement à la réalisation des projets qui nous tiennent à cœur. Sachez ce que vous voulez accomplir (outil 2).

› Utilisez l'auto-pointage (outil 8) pour faire le tri en cas de surcharge chronique. ■

« Il faut tenir une résolution parce qu'elle est bonne et non pas parce qu'on l'a prise. »
La Rochefoucauld

Avantages

- Nous sommes disponibles plus rapidement pour nos nouveaux projets.
- Notre succession sur les dossiers à transférer est gérée de façon plus confortable pour tout le monde.

Précautions à prendre

- Avant de supprimer une activité, étudiez son impact sur vos résultats ou votre entourage, pour assurer si besoin votre succession.

OUTIL 32

L'acceptation de la donnée d'entrée

INVESTIR SON ÉNERGIE SUR LES ZONES DE POUVOIR ET D'INFLUENCE

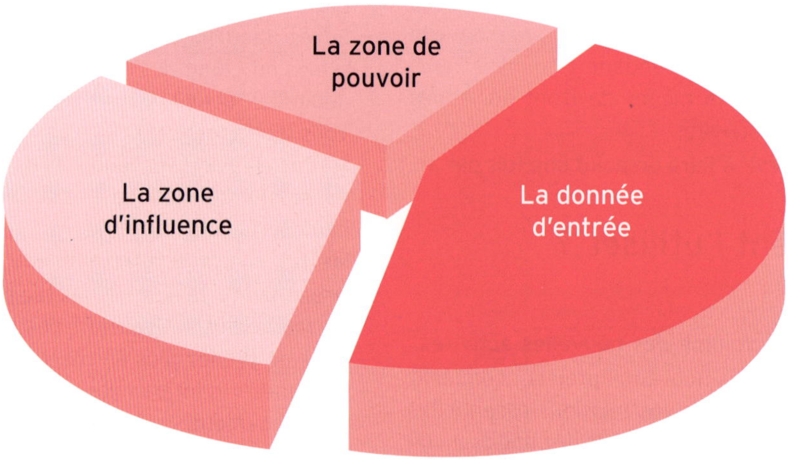

La notion de donnée d'entrée est développée par Steven Covey dans *Les 7 habitudes des gens qui réussissent tout ce qu'ils entreprennent.*

En résumé

Notre environnement est rarement idéal et ses dysfonctionnements nous font perdre du temps. Nos propositions d'amélioration ne sont pas toujours entendues. Nous nous heurtons à l'immobilisme des structures, aux intérêts de clans, à l'inertie du système.

Lorsque nous nous battons sans succès contre ce que nous percevons comme des obstacles, nous ressentons un sentiment d'impuissance et de la tension qui usent notre énergie. Notre efficacité en pâtit.

L'acceptation de la donnée d'entrée consiste à clarifier nos marges de manœuvre, pour prendre des initiatives utiles et agir au bon endroit.

Insight

Our environment is rarely ideal and its dysfunctions are time-consuming. Suggestions for improvement are not always followed because of the organizations' failure to act, clan interests and the inertia of the system.

The sense of powerlessness and the tension we feel when we are unsuccessfully fighting against what we perceive as obstacles, wear out our energy. We become less efficient.

Accepting the particulars is a way to clarify one's scope of action, to take effective initiatives and act in the right place.

Pourquoi l'utiliser ?

Objectif

L'acceptation de la donnée d'entrée permet de dénouer les tensions qui prennent le meilleur de notre énergie. Elle nous redonne un sentiment de puissance dans un rayon d'action compatible avec nos marges de manœuvre.

Contexte

Elle nous aide à concentrer nos actions sur ce qui vaut la peine d'être entrepris, lorsque nous souffrons dans un système où nous nous sentons inefficaces.

Comment l'utiliser ?

Étapes

› Faites la liste des dysfonctionnements.

Notez ce qui vous empêche d'être efficace et les idées d'amélioration qui vous viennent à l'esprit.

› Classez-les en trois catégories :

- **La donnée d'entrée** : ce sur quoi vous ne pouvez rien, même si vos idées sont brillantes : restriction budgétaire, décision stratégique ou politique, culture d'entreprise, règle établie, personnalité de vos interlocuteurs - vous ne les changerez pas !
- **Votre zone d'influence** : ce que vous pouvez changer avec l'accord d'autres personnes, en utilisant vos talents de conviction et de négociation.
- **Votre zone de pouvoir** : ce que vous pouvez faire et qui ne dépend que de vous.

› Acceptez la donnée d'entrée.

Quand il pleut, vous ne cherchez pas à changer le temps. C'est le même principe. Intégrez le temps qu'elle vous prend *de facto* dans votre agenda.

› Travaillez habilement votre zone d'influence sans vous acharner.

- Proposez des solutions plutôt que de n'exposer que les problèmes.
- Préparez vos arguments, mettez en valeur le bénéfice commun, l'impact positif sur les résultats, etc.
- Parlez-en d'abord à quelques interlocuteurs choisis plutôt favorables, pour recueillir leur feedback. Si possible faites des tests avec eux.
- Si votre tentative de convaincre un décideur échoue, donnez-vous une deuxième chance (d'autres arguments, un autre moment, un autre interlocuteur), puis classez ce dysfonctionnement en « donnée d'entrée ».

› Privilégiez les actions qui relèvent de votre zone de pouvoir.

- Testez ce que vous pouvez tester seul.
- Utilisez d'autres outils de la gestion du temps pour gagner en efficacité par ailleurs.

Méthodologie et conseils

› Clarifiez la donnée d'entrée avec votre manager. Officialisez-la en l'intégrant dans vos missions essentielles. Vous la vivrez mieux !

› Il existe toujours un choix ultime : celui de quitter le système. ■

« Ce n'est pas parce que les choses arrivent que nous ressentons de la tension, c'est parce que nous les refusons. »
Pensée bouddhiste

Avantages

- Libérés des toxines inutiles, nous retrouvons de l'énergie à consacrer à des actions plus utiles - dans ou en dehors de l'entreprise.
- Notre sérénité retrouvée peut faire bouger les choses mieux que notre lutte.
- Nous développons notre zone d'influence en nous concentrant sur des actions efficaces.

Précautions à prendre

- Ne faites pas de la donnée d'entrée une affaire personnelle. Les dysfonctionnements des autres leur appartiennent et ne sont pas dirigés contre vous. Votre insistance à les changer ne ferait que renforcer leur résistance.
- Si les choses évoluent dans le bon sens, gardez-vous de tout triomphalisme qui risquerait de raviver les tensions et bloquer le processus.

OUTIL 33

Le défi absolu

LA CONTRAINTE EST SOURCE DE CRÉATIVITÉ

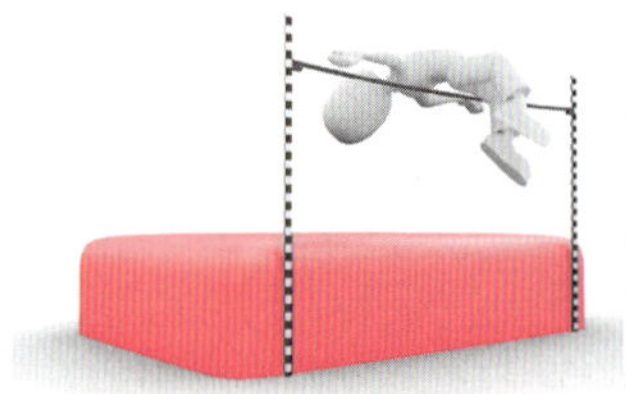

Amélioration des performances selon la méthode « faire mieux »

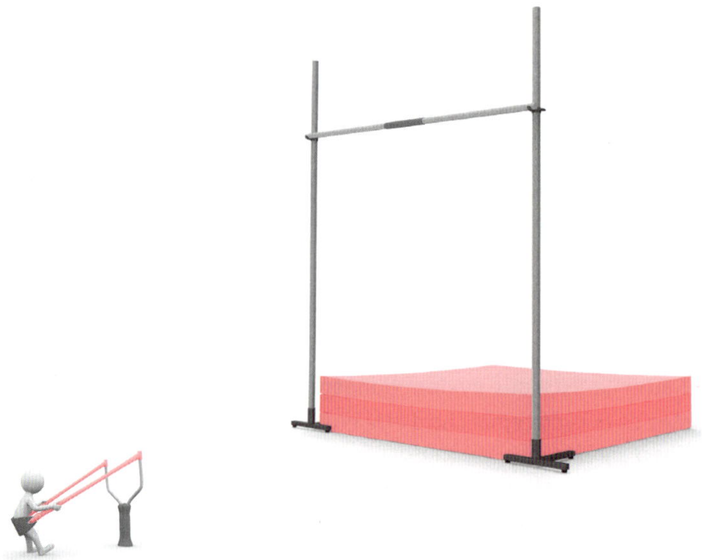

Amélioration des performances selon la méthode « faire radicalement différent »

En résumé

Souvent, pour gagner du temps, nous nous efforçons de faire plus vite ce que nous faisons habituellement. Nous gagnons certes quelques précieuses minutes, mais pas assez pour nous permettre d'absorber un nouveau projet, de nouveaux défis ou faire face à un surcroît d'activité.

Le défi absolu consiste à se décadrer de l'objectif de gain de temps habituel en le fixant anormalement haut. En poussant la contrainte à l'extrême, nous forçons notre cerveau à trouver de nouvelles solutions dans des registres radicalement différents. Et nous changeons de dimension dans les gains de productivité.

Insight

Often, we strive to do faster the same things we usually do to save time. If we save a few precious minutes, it isn't enough to absorb a new project, new challenges or cope with an increased overload.

***The ultimate challenge** is to give a wider frame to the usual timesaving goal by setting it unusually high. Pushing the constraint to its extreme, forces the brain to find new and radically different solutions. And gains in productivity are of a new dimension.*

http://goo.gl/ifB8IZ

Voir le témoignage vidéo.

Pourquoi l'utiliser ?

Objectif

Le défi absolu permet de faire un bond dans les gains de productivité en changeant radicalement notre façon de travailler.

Contexte

C'est un outil salutaire lorsque nous devons absorber une nouvelle charge de travail (nouveau projet, nouvelles responsabilités, absence d'un collègue), ou lorsque le délai de réalisation d'un dossier est extrêmement court.

Il permet de gagner du temps sur les tâches de moindre importance au profit de nos priorités.

Comment l'utiliser ?

Étapes

› **Estimez le temps habituel de réalisation.** Calculez le nombre d'heures pour réaliser votre travail afin d'avoir un repère. Au besoin, découpez-le par phases.

› **Divisez ce temps par 10... ou 50 !** Si, au lieu d'avoir une journée, vous ne disposiez que d'une heure ? Ou 15 minutes ? Si, au lieu de 10 jours, vous n'aviez qu'une journée ? 1 heure ?

› **Redéfinissez le besoin :** revenez à la fonction que votre travail doit remplir. Par exemple, « fournir un document » devient « donner accès à une information ».

› **Libérez votre créativité pour imaginer des solutions radicalement nouvelles :** accueillez toutes les idées, même farfelues, elles peuvent déboucher sur une autre idée qui sera applicable. Explorez différentes pistes :

- Ne pas faire (ne rien livrer/déléguer/automatiser, etc.).
- Modifier les processus, (les circuits de production/de décision/les interlocuteurs, etc.).
- Modifier le livrable (accès intranet aux données/3 slides au lieu de 40/produire juste des idées et non un document finalisé/un livre ou un accès à une base de données au lieu d'un document, etc.).
- Modifier la manière de travailler (faire produire des collègues en amont/déléguer une partie/produire en mode « brouillon » pour la validation, etc.).

› **Choisissez votre solution :**

- En fonction de l'enjeu, orientez votre choix sur le plus grand gain de temps ou la qualité de service.
- Mixez vos idées !

› **Réalisez le travail au chronomètre !**

- Suivez votre méthode, mesurez le temps aux jalons intermédiaires, relevez votre défi !
- À la fin, savourez votre victoire, mesurez le temps gagné : vous prenez goût aux méthodes de travail alternatives !

Méthodologie et conseils

› Placez très haut la barre de votre objectif de gain de temps. C'est ce décadrage qui donne à la méthode sa puissance.

› Dans la phase de redéfinition du besoin, impliquez le bénéficiaire et renégociez avec lui le livrable.

› Faites un échauffement d'idées farfelues sur un autre thème pour libérer vos neurones créatifs. Par exemple, citez 20 usages farfelus d'un trombone.

› La carte mentale (outil 25) est très efficace dans la phase de production d'idées créatives. ■

« La créativité implique de briser les conventions afin de regarder les choses sous un jour nouveau. »
Edward de Bono

Avantages

- Ces 15 minutes de réflexion peuvent nous faire gagner plusieurs heures, voire jours de travail.

Précautions à prendre

- Au début, appliquez cette méthode sur des tâches de moindre enjeu : vous vous sentirez plus libre de trouver des solutions originales.
- Pensez à impliquer vos bénéficiaires si vous changez le livrable.

OUTIL 34

La clôture d'un dossier

L'IMPORTANT N'EST PAS DE FINIR MAIS DE CLORE

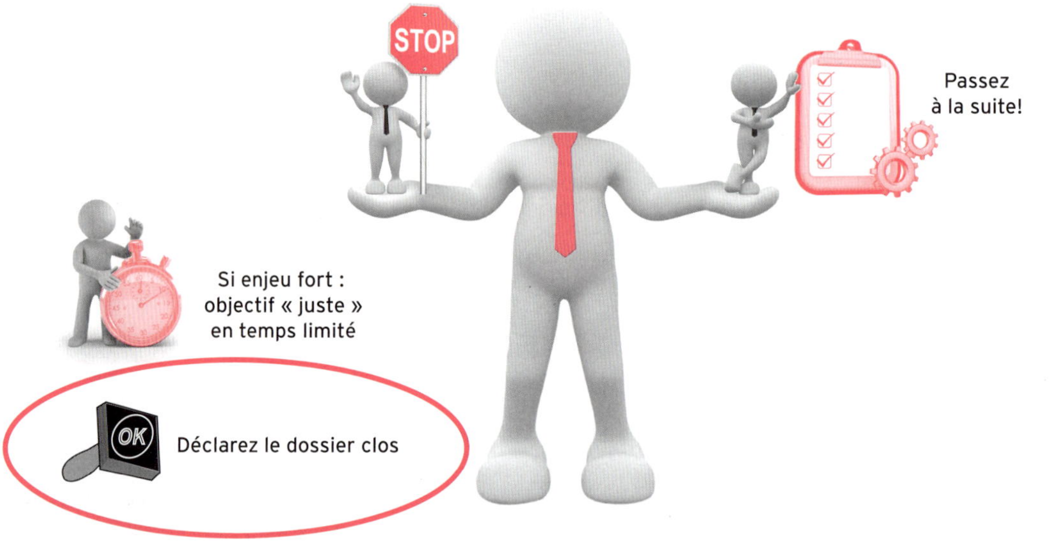

En résumé

Nous avons beau connaître la loi de Pareto et savoir que 80 % du résultat attendu sera obtenu avec seulement 20 % du temps consacré habituellement aux choses, nous avons parfois du mal à nous arrêter. Nous sommes exigeants sur la qualité, qui nous renvoie une image positive de nous-mêmes.

Tant que la charge de travail est acceptable, nous croyons agir pour le mieux. Quoique (outil 7)...

La situation devient intenable en cas de surcharge d'activité.

Pour enfin arrêter – sans malaise – d'en faire toujours plus, notre cerveau a besoin de comparer ce « plus » à un « à la place » motivant plutôt qu'à du « rien ».

Insight

Though we know that, according to Pareto's Principle, 80% of the expected result will be achieved with only 20% of the time usually dedicated to things, we sometimes find it hard to stop. We are demanding with regard to quality, which gives us a positive self-image.

As long as the workload is acceptable, we believe we are doing for the best. But then again (Tool 7)...

The situation becomes unbearable when faced with work overload.

***To finally stop doing always more without a sense of unease**, the brain needs to compare this "more" with a motivating "instead", meaning "instead" rather than "nothing".*

Pourquoi l'utiliser ?

Objectif

La clôture d'un dossier permet de gagner du temps sur des tâches à faible valeur ajoutée, au profit de tâches à plus fort enjeu.

Contexte

C'est une décision nécessaire pour redonner de l'oxygène à un emploi du temps surchargé par une multitude de dossiers ouverts et à l'esprit saturé de préoccupations.

C'est aussi un très bon antidote au perfectionnisme, à pratiquer au quotidien !

Comment l'utiliser ?

Étapes

› **Évaluez la valeur du « plus » :** si vous laissiez le dossier « ouvert » quelle serait la valeur ajoutée du travail supplémentaire ?

- Au regard de la « commande », du besoin opérationnel, de l'utilisation du livrable.
- Au regard du bénéfice perçu : s'en apercevront-ils ? répondez objectivement à la question : « pour qui est-ce que je le ferais ? », pour mes clients ou ma propre satisfaction ?
- Comparez-vous aux pratiques des autres.
- Demandez l'avis d'un collègue objectif (et pas perfectionniste) ou de votre client.

› **Comparez avec un « à la place ».**

- Quelle tâche à plus haute valeur ajoutée pourriez-vous faire à la place ?
- Si vous décidez de clore cette phase du projet, quels avantages vous donnerait le fait de raccourcir le délai du projet global ? (avantage concurrentiel ; bénéficier de nouvelles fonctionnalités plus rapidement, etc.).
- Appréciez les bénéfices du « à la place » pour vous : que ressentirez-vous quand vous l'aurez fait ? Que pensera votre entourage ?
- Votre « plus » de l'étape 1 pèse moins lourd dans la balance !

› **Décidez de clore votre dossier.**

- Si des enjeux forts vous empêchent encore de le clore maintenant, accordez-vous un budget temps limité (outil 23) en fixant un nouvel objectif « juste nécessaire ».
- Déclarez formellement le dossier clos. Prenez le temps de vous approprier cette pensée. Respirez. C'est fini !

› **Informez vos interlocuteurs.**

- Livrez votre dossier avec la conscience du « juste » devoir accompli.
- Au besoin expliquez pourquoi vous avez décidé d'arrêter là, en mettant en avant les bénéfices du « à la place ».

› **Passez à la suite** sans attendre, en choisissant une tâche à forte valeur ajoutée.

« La perfection est atteinte, non pas lorsqu'il n'y a plus rien à ajouter, mais lorsqu'il n'y a plus rien à retirer. »
Antoine de Saint-Exupéry

Méthodologie et conseils

› Si vous ne vous sentez pas prêt à clore le dossier, allez voir votre commanditaire pour négocier le juste nécessaire. L'exigence que vous vous fixez n'existe peut-être que dans votre tête ! Sinon, faites valoir les avantages du « à la place ».

› Vous pouvez utiliser cette méthode pour décider de ne pas traiter du tout une tâche au profit d'actions à plus forts enjeux. ■

Avantages

- La clôture d'un dossier a un impact fort sur notre énergie : le sentiment d'avancer défatigue et motive pour la suite. Le cerveau libéré d'un poids excessif est plus fluide.
- Les gains de temps cumulés sont colossaux !

Précautions à prendre

- Si un doute vous tracasse au moment de la livraison, laissez la porte ouverte : « Voilà le dossier ; dites-moi si ça vous convient ! »
- Mais attention aux éternels insatisfaits. Mesurez l'enjeu avant d'accepter de faire « plus ». Privilégiez l'argumentation du « à la place ».

OUTIL 35

La relativisation des enjeux

LA PERCEPTION DU RISQUE EST SOUVENT SURDIMENSIONNÉE

En résumé

Nous sommes parfois tiraillés entre notre raison et nos craintes. En période de surcharge d'activité, cela se traduit par une tension intérieure qui peut avoir des effets psychosomatiques (mal de dos, etc.).

Notre raison nous dit de ne pas faire telle chose peu importante au regard de nos missions essentielles ; nos craintes nous ordonnent de la faire par peur des représailles : peur des reproches (surtout si elles viennent de la hiérarchie), d'être mal vu, etc.

La projection dans le futur permet de **redonner leur juste place aux enjeux réels** que nos craintes ont tendance à exagérer au moment de la décision.

Insight

Sometimes we are torn between reason and fears. When we are overbooked, we may suffer from internal strain that may lead to psychosomatic disorders (back pain, etc.).

Reason tells us not to do certain things that have but little added value for our essential missions; fear commands us to do them: fear of criticism (especially from the hierarchy), of giving a bad impression, etc.

*Projection into the future helps to **put issues in their rightful place** when our fears tend to amplify them as we are making a decision.*

Pourquoi l'utiliser ?

Objectif

La relativisation des enjeux permet de prendre des décisions justes sans céder à la pression.

Contexte

C'est une technique puissante pour dépasser les freins qui nous empêchent - contre notre raison ! - d'appliquer les principes d'efficacité : renoncer à effectuer une tâche peu importante, ne pas assister à une réunion, envoyer un document imparfait, etc.

Comment l'utiliser ?

Étapes

› **Dessinez votre problème aujourd'hui.**
- Imaginez que vous preniez la décision de ne pas faire cette tâche, de ne pas aller à cette réunion, etc.
- Soyez attentif à ce que vous ressentez. La décision est prise, vous avez renoncé. Que se passe-t-il ? Quelles sont les conséquences ? Comment réagissent les personnes impliquées dans le problème ?
- Sur une feuille de papier, tracez un cercle de la taille que représente le problème pour vous aujourd'hui.

› **Projetez-vous dans un an.**
- Il y a un an, vous aviez pris la décision de renoncer à cette tâche, cette réunion, etc.
- Un an après, quelles sont les conséquences ? un an après, que pensent de vous les personnes impliquées dans le problème d'alors ? Lors de votre entretien annuel un an après quel est l'impact de votre décision ?
- Dessinez un nouveau cercle de la taille que représente le problème pour vous un an après.

› **Projetez-vous dans cinq ans.**
- Il y a cinq ans, vous aviez pris la décision de renoncer à cette tâche...
- Où êtes-vous, cinq ans plus tard ? Occupez-vous toujours la même fonction ? et les personnes impliquées à l'époque dans le problème ? Y a-t-il encore des conséquences à votre décision d'il y a cinq ans ?
- Dessinez un nouveau cercle de la taille du problème pour vous cinq ans après.

› **Prenez votre décision aujourd'hui.**
- Comment vous sentez-vous ?
- Si vos cercles ont diminué jusqu'à disparaître, savourez votre sérénité.
- Si vos cercles ont grandi ou sont restés de taille identique, écoutez votre intuition et traitez le problème.

Méthodologie et conseils

› Pour dessiner vos cercles, laissez parler votre subjectivité : leur taille reflète votre ressenti, votre perception interne de la façon dont vous vivez la situation. Abandonnez tout raisonnement logique.

› Si votre cercle disparaît en étape 2, passez directement à l'étape 4.

› Si vos cercles diminuent lentement, recommencez le processus dix ans plus tard ou élargissez le champ de la projection : au regard de votre vie au sens large (y compris personnelle), que devient le problème ?

› Pour augmenter votre sérénité, imaginez l'impact positif de ce que vous aviez fait dans le temps ainsi libéré. ■

« Si l'on réfléchit bien, dans les événements d'une vie, il y en a peu qui ont une véritable importance. »
Jean Gastaldi

Avantages

- Cette technique donne de l'assurance pour assumer sereinement notre décision, avec un impact positif fort sur notre entourage.
- Elle peut s'appliquer à de nombreuses situations où nous devons faire des choix.

Précautions à prendre

- Si votre cercle ne diminue pas, il est probable que la tâche en question fait partie de vos missions essentielles. Prenez le temps de clarifier vos priorités, si besoin avec votre manager sur la base d'éléments factuels (outil 8).

OUTIL 36 Les remèdes contre le chrono-stress

AU LIEU D'ACCÉLÉRER, RA - LEN - TIR !

En résumé

Lorsque le stress nous gagne, nous avons tendance à accélérer. Mais nous nous agitons sans discernement et sommes peu efficaces. Nous gaspillons de l'énergie et risquons d'entrer dans une spirale négative.

C'est pourquoi il est important de repérer nos premiers symptômes de stress : plus nous arrêtons tôt le processus, plus il nous est facile de remonter la pente et de retrouver notre lucidité pour faire des choix pertinents au regard de nos priorités... et amorcer la spirale vertueuse d'efficacité !

Pour l'heure, notre premier objectif est de **retrouver notre calme physique et mental.**

Insight

When under stress, we tend to accelerate. But we act indiscriminately and with less efficiency. We waste energy and risk falling in a negative spiral.

That is why it is important to recognize the first symptoms of stress: the earlier the process is stopped, the easier it is to recover lost ground and clear one's senses to make the right choices with regard to priorities; and enter the virtuous spiral of efficiency!

At this point, the first objective is to ***recover peace of mind and body.***

Pourquoi l'utiliser ?

Objectif

S'il n'est pas traité rapidement, le stress risque de s'amplifier. Nous devenons moins lucides et moins à même de traiter la situation stressante !

Contexte

Les remèdes contre le chrono stress sont à utiliser dès l'apparition des premiers symptômes.

Comment l'utiliser ?

Étapes

› **Repérez vos premiers symptômes.**
- Des émotions négatives vous submergent : un rien vous agace, vous êtes ultrasensible.
- Vous manquez de discernement par rapport à vos priorités : vous pinaillez sur des détails, vous vous éparpillez ou vous laissez déranger.
- Vous avez du mal à vous concentrer et à réfléchir, les problèmes vous paraissent insurmontables.

› **Arrêtez l'engrenage !**
- Cessez de vouloir tout faire, arrêtez-vous, coupez votre téléphone et le reste.
- Déculpabilisez-vous : il est normal d'être moins performant sous stress !

› **Apaisez votre corps.**
- Respiration : installez-vous sur une chaise, les pieds à plat au sol, le dos droit, le sommet du crâne tenu par un fil invisible, le regard à l'horizon, les mains à plat sur vos cuisses. Fermez les yeux. Soufflez doucement par la bouche jusqu'à vider entièrement l'air de vos poumons ; votre ventre se rentre pour chasser l'air résiduel. Bloquez votre respiration quelques secondes, puis prenez une grande inspiration par le nez : votre ventre se gonfle, puis vos poumons. Recommencez trois fois.
- Relaxation : concentrez votre attention sur votre corps en commençant par le sommet du crâne, le front, la tête. Sentez vos muscles se détendre, les uns après les autres. Le cou, les bras jusqu'aux doigts, le dos, le ventre, les membres inférieurs jusqu'aux orteils.

› **Chassez les pensées négatives.**
- Accueillez la pensée qui vous préoccupe.
- Prenez du recul physiquement en vous penchant légèrement en arrière.
- Relativisez la situation au regard du temps et de l'ensemble de votre vie.
- Contractez vos muscles quelques secondes, et soufflez avec force ces pensées négatives vers le sol. Remontez doucement vertèbre par vertèbre. Recommencez trois fois.

› **Inspirez des pensées positives.**
- En position droite, pensez à ce qui va bien dans votre vie (famille, amis, passions, etc.).
- Penchez-vous légèrement en avant pour zoomer sur ces émotions positives, laissez-les vous imprégner.
- Inspirez largement, bloquez la respiration quelques secondes. Laissez l'air s'échapper doucement pendant que ces pensées se diffusent dans votre corps. Recommencez trois fois.

› **Revenez à vos priorités.**
- Révisez vos priorités de la journée, de la semaine, de la période en cours (outils 6, 10, 30).
- Prenez un dossier prioritaire, débarrassez votre bureau de tout le reste pour le traiter.

Méthodologie et conseils

Pour renforcer votre résistance au stress, pratiquez une activité sportive régulière et reposez-vous suffisamment (outil 16).

« Sous stress, nous cessons de penser clairement. »
Gérard Collignon

Avantages

- Il est plus facile de sortir du stress au tout début du processus.

Précautions à prendre

- Ne restez pas seul en état de stress prolongé. Parlez-en à des amis, collègues proches, médecin du travail, etc.

SUITE OUTIL 36 →

Les remèdes contre le chrono-stress

Comment être plus efficace ?

La pensée a une puissance extraordinaire sur la façon dont nous voyons le monde et dont nous ressentons les situations.

La fabrique des interprétations

Un même événement (*stimulus*) sera vécu différemment selon l'histoire ou les croyances de chacun. Imaginez qu'un homme s'approche de vous dans la rue. Si on vous a toujours appris à vous méfier des inconnus, votre pensée sera peut-être « il va m'agresser ». Vous aurez peur et ferez un écart pour l'éviter. Si au contraire vous avez vous-même bénéficié d'un accueil chaleureux à l'étranger, vous penserez « il cherche son chemin, je vais le renseigner ». Vous lui sourirez en allant à sa rencontre.

Nous agissons en fonction de nos croyances et de nos expériences vécues, ce qui est sain : nous apprenons de nos expériences passées. Mais il arrive que nos filtres ainsi fabriqués pénalisent notre efficacité. La bonne nouvelle, c'est qu'en agissant sur la pensée, nous pouvons changer notre manière de réagir aux événements.

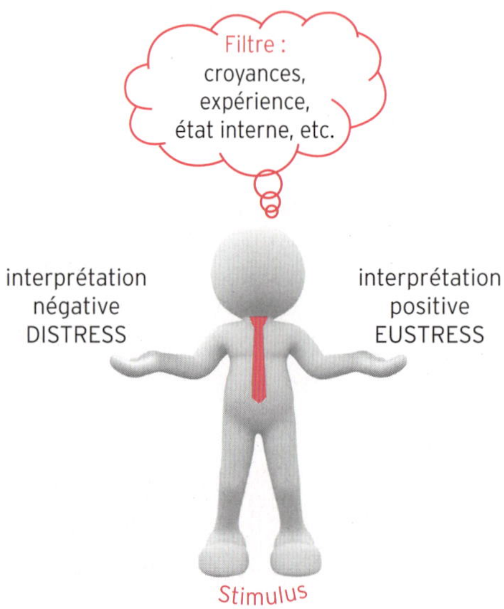

Désamorcez vos pensées négatives

Un événement vous stresse. Il occupe votre esprit (vous ressassez), génère des émotions négatives et perturbe votre concentration. Il est probable qu'il affecte aussi la manière dont vous vivrez un événement similaire la prochaine fois.

Les techniques de PNL (programmation neuro-linguistique) permettent de désamorcer ce vécu négatif en « retouchant la pellicule du film ».

Visualisez la scène stressante. Les émotions négatives sont là.

Maintenant regardez la scène comme un spectateur au cinéma. Atténuez les couleurs jusqu'à la représenter en noir et blanc, estompez les contours. Diminuez la taille de l'écran. Baissez le son et mettez par-dessus une musique gaie. Dotez les personnages désagréables d'une voix nasillarde. Si la chose stressante est un dossier, personnifiez-le à la manière d'un dessin animé et entamez un dialogue avec lui, un peu à la manière de « Roger Rabbit ».

Vos émotions se transforment en même temps que vous refaites le film, car le cerveau ne sait pas faire la différence entre une émotion liée à la réalité et une émotion suscitée par l'imagination.

Donnez-vous des permissions personnelles

D'après Taibi Kahler, nous avons enregistré depuis l'enfance des messages qui nous ont permis de nous adapter à notre environnement et d'obtenir la reconnaissance de nos parents. Ils sont tellement ancrés dans notre inconscient que nous avons tendance à leur obéir même lorsqu'ils ne sont pas efficaces dans le contexte actuel. Ces croyances se révèlent en situation de stress. Nous pensons alors **« pour que je sois quelqu'un de bien, je dois... » ou « tu dois... »**

Parvenus à l'âge adulte, nous pouvons nous donner de nouvelles permissions plus efficaces dans notre environnement actuel. ■

EXEMPLES de Permissions personnelles

Croyance	Comportement sous stress	Permissions personnelles et nouvelles croyances
Je dois être parfait	Une tendance accentuée au perfectionnisme : vous donnez trop de détails, d'explications, vous voulez absolument tout faire parfaitement.	Je peux être un meilleur professionnel en n'étant pas parfait sur tout : le temps gagné me permettra de faire de plus grandes choses (outil 7). J'ai suffisamment de discernement pour évaluer l'impact de mon travail, et comparer le bénéfice de la perfection au bénéfice de la quantité (outil 34).
Je dois être fort	Vous vous éparpillez, commencez une chose, puis l'autre, et ne savez pas par quel bout prendre le problème. Au final, vous n'avancez pas.	Je peux demander de l'aide. Par exemple, faire un draft (outil 27) et le montrer à un collègue pour recueillir son avis. Je peux mener une tâche jusqu'au bout si je me pose les bonnes questions concernant les priorités. Je peux choisir rapidement laquelle, j'ai des critères. Je peux choisir ma prochaine action !
Tu dois être parfait	Vous devenez hyper-exigeant vis-à-vis des autres. Vous pinaillez sur des erreurs alors qu'en prenant un peu de recul elles sont en fait mineures.	Je peux être un bon manager même si mes collaborateurs font des erreurs. Je peux mesurer l'impact de l'erreur (est-ce qu'elle sera vue ?) et la comparer à la démotivation qu'engendrerait une remarque de ma part : est-ce que ça vaut le coup, finalement ? Je peux me concentrer sur le processus (outil 54) plutôt que sur le résultat.
Je dois faire plaisir	Vous acceptez de faire des choses contre votre gré, pour arranger les autres. Et vous vous en voulez ensuite d'avoir dit « oui ».	Je suis aussi une personne importante. Mes missions ont autant de valeur que les demandes des autres pour le bénéfice collectif. Je peux prendre soin de moi et partir à l'heure sans accepter le travail en retard des autres, pour être plus en forme et efficace demain. Je peux dire non (outil 40) sans que la personne m'en veuille pour autant.
Je dois faire des efforts	Vous passez plus de temps à soupirer et râler qu'à comprendre la situation. Si vous souffrez suffisamment, quelqu'un viendra à votre secours !	Je peux faire une vraie demande (outil 42) pour me faire aider, avec le sourire. Je sais que je suis capable de comprendre la situation. Après une petite pause j'aurai retrouvé toutes mes capacités intellectuelles ! Et cette tâche qui m'ennuie sera vite finie.
Tu dois être fort	Vous devenez moins coopératif et renvoyez les autres se débrouiller seuls.	Je peux prendre un peu de temps pour aider les autres, et accepter leur aide en retour. Je peux être le plus fort en coopération (outil 19) !

> « Nous abritons un ange que nous choquons sans cesse. Nous devons être les gardiens de cet ange. » Jean Cocteau

OUTIL 37

Le lâcher-prise

PENSER QU'ON VA S'EN SORTIR, C'EST DÉJÀ COMMENCER À S'EN SORTIR

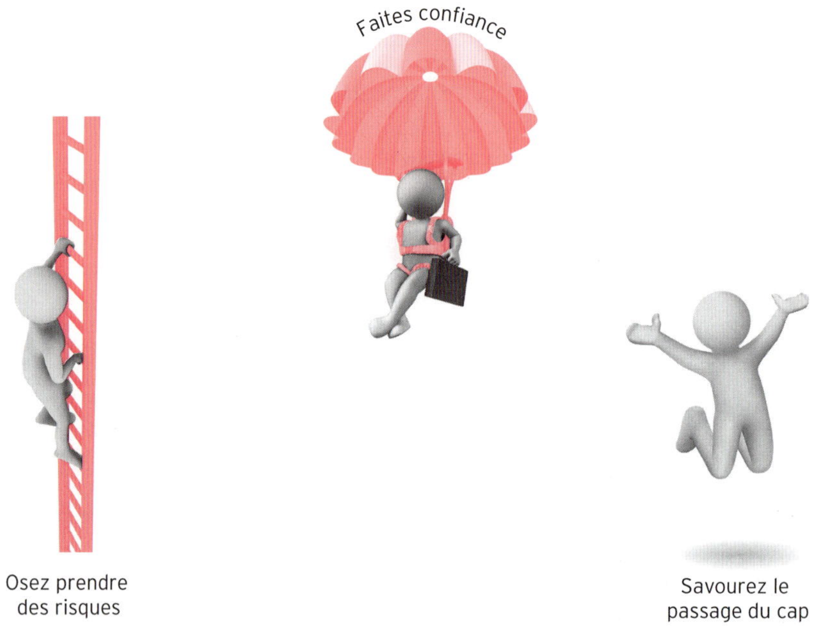

En résumé

Le lâcher-prise est un état mental. C'est un déclic qui se produit au cœur de la tempête et nous aide instantanément à retrouver notre calme.

Il se cultive au fil des épreuves qui nous font grandir et développent notre confiance en nous, notre confiance dans la vie.

À certains adeptes de la pensée rationnelle, cet outil pourra sembler gadget : « S'il suffisait de dire qu'on va s'en sortir pour que ça marche... » Pourtant, l'efficacité de l'effet placebo a été démontrée scientifiquement. Le lâcher-prise procède d'un fonctionnement analogue. Sa puissance repose sur l'authenticité de nos pensées positives.

Insight

"Letting go" is a state of mind. It is the moment when something "clicks" in the heart of the storm and instantly helps us calm down.

It is cultivated in time as we experience hardships that help us grow and build our self-confidence and trust in life.

To followers of rational thinking, this tool might seem to be just a gadget: "As if saying that we'll make it was enough to make it happen..." And yet, it has been scientifically proven that the "placebo effect" is effective. "Letting go" operates in a similar manner. Its strength lies in the sincerity of our positive thoughts.

Pourquoi l'utiliser ?

Objectif

Le lâcher-prise permet de retrouver sérénité et lucidité dans les moments où nous sommes tellement bousculés qu'il est facile de céder à la panique.

Contexte

Cet outil est une planche de salut quand nous avons l'impression de couler, de ne plus nous en sortir ; quand la charge est tellement énorme qu'elle nous submerge.

Comment l'utiliser ?

Étapes

› **Osez prendre des risques.**

- Acceptez un nouveau projet alors qu'il ne rentre *a priori* pas dans l'agenda ; acceptez une mission « difficile ».
- Savourez chaque exploit, chaque fierté.
- Cherchez dans chaque épreuve ce qui vous fait grandir.

› **En amont d'une épreuve, repassez-vous le film de vos meilleures aventures.**

- Revivez les meilleurs moments des histoires qui se sont bien finies, celles qui vous font dire « je m'en suis sorti » !
- Si possible, racontez-les à une ou plusieurs personnes.

› **Dans l'œil du cyclone, lâchez-prise.**

- Relâchez la pression mentale. Dites-vous : « De toute façon, je vais m'en sortir. » Répétez-le jusqu'à ce que la panique s'apaise. Repensez à vos aventures héroïques. « Je m'en suis déjà sorti, ça va bien se finir. »
- Relâchez la tension des muscles, acceptez de vous laisser porter par les événements.
- Visualisez le moment où la tempête sera finie : la fin d'un entretien éprouvant, quand vous serez dehors dans la rue : visualisez-vous dans la rue. Ou la fin d'un dossier épineux : visualisez-le terminé.

› **Savourez la fin de la tempête.**

Racontez à plusieurs personnes vos exploits : vous ancrez dans votre cerveau et votre corps votre capacité à dépasser les difficultés.

« Sous l'eau, ce qui sauve la vie, c'est de cesser de lutter. Économiser son oxygène, faire confiance et remonter quand c'est calme en surface. » Kelly Slater, champion de surf

Méthodologie et conseils

› Constituez-vous votre panthéon d'histoires héroïques au fil de l'eau. Il n'y a pas de petites victoires. Toutes les épreuves que vous vivez vous font grandir.

› Si vous n'avez pas encore constitué votre stock d'histoires héroïques et que vous êtes plongé dans l'œil du cyclone, faites une pause et revisitez crayon en main vos succès passés. Prenez le temps de vivre *a posteriori* cette fierté que vous n'avez pas savourée à l'époque.

› En amont d'une difficulté, utilisez la visualisation positive (outils 3, 20) ■

Avantages

- Le lâcher-prise agit instantanément. Nous nous sentons immédiatement plus sereins.
- Avec cette sérénité reviennent discernement et efficacité. Nos gestes sont plus sûrs, nous agissons à bon escient sur l'environnement. Nous économisons notre énergie.
- C'est un processus itératif qui renforce son efficacité au fil des épreuves.

Précautions à prendre

- Prendre des risques ne veut pas dire négliger toute prudence. Prenez des risques mesurés de difficulté croissante sans brûler les étapes.
- Dans l'œil du cyclone, chassez toute culpabilité (« j'aurais dû... ») et tout reproche (« c'est de la faute de... »). Ces pensées sont contre-productives et consomment beaucoup d'énergie. Ce qui est fait est fait. Maintenant regardez devant vous la prochaine éclaircie.
- Dans le film de vos aventures, coupez toutes les scènes d'échec pour ne garder que les *happy ends*.

DOSSIER

5 GÉRER LES RELATIONS ET SOLLICITATIONS

« Agissez envers les autres comme vous aimeriez qu'ils agissent envers vous. »
Confucius

Dame Nature

C'était il y a bien longtemps. Les ténèbres de la nuit des temps ne s'étaient pas totalement dissipées. La terre était dure, et froide, et grise. Car Dame Nature n'avait pas encore imaginé la couleur. En ce temps-là, les anges et les démons vivaient ensemble. Ils déambulaient en silence sur la surface lisse du globe. Car Dame Nature n'avait pas inventé les sons. Dans ce gris et ce silence, Dame Nature s'ennuyait.

Elle eut alors l'idée de rendre chaque être unique pour mieux les distinguer les uns des autres et prendre plaisir à les regarder vivre. Elle créa des milliers de teintes et donna à chacun un éclat particulier.

Heureux, les anges se montraient mutuellement leurs couleurs, les partageaient, les associaient pour créer de nouvelles nuances. Dame Nature était enchantée.

Voyant cela, les démons furent saisis de jalousie. Dès qu'ils croisaient un ange, ils tendaient la main pour lui prendre son trésor. Les anges, généreux, donnaient leur éclat coloré aux démons, mais ne recevaient jamais rien en échange. Peu à peu, ils devenaient pâles et uniformes tandis que les démons resplendissaient de mille feux.

Dame Nature en fut attristée, car elle aimait beaucoup les anges. Avant que leurs silhouettes diaphanes ne fussent complètement éteintes par l'éclat saturé des démons, elle décida de les séparer. Aux démons, elle donna le royaume des ténèbres à l'intérieur de la terre, afin que leur puissance flamboyante réchauffe l'astre gris et répande la couleur sur toute son étendue. Aux anges, elle confia l'éther, pour que leur candeur éclaire le monde d'une lumière douce. La terre était belle et Dame Nature apaisée. Mais dans ce calme invariable, elle s'ennuyait de nouveau.

Elle s'aperçut alors que chaque être avait en partant laissé à la surface de la terre une empreinte subtile. Avec ces fragments d'énergie, elle entreprit de créer la race des hommes. Dans chacun d'eux, elle plaça un peu de la douceur des anges et une part de la force des démons. À chacun, elle donna comme auparavant un éclat coloré qui le rendit unique aux yeux de ses semblables. Puis elle les regarda vivre.

Certains hommes se comportaient exactement comme les démons. Ils tendaient la main pour réclamer le trésor des autres. Ceux qui ressemblaient le plus aux anges se laissaient déposséder sans résistance de ce qu'ils avaient de plus précieux. Dame Nature commençait à désespérer de la race humaine lorsqu'elle remarqua un comportement étrange. Quelques hommes acceptaient de montrer leur couleur mais se détournaient pour la protéger lorsque leurs congénères essayaient de s'en emparer. Ces mêmes hommes, dans d'autres circonstances, échangeaient ou mélangeaient leurs couleurs pour créer de nouvelles teintes, à l'instar des anges avant qu'ils ne fussent tous devenus livides. Ceux-là semblaient avoir développé un don pour choisir ce qu'ils voulaient faire de leur bien.

Dame Nature n'avait pas fini d'être surprise par ces êtres engendrés à partir de l'essence des démons et des anges. Elle vit des hommes gris recouvrer quelque couleur et des hommes saturés devenir soudain généreux. Elle regarda des individus offrir spontanément leur trésor ou se voir proposer celui d'un inconnu. S'approchant de l'astre jusqu'à en effleurer la surface, elle entendit des sons sortir de leur gorge. Les premiers bruits de l'univers. Dans l'infinie variété de leurs transactions, les hommes avaient inventé le langage.

Dame Nature ne s'ennuyait plus.

LES OUTILS

38 La réponse à une demande urgente 108

39 La méthode 2-20-2-2 110

40 Le refus diplomatique 112

41 La question Jackpot 114

42 La demande 116

43 La délégation confiée 118

44 La délégation reçue 120

45 La relance diplomatique d'un travail attendu 122

46 Les plages de disponibilité 124

47 La proposition d'un nouveau fonctionnement 126

48 La proposition d'arbitrage en cas de blocage 130

49 10 règles d'efficacité en open space 132

La réponse à une demande urgente

PROFITER DE LA DEMANDE POUR AMÉLIORER LES PROCESSUS

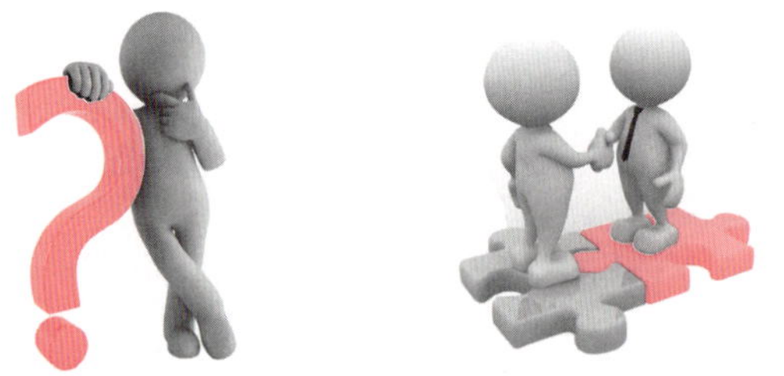

Évaluation du besoin → **Négociation équitable**

Importance/urgence
Charge de travail
Marge de manœuvre

Modification du livrable
Partage du travail

Efficaces aujourd'hui

+

Contrat d'efficacité future

Alerte/risque flux tendu
Contrat de fonctionnement

Encore plus efficaces demain

En résumé

Certains de nos partenaires de travail ont du mal à faire face à leur propre surcharge d'activité et nous sollicitent au dernier moment. Le défi est de trouver une solution pour répondre à leur demande tout en préservant notre efficacité.

Et ce n'est pas suffisant. Car si notre souplesse nous permet de nous adapter ponctuellement à la situation, notre interlocuteur, lui, n'y verra aucune incitation à changer de comportement.

Nous pouvons faire beaucoup mieux : profiter de cette opportunité pour poser les bases d'un fonctionnement plus efficace et serein pour l'avenir.

Insight

Some of our work partners are struggling with their own work overload and seek our assistance at the last moment. Our challenge is to offer a solution that meets their demand, while maintaining our own efficiency.

But, that is not enough. Indeed, whereas flexibility helps us to adapt promptly to a given situation, our work partner is given no incentive to change.

It is best to take the opportunity to lay the foundations of a smoother and more efficient way of working together in the future.

Pourquoi l'utiliser ?

Objectif

La réponse à la demande urgente nous permet de répondre au besoin de notre interlocuteur sans trop pénaliser nos propres priorités.

Contexte

À utiliser sans modération pour les demandes concernant notre cœur de mission qui nous sont faites au dernier moment.

Comment l'utiliser ?

Étapes

› **Questionnez pour évaluer le besoin.**

- Quoi précisément ? Sous quelle forme ? Évaluez la charge de travail.
- Pourquoi faire ? Vous aurez peut-être une meilleure idée pour répondre au besoin.
- Pour quand précisément ? « Rapidement » et « demain » sont flous. Demandez un jour et une heure précis.
- Quel enjeu ? Évaluez les degrés d'importance et d'urgence du travail demandé. Quel est le risque pour votre interlocuteur si le livrable n'est pas produit dans les délais ?

› **Négociez avec réalisme et équité.**

- Reformulez les contraintes de votre interlocuteur, il sera plus à même d'accepter les vôtres. Il est probable que votre marge de manœuvre concernant le délai soit faible. Acceptez-le d'emblée et focalisez la négociation sur les autres aspects.
- Annoncez-lui vos propres contraintes :
  - estimation de la charge de travail demandée (il n'en a pas toujours conscience) ;
  - autres dossiers en cours, qui sont aussi importants et tenus à un délai.
- Négociez la modification du livrable : périmètre, degré de détail, finition.
- Négociez le partage du travail selon vos domaines de compétence et disponibilités dans le temps imparti.
- Envisagez le recours à d'autres ressources.

› **Passez un contrat d'efficacité future.**

- Rappelez les risques à fonctionner en flux tendu : panne matérielle, absence, etc.
- Définissez avec votre interlocuteur un mode de fonctionnement précis pour ce type de demandes à l'avenir.
- Convenez *a minima* d'être prévenu à l'avance pour budgéter la charge de travail dans votre agenda et anticiper certaines tâches le cas échéant.

« Il y a moins de choses urgentes que de gens en retard. »
Dicton populaire

Méthodologie et conseils

› Accueillez la demande avec le sourire. Vous serez d'autant plus crédible dans votre proposition de négociation : vous n'êtes pas de mauvaise volonté !

› Acceptez de revoir certaines de vos priorités mais veillez à ce que votre interlocuteur ait aussi un effort à faire. Lui donner l'occasion d'assumer la responsabilité de son retard le sensibilisera pour les fois suivantes.

› Réservez du temps dans votre agenda pour répondre aux imprévus (outil 29).

› Après trois contrats d'efficacité sans effet, prenez un rendez-vous formel avec le demandeur pour lui proposer un nouveau fonctionnement hors de la pression de l'urgence (outil 47). ■

Avantages

- Progressivement, nos interlocuteurs apprennent à anticiper leurs demandes. Nous sommes à la fois plus efficaces et plus sereins.

Précautions à prendre

- Les demandes de votre manager font partie de vos priorités. Utilisez la méthode 2-20-2-2 (outil 39) pour ajuster votre réponse, ou la proposition de fonctionnement (outil 47) à un moment où vous le sentirez disponible pour vous écouter.

La méthode 2-20-2-2

UN CRITÈRE SIMPLE POUR LES DEMANDES COURANTES DE LA HIÉRARCHIE

2 mn	20 mn	2 h	2 j
↓	↓	↓	↓
Je fais tout de suite	Je fais dès que j'ai fini	Je négocie le délai ou le livrable	Je demande une révision des priorités

En résumé

Nous nous sentons parfois pris entre deux injonctions contradictoires : garder notre concentration pour être efficaces et être réactifs aux nouvelles demandes de notre manager. Pour sortir de ce choix binaire, admettons deux principes :

- il émet sa demande quand il y pense, mais il a rarement besoin du livrable immédiatement ;
- il n'a pas conscience du travail en cours.

À partir de là, la méthode 2-20-2-2 propose un critère simple – la durée du travail demandé – pour clarifier les options possibles.

Cet outil est complémentaire d'une proposition de fonctionnement et d'un pourcentage normatif d'imprévus.

Insight

We sometimes feel caught between two contradictory demands: staying focused to be efficient and being quick to respond to our manager's new demands. In order to extricate ourselves from this binary choice, we need to accept the following:

- *The manager makes a request when it comes to his mind, but he rarely needs immediate delivery;*
- *The manager is not aware of the work in progress we have.*

From there, the 2-20-2-2 method suggests a simple criterion to clarify your options: the duration required to meet the request.

This tool is complementary to establishing procedures and a normative percentage of contingencies.

Pourquoi l'utiliser ?

Objectif

La méthode 2-20-2-2 évite de tomber dans le « oui » systématique ou le refus inapproprié.

Contexte

C'est un outil pratique pour traiter les demandes **courantes habituelles** de notre manager.

Comment l'utiliser ?

Étapes

› **Accueillez la demande de votre manager avec le sourire.** Même si vous négociez, montrez que vous acceptez la mission sur le fond.

› **Estimez le temps approximatif** nécessaire pour traiter la demande et classez-la dans une des 4 catégories : environ 2 mn/environ 20 mn/environ 2 heures/environ 2 jours.

- **Catégorie 1 : environ 2'.** « OK ! » Traitez la demande tout de suite. De toute façon vous passeriez plus de temps à négocier votre refus. Votre efficacité immédiate rendra d'autant plus crédible vos négociations futures.
- **Catégorie 2 : environ 20'.** « OK, je le fais dès que j'ai fini ! » Il est important qu'il entende d'abord votre « oui ». Comme la concentration sur une même tâche excède rarement 1 h 30, vous devriez pouvoir traiter sa demande sous 2 heures. Validez que cette proposition lui convient. Dans 80 % des cas, il sera satisfait !
- **Catégorie 3 : environ 2 heures.** Sauf si vous avez réservé suffisamment de temps pour les imprévus (outil 29), cette demande vous oblige à revoir votre organisation à court terme :
- Questionnez pour en savoir plus : l'enjeu de la demande, le délai précis, le périmètre ou le degré de précision attendu.
- Négociez le délai dans la journée ou les jours qui viennent, ou le livrable : périmètre, degré de détail, mise en forme.
- Laissez-le choisir ce qui lui convient le mieux.
- Réorganisez votre emploi du temps, gagnez du temps sur une tâche moins importante.
- **Catégorie 4 : environ 2 jours.** Questionnez pour en savoir plus. Annoncez la durée estimée en expliquant le cas échéant pourquoi (votre manager n'en a pas toujours conscience). Rappelez-lui les tâches importantes en cours et demandez-lui de vous aider à arbitrer vos priorités.

« J'ai le droit d'exiger l'obéissance parce que mes ordres sont raisonnables. »
Antoine de Saint-Exupéry, Le Petit Prince

Méthodologie et conseils

› Les durées des catégories sont données à titre indicatif. Il serait bien sûr plus juste de parler de fourchettes de temps (2 à 5 mn ; 20 à 40 mn ; 2 à 3 heures ; 2 à 3 jours).

› Une sollicitation qui nécessite une journée de travail peut être traitée dans la 3e ou la 4e catégorie selon le contexte : importance et nature de la demande, priorités par ailleurs.

› Adaptez votre pourcentage de temps réservé aux imprévus à la fréquence des demandes de votre manager. Vous serez plus serein au quotidien. ■

Avantages

- Cette méthode basée sur un critère simple permet de gagner du temps au moment de la demande et structure la négociation.

Précautions à prendre

- Cet outil est à nuancer selon l'importance et l'urgence de la tâche. Il est parfois indispensable de traiter immédiatement une demande nécessitant plus de 2 heures de travail. Révisez alors d'autres priorités.
- Si votre manager insiste pour que le travail soit effectué immédiatement, ne vous mettez pas en danger et obtempérez. Choisissez ensuite le moment opportun pour lui proposer un mode de fonctionnement plus efficace (outil 47).

OUTIL 40

Le refus diplomatique

PRIVILÉGIER SES OBJECTIFS À CEUX DES AUTRES

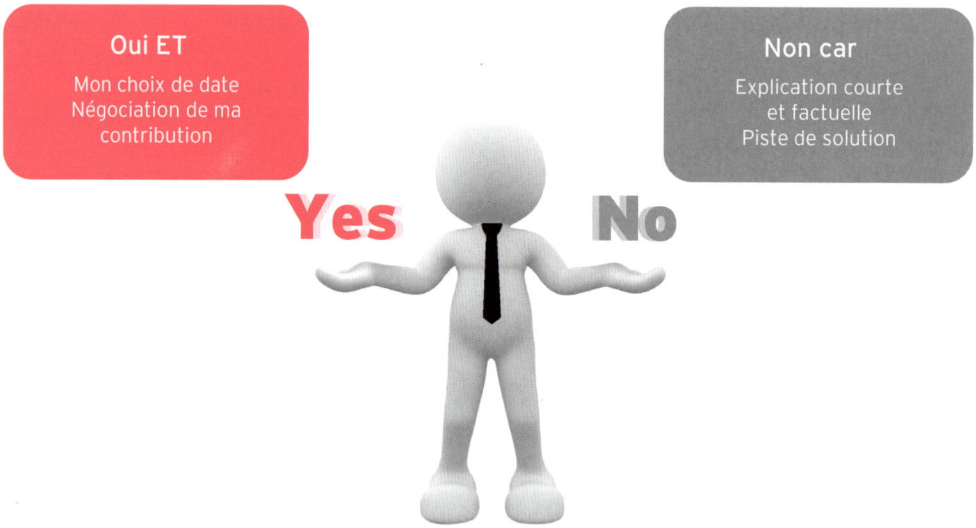

En résumé

Nous nous en voulons parfois d'avoir accepté de rendre service au détriment de nos priorités. Nous nous retrouvons à finir tard le soir ou prenons du retard sur nos missions essentielles.

Qu'est-ce qui nous empêche de **dire non** ? La peur d'être jugé comme manquant d'esprit de coopération, de ne plus être apprécié par nos collègues, ou encore de blesser l'autre.

Or, il est possible de maintenir un haut degré de coopération avec nos collègues tout en respectant nos propres priorités. En accueillant chacun avec le sourire, en dissociant la demande de la personne, et en nous autorisant des « non » simples qui donnent toute leur valeur à nos « oui ».

Insight

We sometimes wish we had not agreed to help out at the expense of our own priorities. We find ourselves working late or falling behind on core missions.

*What keeps us from **saying "no"**? Fear of being judged as uncooperative, of no longer being appreciated by co-workers, maybe even of hurting the other's feelings.*

However, it is possible to maintain a high level of cooperation with colleagues while respecting our own priorities. By welcoming everyone with a smile, by dissociating the person from his or her request, and by allowing ourselves to simply say "no" thereby giving full value to when we say "yes."

Pourquoi l'utiliser ?

Objectif

Le refus diplomatique n'est pas un « non » absolu. Il permet de discerner :

› ce à quoi nous voulons dire oui, et à quelles conditions ;

› ce à quoi nous pouvons dire non, et comment.

Contexte

Il s'applique aux demandes qui sont en marge de notre cœur de mission, même si elles entrent dans notre champ de compétences. Elles peuvent être importantes pour notre interlocuteur et peu pour nous (cadran C de la matrice d'Eisenhower, outil 6).

Comment l'utiliser ?

Étapes

› **Accueillez la demande.**
- Écoutez avec bienveillance votre collègue, posez quelques questions si nécessaire.
- Reformulez son besoin (et non sa demande).

› **Faites votre choix selon 3 critères.**
- Degré de proximité par rapport au périmètre de votre fonction : est-ce à vous de le faire ? êtes-vous seul à pouvoir le faire ?
- Votre charge de travail actuelle : quel est le poids de cette demande par rapport à l'ensemble de vos priorités ? Quelle est son importance ?
- Votre envie vis-à-vis du sujet ou de la personne : prenez en compte vos objectifs professionnels à plus long terme.

› **Dites non, simplement.**
- Donnez une courte explication factuelle pour que votre collègue ne prenne pas ce refus personnellement : « ce n'est plus ma fonction » ; « je ne suis pas le mieux placé » ; « j'ai d'autres priorités ».
- Montrez votre empathie si elle est authentique : « je suis désolé » ; « j'aurais aimé te rendre service ».
- Apportez dans tous les cas une piste de solution : « va voir Untel » ; « consulte tel dossier » ; « je t'envoie ce que j'avais fait dans un cas similaire » ; etc.

› **Dites oui, en posant vos conditions.**
- Affirmez votre oui d'emblée, exprimez votre envie de rendre service si c'est le cas.
- Donnez une courte explication de vos contraintes (priorités, charge de travail).
- Faites une proposition en modifiant la date ou en limitant votre contribution à l'essentiel.
- Validez que cela convient à votre collègue.

« Un service auquel on répugne n'est plus un service. »
Euripide

Méthodologie et conseils

› Lorsque vous sentez que la demande elle-même va prendre du temps, reportez-la : « On peut en parler tout à l'heure, quand j'ai fini ce dossier ? »

› Si les sollicitations sont nombreuses, optez pour les stratégies d'isolement (outil 15).

› En cas de tension récurrente sur un sujet précis avec un de vos collègues, proposez-lui un arbitrage (outil 48) pour clarifier le périmètre de vos fonctions ou vos priorités. ■

Avantages

- Le refus diplomatique permet d'adapter notre réponse à notre interlocuteur ou à l'intérêt que nous portons au sujet de la sollicitation.
- Quelle que soit notre réponse sur le fond, cette méthode permet de préserver la relation avec le demandeur.

Précautions à prendre

- Pour faire une réponse juste, clarifiez vos priorités à court terme dans le cadre de votre mission actuelle (outil 4), mais aussi vos priorités personnelles à long terme (outil 2).
- Tenez compte également des macro-priorités collectives : si on demande votre contribution pour un dossier important pour l'entreprise, il est judicieux de dégager du temps pour le bénéfice commun.

OUTIL 41

La question Jackpot

AIDER L'INTERLOCUTEUR À FORMULER SA DEMANDE

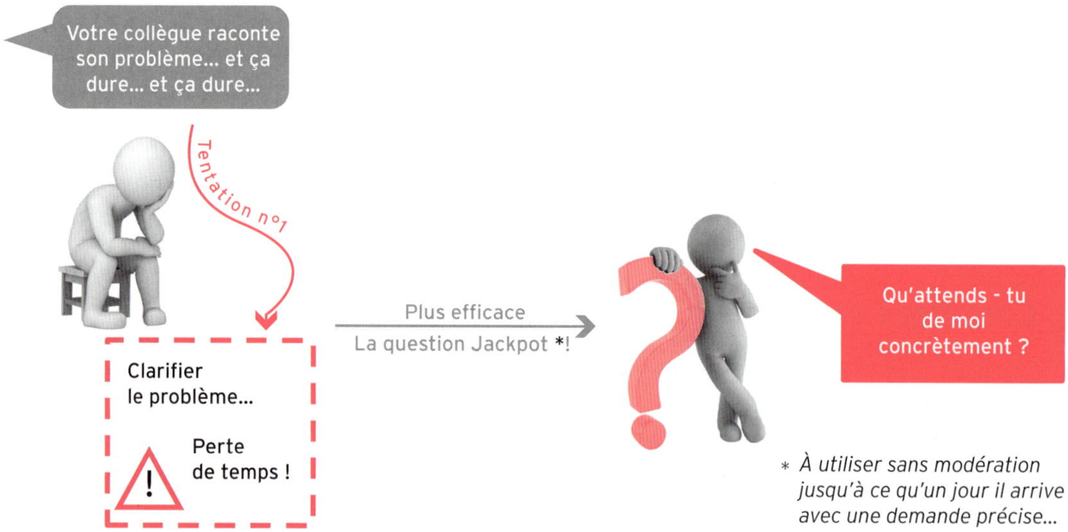

* À utiliser sans modération jusqu'à ce qu'un jour il arrive avec une demande précise...

En résumé

Tout préoccupés qu'ils sont par leur problématique, nos interlocuteurs peuvent parfois oublier qu'ils consomment notre temps sans compter. Ils se croient obligés, pour justifier leur demande, de nous en détailler le contexte.

Nous pourrions être tentés de comprendre le problème. Cela ne ferait qu'inciter notre interlocuteur à délayer. Il est beaucoup plus efficace de l'aider à formuler sa demande directement en lui posant une seule question : « Qu'attends-tu de moi concrètement ? »

En général, après un léger silence, notre interlocuteur explique ce qu'il veut en moins de 30 secondes.

Insight

Very much preoccupied by their own problems, our partners may at times overlook the fact that they use up our time very freely. They also feel compelled to provide detailed background information, as if to justify their request.

We could be inclined to try understanding the problem, which would only encourage the person to further detail the matter at hand. It is much more effective to help them formulate the request directly, by asking just one question: "In practical terms, what do you want from me?"

After a brief silence, the speaker will generally says what it is he or she wants in less than 30 seconds.

Pourquoi l'utiliser ?

Objectif

La question Jackpot vise à écourter le temps passé à clarifier une demande.

Contexte

La question Jackpot peut être utilisée systématiquement avec nos interlocuteurs peu synthétiques dans leurs demandes.

Comment l'utiliser ?

Étapes

› **Écoutez votre interlocuteur** un moment sans l'interrompre et sans lui poser de questions, suffisamment pour déceler une demande derrière ses explications prolifiques.

› **Posez tranquillement la question Jackpot** : « Qu'attends-tu de moi, concrètement ? », dans un silence ou une « respiration » de votre interlocuteur. Le but n'est pas de lui couper la parole, mais de le recentrer sur sa demande. Vous pouvez bien sûr varier la formulation de cette question à votre guise.

› **Laissez-le réfléchir.** Il est possible qu'il soit un peu décontenancé par votre question. La réponse n'est peut-être pas encore parfaitement claire pour lui.

› **Écoutez attentivement sa demande.** Puis reformulez son besoin pour lui montrer que vous l'avez compris.

› **Faites votre choix :** acceptez ou non de lui rendre service (outil 40).

› **Donnez-lui votre réponse** avec des explications synthétiques et claires (*idem*).

Méthodologie et conseils

› Veillez à ce que le ton de votre question Jackpot reste bienveillant et non cassant.

› Vous pouvez aussi choisir de reporter cette demande à un moment plus propice pour vous : « on peut en parler tout à l'heure, quand j'ai fini ce dossier ? ».

› **Variante** : aux interlocuteurs qui abusent de la facilité de vous voir, demandez de poser leurs questions par mail pour pouvoir leur répondre plus facilement quand vous aurez le temps. Cela les oblige à clarifier et synthétiser leur demande. Parfois, le fait de poser la question par écrit leur donne des pistes de solutions. Enfin, cela décourage les moins motivés. ■

« Asseyez-vous, j'ai tout votre temps. »
Pierre Daninos

Avantages

- La question Jackpot donne de bonnes habitudes à nos interlocuteurs qui apprennent à clarifier leurs demandes avant de venir nous voir.

Précautions à prendre

- Utilisée trop tôt dans la conversation avec une personne sensible, la question Jackpot risque d'être perçue comme inhumaine (trop orientée sur l'objectif au détriment de la relation).
- Ne confondez pas « demande imprécise et confuse » avec « besoin de partager un problème devant lequel on se sent seul ». Restez vigilant par rapport aux risques psychosociaux. Il vaut mieux dans ce cas proposer à votre interlocuteur un moment d'échange au calme, par exemple pendant l'heure du déjeuner.

La demande

TOUTE DEMANDE, MÊME REFUSÉE, SE TERMINE PAR UN « MERCI ! »

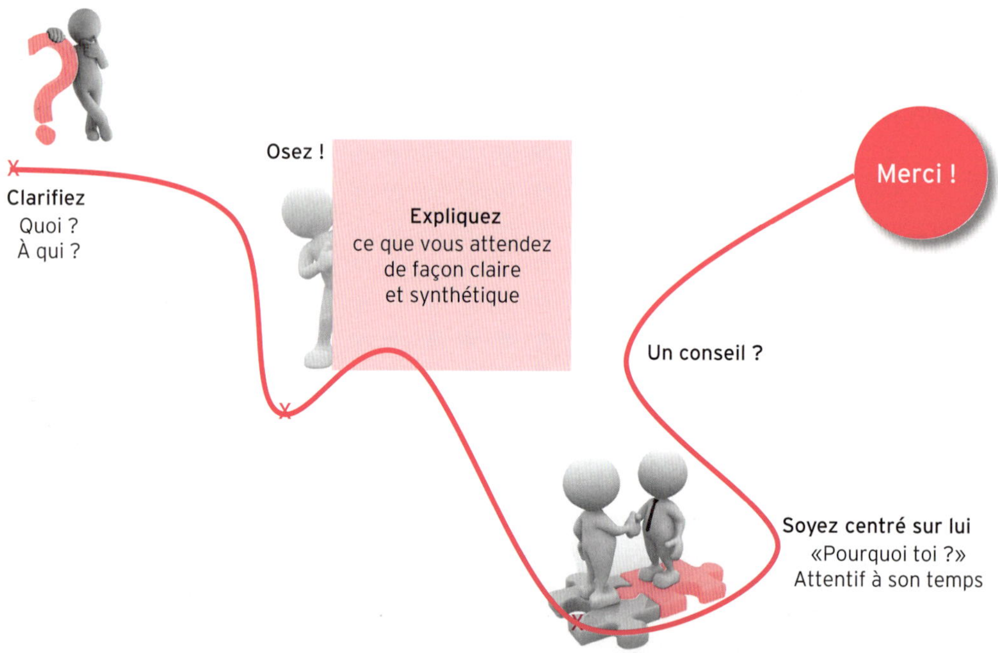

En résumé

Pourquoi hésitons-nous à demander, au risque de perdre du temps à vouloir nous débrouiller par nous-mêmes ? Nous avons peur du refus. Nous vivons tellement mal les demandes qui nous sont faites à tort et à travers, les imprécises qui nous font perdre du temps, les maladroites qui tombent mal, les impolies qui exigent, celles qui ne disent pas merci...

Il ne tient qu'à nous de transformer la demande en quelque chose de plaisant, pour nous et pour l'autre. Nous n'avons rien à perdre, en réalité, et tout à y gagner : de l'efficacité immédiate et une relation plus solidaire sur le long terme.

Insight

Why do we hesitate to ask for help, at the risk of losing time trying to manage on our own? Because we are afraid of rejection. We have such difficulty dealing with requests that are made indiscriminately, those unclear that waste our time, the clumsy ones that are made at a bad time, the rude demanding, the ones we get no thanks for...

It is up to us to turn the request into something pleasant for us and the other. In fact, we have nothing to lose and everything to gain: immediate effectiveness and a relationship based on solidarity for the long run.

Pourquoi l'utiliser ?

Objectif

La formulation d'une demande est capitale pour obtenir l'aide de nos collègues lorsque nous ne faisons pas partie de leurs priorités.

Contexte

Cet outil concerne nos demandes qui sortent de notre chaîne « client-fournisseur » habituelle. Elles peuvent être importantes pour nous, mais pas pour notre interlocuteur !

Comment l'utiliser ?

Étapes

› Clarifiez votre besoin

- De quoi avez-vous besoin précisément ? Une information, des idées, un avis, une contribution sur un dossier ?
- Choisissez la personne la mieux à même de répondre à ce besoin. Sachez avant d'aller la voir pourquoi vous lui demandez *à elle*.

› Osez demander

- Quel est le risque ? Vous voir opposer un refus. Est-ce grave ? Non. Acceptez l'idée d'un refus, vous serez plus serein.

› Expliquez de façon synthétique

- Soyez clair sur ce que vous attendez de la personne. Allez droit au but.
- Expliquez la finalité de votre besoin, elle aura peut-être une meilleure idée pour y répondre.
- Restez centré sur l'essentiel, si elle a besoin de plus d'informations, si elle vous les demandera.

› Soyez centré sur la personne

- Expliquez-lui en quoi vous pensez qu'elle peut vous aider, *elle*. Valorisez son expérience, ses compétences, ses talents.
- Montrez-vous attentif à son temps : proposez de la voir à un autre moment si elle est occupée. Laissez-lui une large latitude pour choisir le moment de vous aider.
- Si vous la sentez gênée à l'idée de vous refuser un service, mais peu encline à vous le donner, mettez-la à l'aise « Tu peux me dire non, je comprendrais ! ». Préservez la relation pour une coopération future.

› En cas de refus, demandez un conseil

- « Où puis-je trouver l'information ? » ; « À qui puis-je m'adresser ? » ; « Puis-je l'appeler de ta part ? »
- « Tu as un conseil à me donner pour que je n'y passe trop de temps ? »
- Vous lui offrez l'occasion de vous rendre service sans perdre de temps.

› Quoi qu'il arrive, dites « merci ! »

- Si la personne accepte de vous aider, remerciez-la chaleureusement.
- Renouvelez vos remerciements une fois le travail fait, valorisez en quoi il vous a été utile.
- Si elle a refusé votre demande, remerciez-la pour ses conseils. Ils vous font gagner du temps.
- Si elle n'a pas pu vous donner de conseil, remerciez-la de vous avoir écouté. Votre choix n'était pas approprié ! Renseignez-vous pour trouver une personne plus à même de répondre à votre besoin.

« 100 % des gagnants ont tenté leur chance. » Slogan publicitaire de la Française des Jeux

Méthodologie et conseils

› Référez-vous aux outils 38 à 41 et imaginez la façon dont vous voudriez que vos solliciteurs vous parlent.

› Déplacez-vous si possible. La relation face à face est plus puissante que la relation téléphonique… ou que les échanges de mails. ■

Avantages

- Bien formulée, la demande d'aide renforce la solidarité et la coopération dans la durée.

Précautions à prendre

- Lorsque vous valorisez la personne, soyez sincère. Elle décèlera immédiatement toute flatterie et refusera d'être manipulée.
- Anticipez vos demandes pour lui laisser le choix du meilleur moment pour vous aider.

OUTIL 43

La délégation confiée

PILOTER LA DÉLÉGATION POUR OPTIMISER LE GAIN DE TEMPS MUTUEL

En résumé

Voici quelques-uns des freins les plus couramment exprimés par les managers à propos de la délégation : « ce sera mieux fait si je le fais moi-même » ; « ils sont déjà très chargés » ; « la dernière fois, j'ai dû tout recommencer » ; « le temps passé à expliquer, quelle perte de temps » !

Les avertis reconnaîtront derrière ces bonnes raisons le chorus de nos croyances inefficaces (outil 36).

La délégation est pourtant une clé qui nous permet de réaliser nos projets les plus ambitieux. À condition de bien choisir le délégataire et d'organiser le transfert de la mission pour en assurer le succès.

Insight

Here are some of the obstacles most commonly expressed by managers for delegating: "It will be done better if I do it myself", "They are already very busy", "Last time I had to start all over again", "All that time spent explaining, what a waste of time!"

The better informed will hear, in these excuses, the chorus of ineffective beliefs (tool 36).

Delegating *is nevertheless a key element that enables us to carry out ambitious projects; provided you choose the right person to delegate to and organize the handover of the mission, to ensure it is successful.*

http://goo.gl/6DW26m

Voir le témoignage vidéo.

Pourquoi l'utiliser ?

Objectif

La délégation est un investissement qui permet des gains de temps considérables.

Contexte

Elle s'applique à tout contexte de management : hiérarchique, transversal, projets.

Comment l'utiliser ?

Étapes

› Choisissez le délégataire.

- Ses compétences ou aptitudes lui permettent de prendre en charge la mission, même s'il doit en développer certaines.
- Il est motivé par ce type de mission.

› Présentez-lui la mission.

- Expliquez en quoi la mission consiste, sa finalité et les enjeux associés.
- Mettez en avant les raisons de votre choix : « pourquoi *toi* ? » (compétences, aptitudes, motivation) et les bénéfices pour lui (développement, visibilité, etc.)
- Demandez-lui si la mission l'intéresse.

› Posez un cadre précis.

- Précisez le livrable attendu, le délai, les contraintes, les moyens.
- Répondez à ses questions et validez qu'il a compris ce qui est attendu de lui.
- Fixez les règles de votre fonctionnement mutuel : communication, droits et devoirs, jalons de suivi.
- Précisez les critères d'évaluation de la mission (à quoi verrez-vous que la mission est réussie ?), les indicateurs à suivre.
- Validez son acceptation.

› Mettez en place un premier jalon proche.

- Fixez immédiatement la première rencontre dans un délai très court, au cours de laquelle le délégataire présentera les grandes lignes de sa démarche et ses premières idées en version brouillon (outil 27).
- Cela vous permettra de réagir à moindre coût en termes de temps en cas d'erreur d'interprétation sur l'objectif.

› Planifiez les jalons suivants.

- Ils seront plus ou moins réguliers selon les enjeux de la mission et le niveau d'autonomie du délégataire.
- Leur but : constater ce qui est réalisé, ce qui reste à faire, évaluer les risques de dérives, les besoins, faire des arbitrages et des validations intermédiaires.

› Officialisez la délégation auprès des personnes concernées : vous légitimerez le délégataire et éviterez d'être sollicité en direct.

« Ne dites pas aux gens comment faire, mais quoi faire. Ils vous surprendront par leur créativité. »
Général Georges S. Patton Jr.

Méthodologie et conseils

› Soyez réaliste sur la charge de travail. Aidez si nécessaire le délégataire à arbitrer ses priorités par ailleurs (outil 31).

› Laissez-le faire à sa manière. Il travaillera plus vite et vous gagnerez du temps.

› Accordez-lui le droit à l'erreur, sinon personne n'acceptera vos prochaines missions ! Assortissez ce droit d'un devoir d'alerte.

› N'exigez pas la perfection, donnez-lui au contraire la permission de lutter contre ses propres comportements inefficaces (dossier 8).

› Restez disponible tout au long de la mission pour soutenir et conseiller votre délégataire. ■

Avantages

- Nos collaborateurs montent en compétence et nous pouvons consacrer plus de temps à des missions à plus fort enjeu pour nous.

Précautions à prendre

- Acceptez que le collaborateur puisse refuser la mission, c'est le principe de la délégation ! Creusez ses raisons pour savoir s'il s'agit d'un frein sur lequel vous pouvez agir (charge de travail, manque de confiance en lui) ou d'un refus (motivation).
- Anticipez : on ne délègue pas au dernier moment.

OUTIL 44

La délégation reçue

RELIER LA DÉLÉGATION À SES OBJECTIFS PERSONNELS

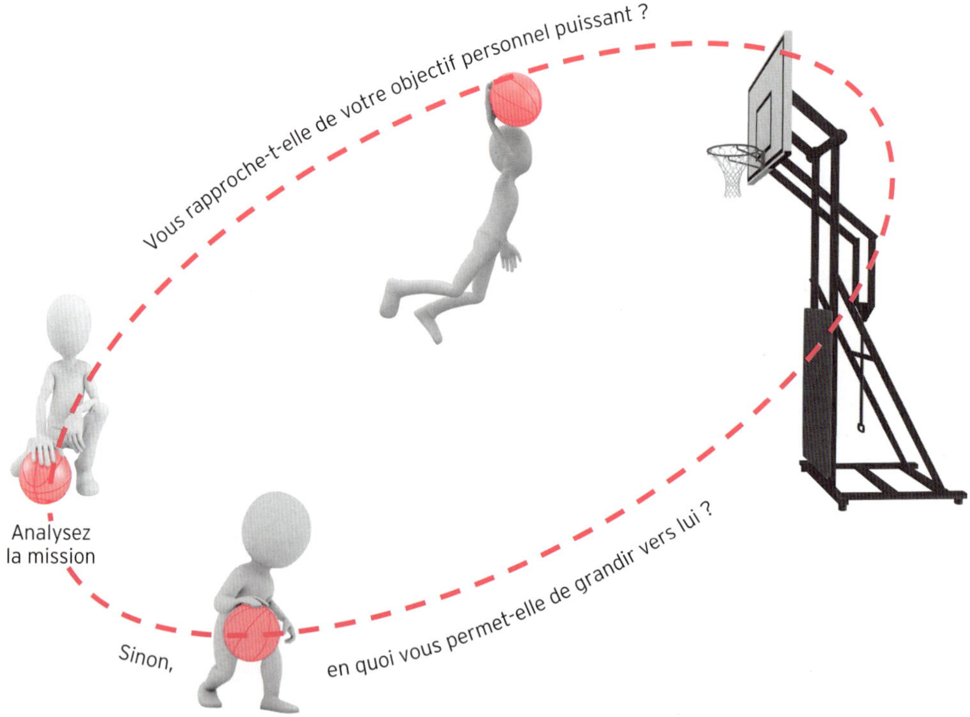

En résumé

On parle toujours de la délégation du point de vue du manager. Or, la délégation a un impact fort sur l'emploi du temps du délégataire ! Comment bien **recevoir une délégation** ? Faut-il toujours l'accepter ?

La délégation est une opportunité. Elle peut nous rapprocher directement de notre objectif personnel puissant (outil 2), ou nous permettre de développer des compétences essentielles pour l'atteindre.

Dans tous les cas, elle est l'occasion d'exprimer ce que nous voulons, et d'apporter des preuves de notre professionnalisme, jusque dans la manière de l'accueillir.

Insight

*Delegating is always viewed from the manager's point of view. However, it strongly impacts on the schedule of the one being delegated to! How should we **receive delegated tasks**? Must we always accept?*

Delegated tasks are opportunities. It can help us to move closer to our strong personal goal (see tool 2), or to develop skills that are essential to achieve it.

In any case, it is a chance to express what we want, and to show our professionalism, down to the way we accept the delegated tasks.

Pourquoi l'utiliser ?

Objectif

Si déléguer est un art, recevoir une délégation en est un autre. Une mission supplémentaire ne s'improvise pas quand l'agenda est déjà rempli. Mieux encore, elle peut être une bonne occasion de remettre de l'ordre dans nos priorités.

Contexte

Cette démarche s'applique à toute délégation que nos responsables souhaitent nous confier, ainsi qu'aux missions que nous souhaiterions mener.

Comment l'utiliser ?

Étapes

› **Analysez la mission : est-elle en accord avec vos priorités personnelles (outil 2) ?**

- Correspond-elle à une étape essentielle de votre développement professionnel ?
- Vous permet-elle d'acquérir des compétences utiles à vos projets futurs, ou de développer des relations avec des interlocuteurs clés ?

› **Si oui, exprimez votre enthousiasme :** expliquez ce qui vous motive pour faire connaître vos désirs et vos projets.

› **Si non, profitez de cette opportunité pour clarifier vos projets.**

- Dites quels types de missions vous voudriez mener, et pourquoi.
- Examinez avec votre responsable en quoi la mission qu'il vous propose peut vous faire grandir dans vos projets professionnels futurs.
- Choisissez d'accepter ou non.
  - Si vous acceptez malgré tout, montrez votre engagement : « Je le fais pour te dépanner, mais ce qui me motive, c'est plutôt... »
  - Profitez-en pour obtenir les moyens de développer vos compétences... Pourquoi pas une formation à la gestion du temps ?
  - Si vous refusez, soyez clair sur vos raisons : « Je préfère rester disponible pour telle autre mission/je ne veux pas renoncer à telle activité. »

› **Gérez le temps de la mission.**

- Posez des questions pour clarifier l'objectif, la finalité, le livrable, le délai et les contraintes afin d'éviter toute perte de temps.
- Proposez un fonctionnement si votre responsable ne le fait pas : un jalon très proche pour valider vos premières idées, des jalons de validation intermédiaires, un système de reporting pour gérer les alertes.
- Demandez-lui de vous aider à arbitrer vos autres priorités.

› **Faites constater vos compétences acquises** à la fin de la mission, et rappelez quelles sont vos motivations pour les missions ultérieures.

« Le talent, ça n'existe pas. Le talent, c'est d'avoir envie de faire quelque chose. »
Jacques Brel

Méthodologie et conseils

› Avant de décider, cernez la mission : enjeux, personnes impliquées, moyens, contraintes, visibilité.

› Ne refusez pas une mission qui vous tente pour des mauvaises raisons telles que le manque de temps ou de compétence.

› Prenez l'initiative de demander des missions, proposez vos services, exprimez vos envies. ■

Avantages

- Quelle que soit notre réponse, nous clarifions avec ceux qui peuvent influencer notre avenir professionnel nos motivations profondes.

Précautions à prendre

- Avant de refuser, évaluez votre marge de manœuvre (vous laisse-t-on le choix ?) et mesurez l'impact d'un refus sur votre manager, sur votre relation avec lui, sur les opportunités futures. Il est maladroit de refuser une première délégation.
- Ne vous laissez pas enfermer dans plusieurs délégations successives qui iraient à l'encontre de vos objectifs personnels.

OUTIL 45

La relance diplomatique d'un travail attendu

QUOI QU'IL ARRIVE, SUSCITER LA COOPÉRATION

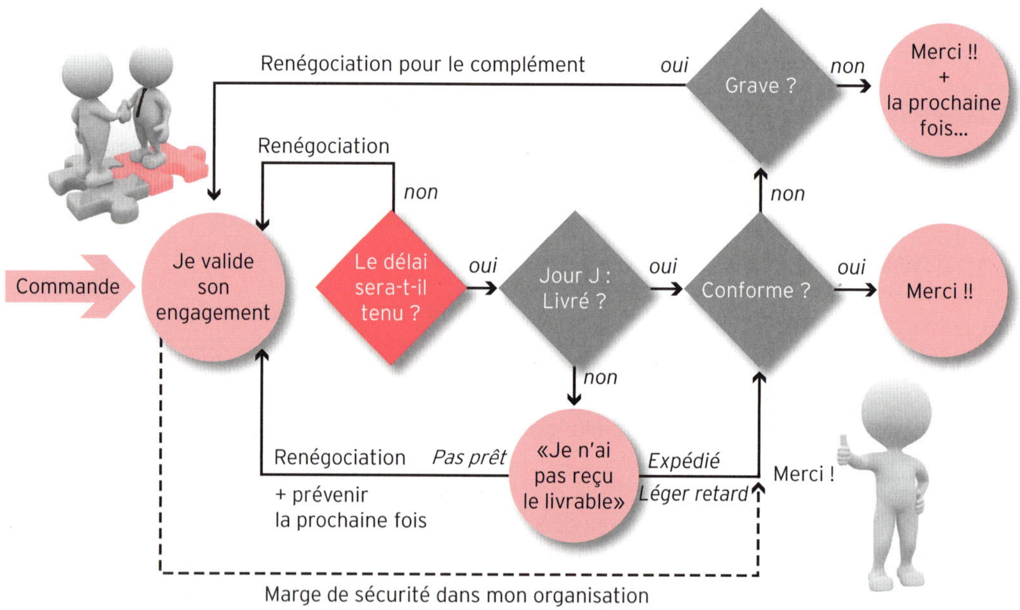

En résumé

Imprévus, nouvelles priorités, charge de travail intense : il n'est pas toujours simple de tenir nos engagements sur les délais. Il en va de même pour les collègues qui ont promis de nous livrer un travail dont le nôtre dépend.

Lorsque nous n'avons aucun pouvoir hiérarchique pour arbitrer les priorités d'autrui, notre seul levier est **la coopération**.

Négocier les délais sans mettre la pression, piloter le timing, faire preuve d'empathie tout en affirmant nos besoins, encourager, remercier aussi souvent que possible : les ingrédients de la coopération ont un formidable pouvoir sur la motivation.

Insight

Unexpected events, new priorities, a heavy workload: it is not always easy to stick to our deadlines. It is the same for colleagues who promised us work that our own depends on.

When we have no authority over others to arbitrate their priorities, **cooperation** *is the only lever.*

Negotiating deadlines without pressure, giving guidance in timing, demonstrating empathy while affirming our own needs, giving encouragement and thanks as often as possible: the ingredients for cooperation have tremendous impact on motivation.

Pourquoi l'utiliser ?

Objectif

La relance d'un travail attendu permet de tenir nos propres engagements et évite de perdre du temps à réorganiser notre planning.

Contexte

Elle est utile lorsque notre travail dépend d'un livrable produit par un collègue.

Comment l'utiliser ?

Étapes

› Validez l'engagement dès le départ.

- En abordant la question du délai lors de la commande, soyez attentif à la manière dont votre collègue vous répond : repérez-les « je vais essayer » et les signaux d'hésitation non-verbaux. Faites-lui part de vos observations.
- Expliquez en quoi un engagement ferme sur le délai est important pour vous : planification du travail en aval, réservations diverses.
- Négociez le délai plutôt que de forcer un « oui » qui ne serait pas tenu.
- Gardez une marge de sécurité après la date fixée pour planifier votre organisation.

› Assurez-vous que le délai sera tenu.

- Avant la date prévue, rappelez-lui que vous comptez sur son travail. « J'ai réservé.../ j'ai planifié... »
- Questionnez-le : « À quelle heure peux-tu me livrer... ? »/« peux-tu me prévenir quand tu envoies ton dossier pour que je le récupère dès qu'il arrive ? »

› Cas 1 : vous n'êtes pas livré à l'heure.

- Il s'agit peut-être d'un problème d'expédition (erreur d'adressage, panne technique...). Soyez neutre : « je n'ai pas reçu le dossier ».
- Ne relevez pas un léger retard, vous avez une marge de sécurité ! Remerciez-le.

› Cas 2 : le livrable n'est pas prêt.

- Rappelez à votre collègue l'impact sur votre organisation et votre production.
- Écoutez ses explications et faites preuve d'empathie : il ne fait pas exprès de vous désorganiser !
- Orientez-le rapidement sur la recherche d'une solution. Envisagez des livraisons partielles échelonnées, aidez-le à trouver d'autres ressources pour l'aider.
- Demandez à votre collègue, la prochaine fois, d'anticiper son retard et de vous prévenir.

› Cas 3 : le livrable n'est pas conforme.

- Commencez par remercier votre collègue de ce qu'il vous a livré et du respect du délai.
- Selon l'importance de ce qui vous manque :
  - laissez tomber pour cette fois, travaillez pour l'avenir : « la prochaine fois, pourras-tu... » ;
  - trouvez ensemble une solution pour obtenir la fin de la livraison.

› Cas 4 vous êtes livré sans relance : prenez le temps de remercier votre collègue pour l'encourager à être ponctuel avec vous.

Méthodologie et conseils

Les reproches mettent sur la défensive et réduisent la motivation. Restez neutre dans vos formulations, relevez ce qui est positif dans le comportement de votre collègue. ■

« Celui qui excelle à résoudre les difficultés, les résout avant qu'elles ne surgissent. »
Sun Tzu

Avantages

- **La relance diplomatique consolide la relation. Même en cas « d'accident de livraison », elle favorise une meilleure coopération à l'avenir.**

Précautions à prendre

- **Pour vérifier que le délai sera tenu, évitez la formulation « est-ce toujours OK pour toi ? » qui est une permission de le dépasser.**
- **Exploitez le travail fourni sans tarder : il est frustrant de faire des efforts pour livrer un travail à temps et s'apercevoir 15 jours après qu'il n'a pas été regardé.**

OUTIL 46

Les plages de disponibilité

CANALISER LES INTERRUPTIONS

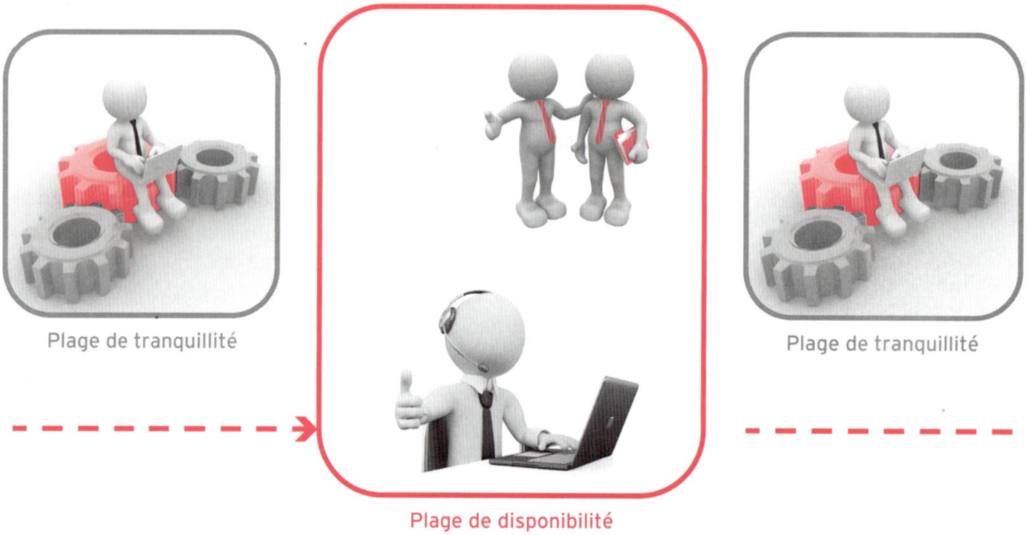

En résumé

Certaines journées ressemblent à un défilé de demandes et sollicitations de toutes sortes. Lorsque ces journées sont notre quotidien, il devient difficile d'avancer sur nos dossiers de fond.

Nous avons besoin de nous concentrer et nos interlocuteurs ont besoin de nous voir pour être efficaces. **Les plages de disponibilité** permettent de concilier ces deux besoins légitimes.

De plus, en créant la rareté, elles modifient positivement les comportements : les sollicitations sont mieux ciblées et les entretiens mieux préparés.

Insight

Some days are filled with endless and sometimes pressing requests. When these are our daily lot, it becomes difficult to make progress on our own projects or files.

*To be effective, we need time to focus and our partners need to see us. These two legitimate needs can be reconciled with **availability time blocks**.*

By creating scarcity, they can also modify behavior patterns: better-focused requests and better-prepared meetings.

Pourquoi l'utiliser ?

Objectif

Les plages de disponibilité octroient par conséquent des plages de tranquillité pour avancer sur nos dossiers de fond.

Contexte

Elles sont utiles dès lors que la fréquence des interruptions pénalise notre efficacité quotidienne.

Comment l'utiliser ?

Étapes

› **Choisissez vos plages de disponibilité.**

- Si possible, optez pour les plages où votre énergie n'est pas à son maximum, par exemple de 14 h à 16 h. Réservez votre efficacité intellectuelle aux dossiers de fond (outil 17).
- Tenez compte des cycles d'activité de votre service : à quel moment est-il opportun que vous puissiez répondre aux sollicitations pour que vos partenaires soient efficaces ?
- Trouvez le bon rythme : une fois par jour, trois fois par semaine ?

› **Rendez-les publiques.**

- Annoncez les horaires de vos plages de disponibilité à vos équipes, en leur expliquant le principe : toute demande qui n'est pas absolument urgente et importante devra attendre le prochain créneau.
- Affichez-les en clair sur votre agenda partagé : « disponible ». Même si vous prenez des rendez-vous dans ces plages, laissez-les toujours apparentes.
- Indiquez également ces horaires sur le message d'accueil de votre répondeur téléphonique.

› **Faites-les respecter.**

- Lorsque vous êtes sollicité de façon impromptue, questionnez : « Est-ce ça peut attendre telle heure ? Je serai totalement disponible pour toi à ce moment-là. »
- Suggérez à vos interlocuteurs de préparer l'entretien pour pouvoir leur apporter toutes les informations dont ils ont besoin.
- Ne cédez à la tentation de traiter la demande que si elle présente un risque réel si vous ne vous en occupez pas immédiatement.

› **Dans ces plages, soyez totalement disponible.**

- Honorez les rendez-vous pris.
- Soyez totalement disponible psychiquement. Ne faites rien d'autre en même temps.
- Si personne ne se présente, faites des tâches que vous pouvez interrompre à tout moment (classer vos dossiers, répondre aux mails).

Méthodologie et conseils

› Affectez à vos plages de disponibilité un budget de temps réaliste (outil 8).

› Ne changez pas leurs horaires. Leur efficacité tient aux habitudes que vous créez chez vos partenaires de travail.

› Regroupez vous-même vos questions vis-à-vis d'eux, profitez de ces plages pour les poser.

› Valorisez le bénéfice pour eux : ils sont sûrs de pouvoir vous voir à court terme, peuvent se préparer pour optimiser le temps.

› Soyez pédagogue : aidez-les à discerner les vraies urgences (outil 6). ■

« Écouter c'est se rendre disponible physiquement, intellectuellement et affectivement pour percevoir par tous ses sens les informations dites et non dites. »
Dr Louis Puybasset

Avantages

- Nos interlocuteurs prennent vite l'habitude de s'organiser en fonction des plages qui leur sont réservées. Ils sont mieux préparés et l'entretien est plus efficace.
- Ils deviennent plus autonomes à force de ne pas nous avoir sous la main : certaines demandes tombent d'elles-mêmes.

Précautions à prendre

- Vos collaborateurs doivent malgré tout se sentir autorisés à vous déranger hors de ces plages pour les vraies urgences.
- Cet outil ne s'applique pas aux fonctions dont la finalité est d'être disponible 100 % du temps ou presque.

OUTIL 47

La proposition d'un nouveau fonctionnement

PRENDRE L'INITIATIVE D'UNE EFFICACITÉ PARTAGÉE

En résumé

Ce n'est pas dans l'urgence d'un livrable à rendre que nous pouvons **négocier nos méthodes de travail**. Plus la relation est tendue, plus cet entretien demande de préparation : trouver les points d'appui positifs, exposer les faits de façon neutre pour que notre partenaire de travail ne se sente pas accusé, clarifier ce que nous pouvons lui demander *a minima* qui semble compatible avec son fonctionnement actuel... Car c'est en l'amenant à coopérer dans le processus de recherche de solution qu'un fonctionnement pérenne pourra être mis en place.

Insight

*It is not when in a hurry to deliver that **work methods can be negotiated**. The more the relationship is tense, the more this meeting requires preparation: finding positive elements to lean on; stating the facts in a neutral manner so that the work partner doesn't feel blamed; asking the other to clarify what at minimum can be asked of him/her, which would be in line with his current way of operating... for it is by bringing them to participate in finding a solution, that a sustainable long-term operational mode will be established.*

Pourquoi l'utiliser ?

Objectif

Cet outil a pour but de trouver un fonctionnement de travail pérenne qui tienne compte des besoins et contraintes de chacun.

Contexte

Il s'applique à tous ceux qui perturbent notre efficacité de façon récurrente, quels qu'ils soient : collègues, manager, collaborateurs, clients, fournisseurs, etc.

Comment l'utiliser ?

Étapes

› **Choisissez le bon moment.**

- Prenez l'initiative d'aller voir votre interlocuteur hors de toute pression liée à un dossier opérationnel en cours.
- Annoncez que vous souhaitez le voir pour trouver ensemble un mode de fonctionnement plus performant.
- Validez qu'il est prêt à vous consacrer du temps, sinon prenez rendez-vous.

› **Commencez par le positif.**

- Énumérez ce qui est efficace dans votre façon de travailler ensemble actuellement.
- Dites ce que vous appréciez chez lui, ce qu'il vous apporte (des idées nouvelles, une façon d'appréhender les problèmes, de trouver des solutions, etc.).

› **Exposez vos besoins et contraintes.**

- Expliquez en quoi le fonctionnement actuel perturbe votre efficacité personnelle (être prévenu au dernier moment, ne pas pouvoir anticiper, etc.).
- Citez sans développer des exemples récents et les conséquences sur votre emploi du temps, vos résultats ou les risques encourus.

› **Écoutez ses besoins et contraintes.**

- Demandez-lui comment il voit les choses de son côté, sans lui demander de se justifier. Il passera peut-être directement à l'étape des solutions !
- Écoutez-le sincèrement exposer la situation de son point de vue sans chercher de contre-arguments, avec la volonté de trouver une solution qui tienne compte de ses contraintes sans imposer les vôtres.

› **Reformulez le diagnostic.**

- Mettez en avant les points de convergence, sur lesquels un terrain d'entente est facile à trouver.
- Constatez les écarts et réaffirmez votre volonté de trouver une solution commune, en valorisant le bénéfice pour vous deux d'une organisation plus efficace.

› **Recherchez ensemble une solution.**

- Écoutez ses propositions et construisez dessus : remplacez l'expression « oui mais » par « oui ET ».
- Faites des concessions, la solution ne sera sans doute pas parfaite.
- Faites des propositions compatibles pour vous deux, par exemple : être prévenu de la date de remise d'un dossier pour pouvoir planifier le temps nécessaire.

› **Remerciez votre interlocuteur** pour son temps, son écoute, sa compréhension, sa créativité, son engagement, etc.

Méthodologie et conseils

Tout au long de l'entretien, gardez une attitude bienveillante vis-à-vis de votre interlocuteur (qui ne fait pas exprès de vous désorganiser) et de vous-même (votre démarche pour trouver une solution efficace est légitime).

« Une parole douce peut ouvrir même les portes de fer. »
Proverbe bulgare

Avantages

- Cette démarche proactive et bienveillante consolide la relation.

Précautions à prendre

- Préparez votre entretien : soyez prêt à faire des concessions, tout en restant clair sur ce qui est essentiel à votre efficacité.
- À aucun moment votre interlocuteur ne doit se sentir accusé.

SUITE OUTIL 47 →

OUTIL 47

La proposition d'un nouveau fonctionnement

Comment être plus efficace ?

Proposer un nouveau fonctionnement ne suffit pas toujours. Les véritables changements s'opèrent par les actes. Si nous ne changeons pas nous-mêmes de comportement, il est probable que les autres ne changeront pas non plus. Le contrat de fonctionnement que nous avions passé risque de s'effacer au profit des vieilles habitudes.

L'approche systémique aide à comprendre ce qui se passe au-delà des mots.

La circularité des relations

De façon plus ou moins consciente, nous interprétons les actes et paroles d'autrui en fonction de nos croyances. Par exemple si quelqu'un court avec ses dossiers, on peut se dire : « il est surchargé de travail » ; « il est mal organisé » ; « il gère mal son stress », « il est impliqué », etc.

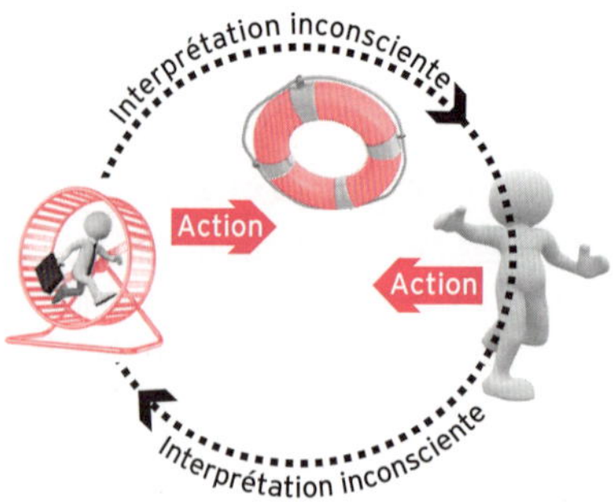

La réaction en retour pourra avoir un effet amplificateur : ses partenaires de travail l'aident parce qu'ils le voient « sous l'eau ». Se sentant aidé, le coureur prend en charge plus de travail, ou ne fait pas d'effort pour s'organiser différemment. Si de plus il perçoit de façon positive le fait d'être secouru, d'être le centre d'attention, il y a peu de chance qu'il ralentisse. En permanence, les comportements s'influencent mutuellement. Dans cette boucle - dite boucle de rétroaction - chacun fait ce qu'il peut en fonction de sa perception des événements.

Lorsque nous en avons conscience, nous pouvons aussi choisir d'arrêter d'alimenter une boucle de rétroaction qui ne fonctionne pas. Questionner notre interprétation du comportement de notre partenaire, et choisir une réaction différente pour influencer le processus d'une autre manière.

Quelle est ma part de responsabilité ?

Prenons l'exemple d'un manager qui se plaint de ne pouvoir déléguer : « Mes collaborateurs ne sont pas compétents sur ces sujets. Je suis bien obligé de faire le travail moi-même. » C'est vrai. Et en même temps, comment ses collaborateurs peuvent-ils progresser s'ils ne sont pas confrontés à la réalité de l'action ?

Que puis-je faire de radicalement différent ?

Lorsque nous rencontrons un obstacle, nous sommes tentés de faire « plus de la même chose ». Or, toute insistance provoque une réaction de résistance, voire une escalade.

Au contraire, un petit pas dans la direction opposée, même s'il a de quoi surprendre, a toutes les chances de provoquer un ajustement du comportement de notre partenaire, jusqu'à ce que nous trouvions ensemble un équilibre mutuellement satisfaisant.

Que puis-je cesser de faire ?

La question posée de façon récurrente est : « Que puis-je faire ? » Face à un problème, nous cherchons généralement à *agir*. Or, *ne pas agir* est une façon comme une autre de faire radicalement différemment. En relâchant la pression, nous amenons notre partenaire à relâcher sa résistance. À nous de mesurer le risque de ce qui peut se produire dans la phase de transition, et d'oser lâcher prise. ■

EXEMPLES d'Inversions de boucles de rétroaction

Situation	Responsabilité dans la relation	Changement de réaction	Résultat
Un manager d'une équipe d'ingénieurs se plaint de ne pouvoir déléguer la négociation des contrats à ses collaborateurs qui n'ont pas la compétence requise. Les enjeux sont élevés et son équipe le sollicite à chaque fois. Il passe une grande partie de son temps en déplacement.	Il négocie les contrats lui-même, ne laissant à ses collaborateurs qu'un rôle passif pendant la visite chez le client, ce qui ne leur permet pas de progresser et d'avoir confiance en eux. Ne voulant pas courir le risque de perdre une affaire importante, ils le sollicitent à chaque fois.	Le manager commence à confier des étapes de la négociation à ses collaborateurs. Il prépare l'entretien avec eux et les observe pendant l'étape définie ensemble, puis leur fait un retour de ses observations.	Peu à peu, ses collaborateurs gagnent en autonomie jusqu'à pouvoir mener ces négociations seuls. Le manager n'apporte son expérience que dans la phase de préparation. Il se déplace de moins en moins.
Les salariés d'un service support reçoivent les demandes de leurs clients internes toujours au dernier moment. Le rythme de travail est intense et le niveau de stress élevé. Les dépassements horaires le soir sont fréquents.	Ayant à cœur leur mission et le sens du travail bien fait, ils se débrouillent à chaque fois pour finir le travail à temps, avec une qualité toujours impeccable. Les clients n'ont donc pas l'habitude d'anticiper leurs demandes.	Après une proposition de fonctionnement, les clients sont prévenus que leurs commandes ne seront pas traitées en priorité si elles arrivent moins d'une semaine avant la date butoir. Ils auront un service « dégradé » qui nécessite un travail plus important de leur part.	Un mois plus tard, 90 % des demandes arrivent avant le délai d'une semaine.
Dans un service, une personne a une amplitude de travail excessive, sans que ses résultats soient exceptionnels par rapport à ses collègues.	Elle adore rendre service, reçoit chacun avec le sourire. Tout le monde le sait dans l'entreprise et c'est toujours elle que l'on sollicite si l'on veut un renseignement.	Elle apprend à ne plus donner les renseignements mais à indiquer l'endroit où trouver l'information. Elle rédige un « plan de classement » accessible à tous.	Ses interlocuteurs deviennent autonomes. Elle est moins dérangée, plus efficace dans son travail.
Un manager constate que ses collaborateurs font des erreurs… de plus en plus d'erreurs.	Il exerce un tel contrôle que les collaborateurs sont démotivés : « de toute façon, il trouvera à redire et à corriger… »	Il cesse ses contrôles et met en place une « vérification croisée » entre ses collaborateurs.	La qualité des dossiers remonte en moins de deux semaines.

« Un homme laid ne doit pas reprocher au miroir d'être de travers. » Proverbe chinois

OUTIL 48

La proposition d'arbitrage en cas de blocage

NOUS SOMMES D'ACCORD SUR LE FAIT DE NE PAS ÊTRE D'ACCORD

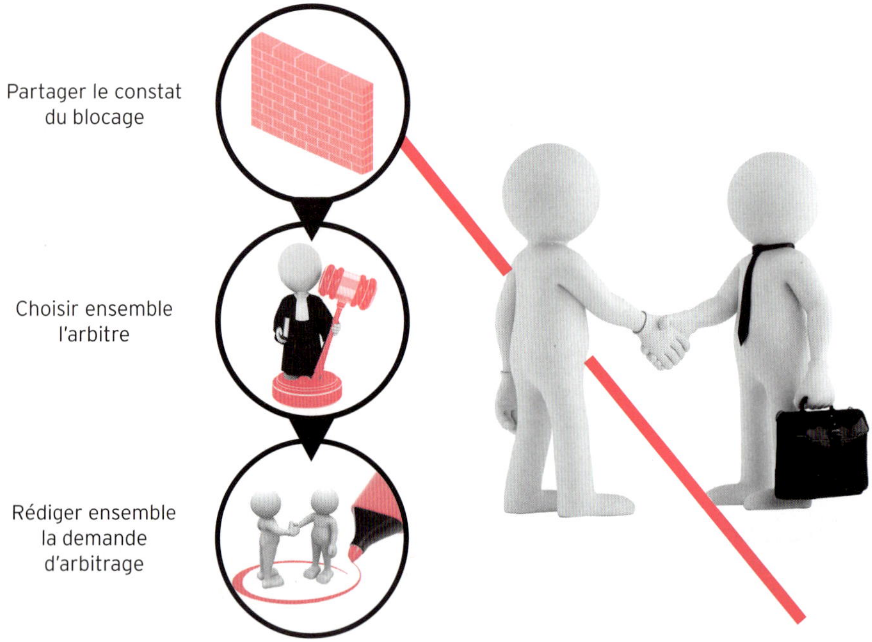

En résumé

Les désaccords font partie de la vie. Les fonctions ne sont jamais parfaitement délimitées, les processus de travail ne couvrent pas tous les cas possibles, la façon de voir les choses diffère d'un individu à l'autre.

Plutôt que de laisser un désaccord bloquer l'activité et peser sur la relation, **la proposition d'arbitrage** permet au contraire de consolider la confiance mutuelle. Opposés sur le contenu, nous pouvons néanmoins nous associer dans une démarche commune pour présenter notre demande d'arbitrage à une personne choisie ensemble, qui a le pouvoir de débloquer la situation.

Insight

Disagreements are part of life. The borders between functions are never perfectly drawn, procedures do not cover all possible situations, each individual has a different perspective on things.

Rather than letting a disagreement block activity and weight on a work relationship, ***suggestions for arbitration*** *will help strengthen mutual trust. Protagonists who disagree on the content are associated in a joint request for arbitration from a jointly chosen third party, who has the power to unlock the situation.*

Pourquoi l'utiliser ?

Objectif

Un blocage sur un désaccord entre deux personnes ou deux services consomme beaucoup de temps et d'énergie, sans compter le délai de *statu quo* pendant lequel rien n'avance. Le but de cet outil est d'accélérer la prise de décision tout en préservant la relation malgré le désaccord.

Contexte

Le désaccord peut concerner un dossier opérationnel, des méthodes de travail, le périmètre des missions, les priorités, etc.

Comment l'utiliser ?

Étapes

› **Partagez le constat du blocage.**

- Vous avez essayé de trouver des solutions ensemble sans succès. Cela fait un moment maintenant que vous « tournez en rond », chacun défendant son point de vue. Aucun de vous n'a sur l'autre le pouvoir de décision qui débloquerait la situation.
- Partagez ce constat avec votre interlocuteur : vous n'avancez plus, et vous n'êtes pas d'accord sur la solution à adopter.

› **Proposez l'arbitrage.**

- Si la décision ne vous appartient pas, remontez au niveau où elle peut être prise.
- Mettez-vous d'accord ensemble sur le choix de l'arbitre, surtout si vous appartenez à des services différents.
- Au besoin, proposez de faire intervenir deux arbitres (votre manager et le sien).

› **Rédigez ensemble la demande d'arbitrage.**

- Proposez d'écrire ensemble la situation telle qu'elle sera portée à la connaissance du ou des arbitres, pour que vos deux points de vue soient pris en compte de façon équitable et partagée.
- Décrivez la situation : les faits, le contexte, vos deux positions et les conséquences du blocage. Indiquez également ce sur quoi vous êtes d'accord : le but commun, la finalité à atteindre, une première étape, etc.

› **Sollicitez le ou les arbitres.**

- Demandez de préférence un entretien commun.
- À défaut, envoyez un mail en apposant vos deux noms en guise de signature, l'expéditeur du mail mettant son partenaire en copie : les arbitres doivent savoir que votre démarche est conjointe et partagée.

« La confiance est le ciment de la vie. C'est le principe fondamental qui maintient toutes les relations. »
Stephen Covey

Méthodologie et conseils

› Plus vous serez resté calme et professionnel dans la phase de discussion sur le contenu, mieux votre proposition d'arbitrage sera reçue.

› Restez intègre, n'essayez pas d'influencer le choix de l'arbitre ni la description de la situation.

› Vous pouvez convenir de laisser passer une nuit entre la rédaction de la demande et sa communication aux arbitres. Une idée peut surgir qui rendrait caduque l'arbitrage !

› Vous pouvez assortir votre demande d'arbitrage de pistes de solutions qui sortent du cadre binaire dans lequel vous êtes enfermé avec votre partenaire : par exemple, faire monter en compétence un autre collègue pour traiter un problème de charge de travail. ■

Avantages

- Nous agissons en toute transparence et construisons une relation de coopération malgré un désaccord ponctuel. À terme, cette relation de confiance nous permettra de gagner en efficacité.

Précautions à prendre

- Soyez prêt à accepter de bonne grâce la décision de l'arbitre même si elle n'est pas à votre avantage. Vous aurez au moins le mérite d'avoir débloqué la situation.

OUTIL 49

10 règles d'efficacité en open space

INITIER LES RÈGLES POUR QU'ELLES SOIENT APPLIQUÉES PAR TOUS

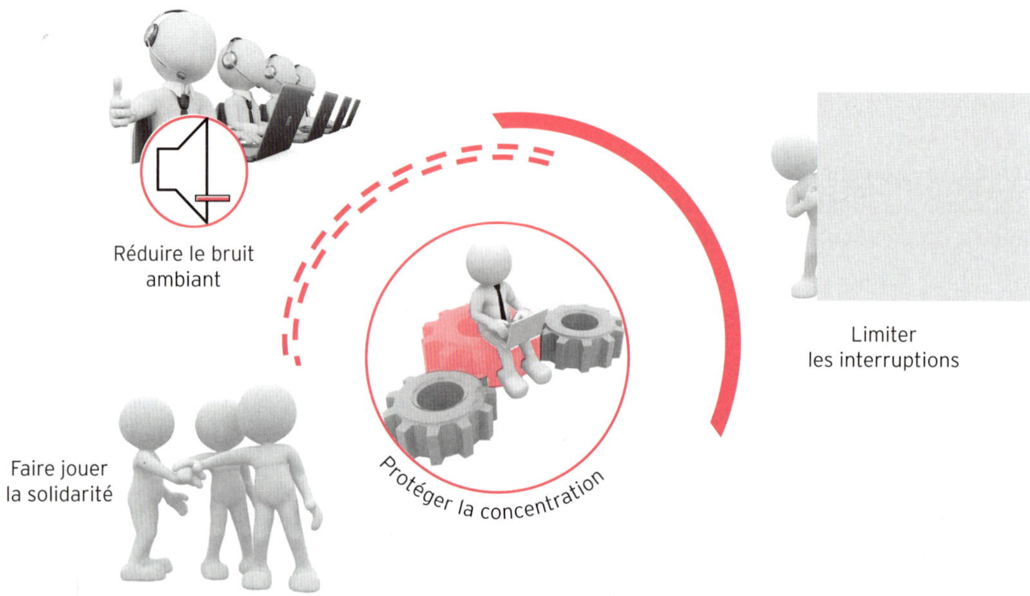

En résumé

L'open space n'est plus un débat, c'est une donnée d'entrée (outil 32) pour une majorité de salariés. Laissons aux directions des entreprises et aux ergonomes le soin d'en améliorer les conditions matérielles : les dernières innovations donnent des résultats encourageants.

Examinons ce que nous pouvons faire, à titre personnel et au sein de notre équipe, pour améliorer notre efficacité.

L'enjeu : la concentration individuelle.

Les 10 règles ci-contre donnent des clés pour diminuer le niveau sonore de l'espace, limiter les interruptions et tirer profit de la solidarité du groupe.

Insight

"Open space" is no longer questionable, it is a fact (see tool 32) for a majority of employees. Let us leave the improvement of material conditions to managers and ergonomists: the latest innovations show encouraging results.

Let us examine what we can do to improve efficiency, at a personal level or within the team.

Individual concentration is at stake.

The 10 rules (described above) are the keys to lower the level of noise, limit the number of interruptions and capitalize on group solidarity.

Pourquoi l'utiliser ?

Objectif

Le respect de ces règles par tous favorise la concentration et diminue le niveau de stress.

Contexte

Imaginées par nécessité pour les personnes travaillant en open space, ces règles concernent aussi les visiteurs de ces lieux, et toute personne travaillant dans un bureau collectif.

Comment l'utiliser ?

Étapes

Choisissez parmi les règles ci-dessous celles que vous voulez appliquer ou souhaitez mettre en place dans votre open space.

› Parlez à voix basse.

- Utilisez un casque qui augmente la qualité du son dans les deux sens (émission-réception).
- Si vous avez une voix qui porte, demandez à vos collègues de vous aider à trouver le ton juste !

› Gérez le niveau sonore de vos visiteurs.

- Si un visiteur vous interpelle en parlant fort, déplacez-vous vers lui et parlez bas.
- Proposez-lui d'échanger hors de l'open space pour ne pas déranger vos collègues.
- Si vous devez travailler à votre poste, rapprochez une chaise pour lui et parlez doucement, c'est contagieux.

› Réduisez les bruits parasites.

- Mettez votre téléphone portable sur vibreur.
- Passez vos appels personnels dehors.

› Soyez discret.

- N'intervenez dans les échanges de vos collègues ou à propos d'un appel entendu que si la situation présente un risque.
- Si possible, différez votre remarque à un moment de pause.

› Utilisez des panneaux de signalisation.

- Fabriquez un chevalet double face à poser sur le bureau : disponible/concentré.
- Évitez les formulations comme « ne pas déranger » qui jettent un froid !

› Détendez-vous avec modération.

- La détente est saine dans la vie d'un groupe. Si les plaisanteries de vos collègues vous gênent, faites-leur signe de respecter le silence avec un grand sourire.
- Si vous-même avez besoin de vous détendre, proposez au bout de quelques minutes à vos compagnons de jeu de quitter l'open space pour continuer la pause dehors.

› Gérez les arrivées successives.

- Les premiers arrivés sont parfois pénalisés pendant une heure par des bonjours sympathiques qui les déconcentrent.
- Instaurez la pause de 10 h tous ensemble !

› Occupez l'espace judicieusement.

- Attribuez les places du fond à ceux qui ont besoin de calme, celles près des accès à ceux qui aiment les échanges.
- Changez de place en fonction des besoins du moment, afin que chacun puisse goûter au calme pour traiter un dossier important.

› Soyez acteur de la régulation.

Soyez attentif à ce qui se passe autour de vous. Invitez vos collègues à sortir ou baisser le ton si quelqu'un souffre du bruit.

› Cultivez la solidarité.

- Dérivez la ligne téléphonique d'un collègue qui a besoin de se concentrer.
- Tour à tour, vous serez plus efficaces sur vos dossiers de fond.

Méthodologie et conseils

Appliquez vous-même les règles pour en démontrer les bénéfices avant de les proposer à vos collègues. ■

« Mieux vaut un temps d'été stable, plutôt qu'un temps détestable. »
Claude Frisoni

Avantages

- L'ambiance est à la fois studieuse et conviviale.

Précautions à prendre

- Lorsque vous proposez à vos collègues une règle collective, soyez vigilant à n'accuser personne. Parlez de vos besoins.

DOSSIER

6 CHASSER LE TEMPS STÉRILE DES RÉUNIONS

« Dans la vie, il n'y a pas de solutions. Il y a des forces en marche : il faut les créer, et les solutions suivent. »

Antoine de Saint-Exupéry

Les deux ponts

Il était une fois un jeune ingénieur citadin dont le grand-père habitait la plaine fertile qui s'étendait de l'autre côté d'une rivière tumultueuse. Il lui fallait deux jours pour lui rendre visite et autant pour revenir chez lui. L'unique pont qui enjambait la gorge profonde se trouvait haut dans la montagne, à l'endroit où les eaux n'étaient encore qu'un mince torrent.

– Grand-père, j'apporte une bonne nouvelle ! annonça-t-il un jour. Je vais pouvoir venir te voir plus souvent. L'assemblée de la cité a décidé de construire un pont en face de la ville, pour alimenter la population avec plus de régularité. J'en dirigerai la construction, ajouta-t-il fièrement.

– J'en suis très heureux, mon garçon, se réjouit le vieillard.

Quelques semaines passèrent avant que le jeune homme ne fît à nouveau le voyage jusqu'à la plaine.

– Ton ouvrage t'occupe beaucoup, dit l'aïeul en embrassant son petit-fils. Mais c'est un mal pour un bien. J'aurai bientôt le plaisir de te voir presque tous les jours.

– Les travaux n'ont pas commencé, grand-père. Les magistrats de la ville m'ont demandé d'étudier un autre emplacement pour le pont, plus en amont mais aussi plus étroit.

– Le chemin sera plus long et je te verrai moins souvent, remarqua le grand-père.

– Certes, mais le pont sera plus facile à construire et terminé plus vite, répondit l'ingénieur.

– Voilà qui est bien, dit le vieil homme en retrouvant son sourire.

Plusieurs mois s'écoulèrent avant que le vieillard n'eût la joie de serrer dans ses bras le fils de son fils.

– Tu es venu en empruntant ton pont ! s'exclama-t-il en l'apercevant de loin.

– Non, grand-père, avoua le jeune homme un peu gêné. Les autorités de la ville n'ont pas encore décidé du meilleur endroit pour le construire.

– L'assemblée n'a-t-elle pas trouvé le temps de se réunir pour trancher cette importante question ? s'étonna le grand-père.

– Au contraire, je suis invité toutes les semaines pour apporter mon expertise aux débats, raconta l'ingénieur. Mais aucune majorité ne s'en dégage.
– Et toi, mon enfant quel est ton avis ?
– Le grand pont en face de la cité sera plus long et coûteux à réaliser, expliqua l'ingénieur comme il l'eût fait devant les magistrats. Mais le confort des habitants des deux rives et le temps gagné lorsqu'il sera en service récompensera la patience de tous et l'argent investi.
– Alors c'est ce qu'il faut faire, conclut le vieil homme.

Il attendit encore près d'un an le bonheur de revoir son petit-fils. En voyant sa mine fatiguée, il le prit doucement par les épaules et l'entraîna à l'intérieur de sa maison.

– Ton ouvrage t'a épuisé, mon garçon. Viens, tu as mérité de te reposer. J'ai cueilli des fruits ce matin, ils te redonneront des forces.
– Grand-père, soupira le jeune homme, la première pierre du pont n'est pas encore posée. L'assemblée n'en finit pas de débattre au sujet de son emplacement.
– Je ne comprends pas, se désola le vieillard. Pourquoi les magistrats n'ont-ils pas suivi ton avis ?
– Je ne suis pas entendu, grand-père. Chaque clan a son opinion et veut à toute force la faire admettre aux autres. Si bien que tout le monde parle en même temps et personne n'écoute.

Le vieil homme resta pensif un moment, préoccupé par la situation qui le tenait éloigné de cet enfant qu'il chérissait tendrement.

– Combien de temps faut-il pour réaliser le grand pont ? demanda-t-il enfin.
– Une année complète, grand-père, répondit l'ingénieur.
– Et le petit pont plus en amont ?
– Quatre mois suffisent, répondit le jeune homme.

Le vieillard réfléchit encore. Il semblait peser le pour et le contre de chaque solution, comme le faisaient les magistrats de la cité.

– Depuis que tu m'as annoncé la décision de l'assemblée, tu aurais eu le temps de construire les deux ponts, déclara-t-il enfin.

LES OUTILS

50 La négociation de présence.......136
51 L'objectif de la réunion.......138
52 Les techniques d'animation productives.......140
53 Le traitement des objections.......144
54 La régulation du processus.......146
55 La gestion des bavards.......150
56 Les rôles accélérateurs.......152
57 Le compte-rendu actif.......154
58 L'engagement dans l'action.......156
59 La réunion flash de 10 minutes.......158

OUTIL 50

La négociation de présence

PROPOSER DES ALTERNATIVES MOINS COÛTEUSES

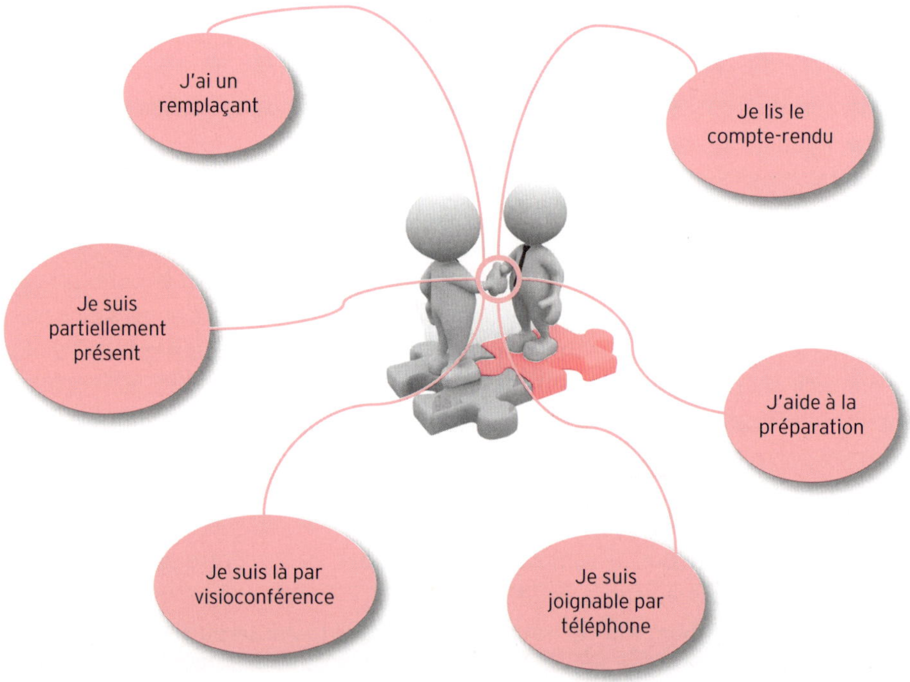

En résumé

Les organisateurs de réunions cherchent à rassembler toutes les compétences utiles au sujet traité. C'est bien compréhensible !

Cela devient problématique si notre expertise ou notre position dans l'entreprise nous met au confluent de plusieurs groupes, ou si nos responsables (manager, chef de projet, etc.) privilégient la réunion aux autres formes de communication.

À nous de trouver une solution pour répondre à leur exigence d'efficacité tout en préservant la nôtre. La seule manière, c'est de comprendre précisément le besoin qui a déclenché l'invitation à la réunion, et d'y répondre autrement.

Insight

When organizing a meeting, people tend to gather all the skills or experts with relevance to the subject. This is perfectly understandable.

This can be problematic when our domain of expertise or our position within the company sets us at the junction of several groups, or when management (top manager, project manager, etc.) prefers meetings to all other forms of communication.

It is up to each of us to find how to meet their standards of efficiency without undermining our own. The way to react to this is to have a clear understanding of why we have been invited to join the meeting and find another way to respond.

Pourquoi l'utiliser ?

Objectif

Si nous faisions la somme des heures perdues en réunion lorsque notre présence n'a pas de valeur ajoutée - pour nous-mêmes ou pour le collectif - nous serions édifiés.

Et si à partir de maintenant nous décidions d'optimiser notre présence en réunion ? Que ferions-nous du temps gagné ?

Contexte

Si vous êtes sursollicité pour participer à des réunions au cours desquelles vous pensez « mon temps serait mieux employé ailleurs », cet outil vous donnera des portes de sorties acceptables pour négocier avec l'organisateur de la réunion.

Comment l'utiliser ?

Étapes

› **Exprimez votre but : gagner du temps.**

- Allez voir l'organisateur de la réunion dès la réception de son invitation.
- Dites simplement que vous avez du travail important à faire par ailleurs (votre refus de participer n'est pas dirigé contre lui !).
- Argumentez si nécessaire : citez le nombre de sollicitations dont vous faites l'objet, le nombre d'heures par semaine que vous passez déjà en réunion, rappelez votre cœur de mission, etc.
- Si l'organisateur de la réunion est votre responsable hiérarchique, citez les missions que vous avez en cours pour qu'il puisse le cas échéant arbitrer.

› **Creusez le besoin de l'organisateur.**

- Exprimez votre volonté de trouver une solution satisfaisante pour lui.
- Questionnez-le pour connaître précisément l'objectif de la réunion, le livrable attendu.
- Explorez avec lui son besoin et en quoi il pensait que vous pouviez lui être utile.

› **Proposez des alternatives :**

- Vous faire représenter par un membre de votre équipe très qualifié sur le sujet, ou suggérer une autre personne mieux à même de répondre au besoin.
- Votre présence partielle sur une séquence de la réunion.
- Une visio- ou téléconférence : vous économisez un déplacement et le format force à la concision.
- Être joignable au téléphone pour répondre à des questions d'expertise si besoin.
- Aider l'organisateur à préparer en amont, lui fournir des données, des documents, des conseils et argumentaires.
- Un engagement à lire le compte-rendu et à tenir compte des décisions qui seront prises en réunion.

Méthodologie et conseils

› Présence partielle : si l'animateur n'a pas l'habitude de tenir ses horaires, demandez-lui de vous prévenir 5' avant votre séquence.

› Acceptez que les autres puissent décliner vos invitations. Soyez flexibles pour trouver des solutions mutuellement satisfaisantes.

› En cas de désaccord, proposez un arbitrage (outil 48). ■

« Nous ne manquons pas de temps, mais nous en avons beaucoup dont nous ne savons pas tirer profit. » Sénèque

Avantages

- **Le gain de temps potentiel est colossal, et notre emploi du temps plus flexible, puisque les réunions ont un horaire établi à l'avance.**
- **Notre initiative invite l'organisateur de la réunion à clarifier son objectif et ce qui est attendu de chaque participant.**

Précautions à prendre

- **Si le contexte est tel que ne pas vous montrer à la réunion pourrait vous porter préjudice, ne prenez pas de risque. La présence partielle est l'alternative la plus judicieuse, mais n'insistez pas si vous sentez que votre proposition est mal reçue.**

OUTIL 51

L'objectif de la réunion

UN OBJECTIF PRÉCIS FOCALISE L'ÉNERGIE DU GROUPE

Définir l'objectif

Atteignable à la fin de la réunion

Concrétisé par un livrable précis

Partagé par tous

Recentrer sur lui

Pour canaliser les échanges

Pour passer d'une étape à l'autre

Le concrétiser

Synthétiser les décisions

Formaliser le livrable

Consigner par écrit

Un objectif précis concrétisé par un livrable que chacun peut visualiser.

En résumé

La dérive des échanges par rapport au sujet est la première cause d'inefficacité des réunions selon 40 % des cadres interrogés, d'après une enquête réalisée par Robert Half en 2010. Puis viennent l'absence d'objectif, la présence de personnes non concernées et le manque de préparation des participants (environ 35 %).

C'est dire si **l'objectif de la réunion** est un outil essentiel pour diminuer le temps passé en réunion.

Encore faut-il le définir en amont et le communiquer aux participants. Cela permet à chacun de se préparer en vue de cet objectif ou de décliner sa présence si elle n'apporte pas de valeur ajoutée pour l'atteindre.

Insight

According to a survey carried out by Robert Half in 2010, 40% of the business executives asked say that the first cause for ineffective meetings is the drifting of the exchanges from the subject. Then follow the lack of a clearly defined purpose, the presence of people who are not concerned by the issue and lack of those preparing (about 35%).

*This shows how important a tool, **the goal of the meeting** is for reducing time spent in meetings.*

However, it must be defined and communicated to the different participants prior to the meeting. This way all can come prepared to reach that goal, or decline to come if their presence brings no added value (to reach the purpose).

Pourquoi l'utiliser ?

Objectif

Un objectif est indispensable pour rentabiliser le temps passé en réunion.

Contexte

C'est le minimum à préparer avant toute réunion.

Comment l'utiliser ?

Étapes

› **Définissez l'objectif avant la réunion.**

- Un objectif commence par un verbe d'action (établir, décider, définir, réaliser, etc.).
- Il se concrétise par un livrable précis, que chacun pourra visualiser lors de la réunion.
- Il est atteignable à la fin de la réunion : augmenter les ventes de 10 % n'est pas un objectif de réunion ; mais établir le plan d'action qui le permettra, oui.
- Il est vérifiable en fin de réunion : même si l'objectif est d'informer, on pourra vérifier que les participants ont compris et qu'ils tiendront compte de cette information.

› **Partagez-le avec les personnes invitées.**

- Dans le mail d'invitation, donnez du sens à l'objectif : expliquez les bénéfices attendus.
- Dites aux participants ce que vous attendez d'eux et ce qu'ils doivent préparer.

› **Canalisez les échanges lors de la réunion.**

- Rappelez l'objectif et le temps restant pour l'atteindre en cas de digression.
- Cadrez les débats : « Comment faire le lien avec notre objectif ? »
- Excluez les discussions hors sujet : « Nous en reparlerons à tel moment. »

› **Donner du sens à chaque étape.**

- Résumez ce qui est accompli.
- Rappelez ce qui reste à faire pour atteindre l'objectif.

› **Évaluez l'objectif et concrétisez le livrable en fin de réunion.**

- Consignez dans le compte-rendu (outil 57) ce qui est réalisé : décisions, plan d'action.
- Actez que le livrable est produit, même s'il l'est en version brouillon !
- Résumez ce qui reste à finaliser et les actions à suivre, par qui et pour quand (outil 58).

Méthodologie et conseils

› Lorsque vous fixez une date de réunion, réservez simultanément du temps en amont pour la préparer.

› Écrivez l'objectif de façon visible par tous si vous craignez la dissipation du groupe.

› Il y a **toujours** un objectif de réunion. Même si le but est de se retrouver (fédérer l'équipe, fêter un succès...), soyez explicite sur cet objectif relationnel. Il sera motivant et ne décevra pas ceux qui s'attendaient à produire un résultat.

› Il vaut mieux deux réunions courtes avec un seul objectif précis qu'une réunion longue avec deux objectifs.

› Commencez et terminez à l'heure pour maintenir l'attention.

› En tant que participant, demandez l'objectif avant d'accepter une invitation et recadrez sur l'objectif en cas de digression si l'animateur ne le fait pas. ■

« Que de temps perdu à gagner du temps ! »
Paul Morand

Avantages

- Les participants sont plus « présents » : concernés par le sujet, stimulés par l'objectif et motivés par un rythme efficace, ils sont plus productifs ! C'est un cercle vertueux.
- Le temps gagné – collectivement ! – est colossal par rapport au temps investi.

Précautions à prendre

- Prévoyez un café d'accueil pour répondre au besoin relationnel d'échanger librement.
- Si les participants ne sont pas d'accord sur l'objectif, il vaut mieux renégocier un objectif atteignable pour le groupe.

OUTIL 52

Les techniques d'animation productives

AUGMENTER LE TAUX DE PARTICIPATION DE CHACUN

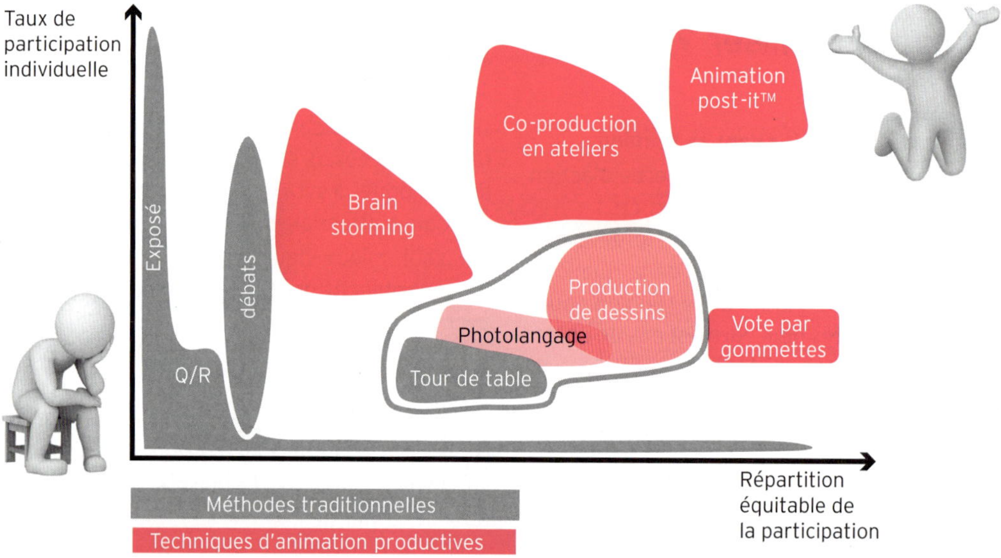

En résumé

Les techniques traditionnellement les plus utilisées en réunion sont l'exposé, le tour de table et la question à la cantonade. Or, l'aisance à prendre la parole en groupe n'est pas la même pour tous. Résultat : un petit nombre de personnes participe activement aux échanges. Les autres écoutent en silence ou pensent à autre chose s'ils ne se sentent pas concernés.

Les techniques d'animation productive visent une expression plus équitable et plus active des participants. Elles permettent de cadrer des débats souvent chronophages et de bénéficier de la richesse des idées de chacun.

Insight

Conventional techniques most used in meetings are presentation, going round the table and asking a question for open discussion. However, we are not all equally comfortable with taking the lead in a group discussion. As a result, only a small number actively participates in the discussion. The others quietly listen or let their minds wander when they do not feel directly concerned.

The purpose of productive techniques for conducting a meeting is to bring all present to actively and equally take part in the discussion. These are ways to maintain focus during debates that are often time-consuming, and to benefit from everyone's ideas.

Pourquoi l'utiliser ?

Objectif

Une réunion n'est rentable que si la présence de chaque participant est justifiée à chaque minute, ce qui est loin d'être toujours le cas.

Les techniques d'animation productives permettent d'obtenir la participation active de chacun et d'atteindre l'objectif en moins de temps qu'avec les méthodes traditionnelles.

Contexte

Les principes d'animation décrits ici sont applicables à tout type de réunion.

Comment l'utiliser ?

Étapes

› **Limitez le temps dédié aux techniques traditionnelles.**

- Tour de table : au-delà de 6 personnes, posez une ou deux questions précises et annoncez un temps court (30 secondes).
- À l'inverse, rendez le tour de table original : faites-en un partage riche d'idées personnelles en lien avec le thème de la réunion en utilisant photolangage ou dessin.
- Exposé : donnez une vision claire des grandes lignes en focalisant sur les messages essentiels, et indiquez où trouver la documentation complète. Votre objectif : sensibiliser, donner envie d'aller plus loin.

› **Orchestrez les échanges sur les sujets sensibles pour limiter les débats.**

- Ne lancez pas en plénière un débat sur un sujet polémique.
- Canalisez ceux qui émergent : synthétisez les échanges en notant les points communs et les points de divergence, puis enchaînez.
- Si nécessaire, régulez le processus (outil 54).
- Pour aborder les sujets sensibles, utilisez une méthode où chacun pourra s'exprimer (pas seulement les plus virulents) : animation post-it™, méthode des points de vue, etc.

› **Privilégiez les techniques participatives.**

- Grâce à ses règles de bienveillance précises, le brainstorming favorise une large participation, même si certains interviennent spontanément plus que d'autres.
- Certains participants seront plus à l'aise dans les petits groupes de la coproduction en ateliers qu'en plénière, même si des débats peuvent émerger au sein d'un sous-groupe.
- L'animation post-it™ garantit la participation égale de tous et recueille de façon large (voire anonyme) les points de vue de chacun.

› **Accélérez les phases de choix.**

- Le vote par gommettes donne un poids égal à chacun (pas seulement aux brillants orateurs). Il permet de faire des choix en un temps record. À éviter pour les décisions à fort enjeu.
- L'animation post-it™ peut avoir le même effet : il suffit de compter les réponses le plus souvent citées.

Méthodologie et conseils

› Les techniques mentionnées sont décrites pages suivantes.

› Cette liste n'est pas exhaustive, il existe des centaines de variantes. À vous d'inventer les vôtres !

› Prévoyez la logistique : matériel, fournitures, paper boards, etc.

« La totalité est plus que la somme des parties. » Aristote

Avantages

- Les réunions sont plus courtes et les participants plus productifs.
- Une dynamique de groupe s'installe, qui modifie les comportements sur le terrain.

Précautions à prendre

- Réservez un temps suffisant pour préparer votre réunion.
- Certains participants pourront être réticents. Ne vous découragez pas ! Soyez précis sur la consigne et ferme sur la méthode. C'est en expérimentant qu'ils comprendront l'intérêt de votre démarche.

SUITE OUTIL 52 →

Les techniques d'animation productives

Comment être plus efficace ?

Animer une production de dessins

Pour sortir de la pensée rationnelle et logique (cerveau gauche) et recueillir des ressentis ou des idées plus intuitives (cerveau droit) :

› Distribuez des feuilles et feutres de couleurs.

› Expliquez le sens de cette méthode et précisez que les mots sont interdits.

› Lancez la consigne : « dessinez votre représentation de… ».

› Laissez chacun finir son dessin.

› Deux options pour la mise en commun : chacun commente son dessin, ou affichez tous les dessins au mur et interpellez le groupe sur ce qui se dégage collectivement.

Animer un brainstorming

Pour collecter le plus grand nombre d'idées possible en procédant par associations d'idées :

› Fixez les règles du jeu : pas de censure, pas de critique, idées farfelues bienvenues.

› Faites un tour d'échauffement sur un sujet farfelu (« tous les usages d'un trombone ! »).

› Lancez la question, simple et précise : « toutes les idées pour… ».

› Notez au paper les idées sans censure, encouragez les idées créatives.

› Donnez une idée si le groupe s'essouffle.

› Félicitez le groupe pour sa créativité !

Animer une séquence post-it™

Pour recueillir l'expression de chacun sans influence, voire de façon anonyme :

› Distribuez plusieurs post-it™ par personne (trois pour une production ciblée, plus pour recueillir beaucoup d'idées).

› Donnez la consigne en précisant : « écrire une idée par post-it™ pour pouvoir opérer des regroupements ensuite, visible de loin ».

› Mise en commun : au choix, chacun vient coller ses post-it™ sur un paper, ou vous les récoltez de façon anonyme.

› Procédez ensemble aux regroupements et mettez un nom à chaque catégorie.

Animer la méthode des points de vue

Pour éviter un débat stérile ou une guerre des clans et tenir compte d'absents :

› Expliquez la méthode : le groupe va endosser tour à tour plusieurs rôles pour donner des points de vue différents (Avantages/inconvénients de… Besoin de…)

› Choisissez 3 ou 4 rôles majeurs (ex : client).

› Lancez le premier tour sur le premier rôle, en animant un tour de table (petit groupe) ou une participation libre.

› Lancez de la même façon les autres tours.

› Faites une synthèse.

Animer une coproduction en ateliers

Pour faire produire ensemble un sous-groupe, et en parallèle plusieurs groupes :

› Donnez aux sous-groupes des consignes de travail différentes.

› Laissez les groupes travailler, incitez-les simplement à écrire leurs idées s'ils passent trop de temps à débattre.

› Faites tourner les groupes pour qu'ils complètent d'une autre couleur la production du premier, puis du deuxième groupe.

› Variante : donnez au deuxième tour une autre instruction, par exemple voter avec des gommettes sur les meilleures idées.

Animer un vote par gommettes

Pour décider très rapidement entre plusieurs options valables :

› Déterminez des critères de choix : facilité de mise en œuvre, impact sur le résultat, etc.

› Distribuez des gommettes de couleurs différentes par critère, une à trois par personne.

› Faites votez.

› Comptez les gommettes et décidez.

EXEMPLES de Consignes sur la gestion du temps en réunion

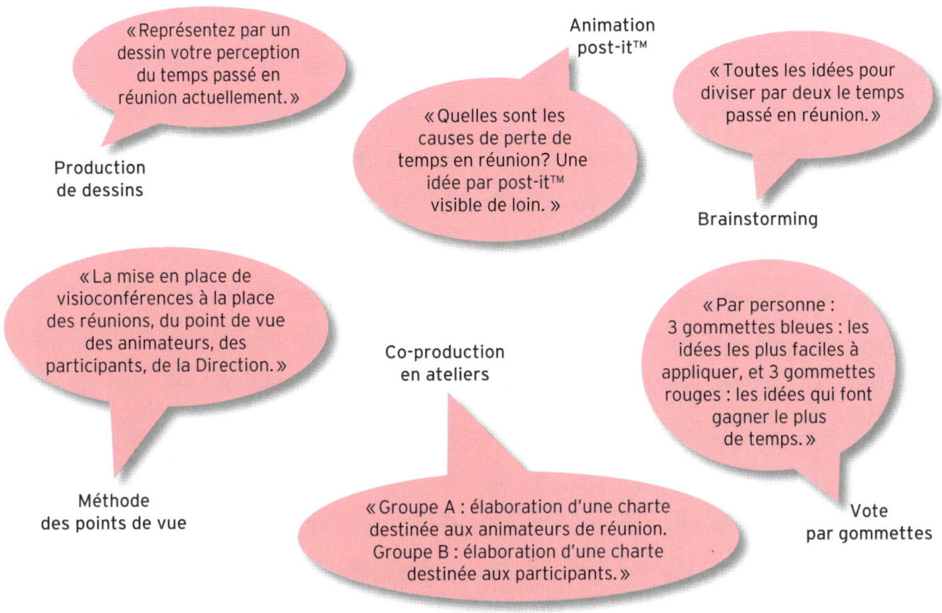

Des freins peuvent surgir face à toute nouvelle méthode. Le rôle de l'animateur est de faire adhérer et d'accompagner le groupe dans la mise en pratique.

- Expliquez le but de la méthode.
- Donnez un exemple concret.
- Lorsqu'un participant exprime une bonne idée sans appliquer la méthode, valorisez l'idée tout étant directif sur la méthode : « Oui c'est une excellente idée, écris-la sur le post-it™ ».
- Laissez-les travailler et faites autre chose pour marquer la rupture entre la consigne et le travail individuel ou en sous-groupe (sauf pour le brainstorming ou la méthode des points de vue que vous animez de bout en bout).
- Reprécisez les consignes de la méthode si elles ne sont pas appliquées. ■

> « Nous apprenons à faire quelque chose en le faisant. Il n'y a pas d'autre façon. »
> John Holt, éducateur

OUTIL 53

Le traitement des objections

L'OBJECTION EST AVANT TOUT UN SIGNE D'IMPLICATION

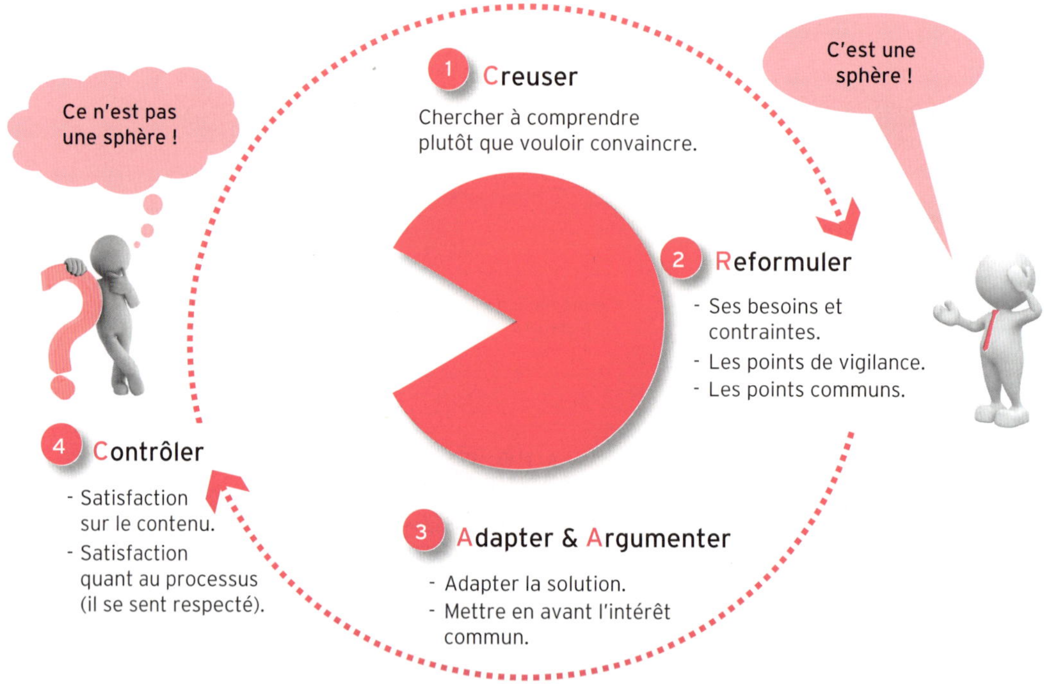

En résumé

L'objection peut être perçue comme un obstacle qui empêche d'avancer. La tentation est alors d'argumenter pour la démonter et poursuivre. Or, c'est contre-productif !

Si nous agissons comme cela, c'est souvent que nous croyons savoir ce que pense notre interlocuteur avant qu'il ait fini de parler. Le nombre de parties de ping-pong qui s'engagent dans les réunions prouve que la marge d'erreur est élevée.

La méthode CRAC (Creuser, Reformuler, Adapter et/ou Argumenter, Contrôler) est une méthode qui se préoccupe d'abord de comprendre l'autre avant de chercher à lui imposer notre vision de la situation.

Insight

Objection may be seen as an impediment to progress. We are tempted to argue and take apart an objection to pursue. However, that is counter-productive!

We act this way often because we think we know what the other is thinking even before he or she has finished speaking. The number of meetings that are reduced to a dry ping pong game shows that the margin of error is high.

The CRAC method (Comprehensive understanding, Rephrase, Adapt and/or Argue, Control) is above all about understanding others before trying to impose our own vision of the situation.

Pourquoi l'utiliser ?

Objectif

Une objection qui n'est pas prise en compte peut devenir un vrai blocage et ralentir la progression de la réunion.

Contexte

La méthode CRAC peut être utilisée à chaque fois qu'une personne émet une objection, une critique ou tout autre propos agressif sur le fond (c'est-à-dire non dirigé personnellement contre quelqu'un). Elle est pertinente pour traiter les objections ponctuelles.

Comment l'utiliser ?

Étapes

› **Creusez d'abord.**

- Posez des questions pour savoir ce qui se cache derrière l'objection.
- Observez le non-verbal de votre interlocuteur pour savoir si vous avez suffisamment creusé ou s'il subsiste encore un blocage.
- Le cas échéant, faites-lui part de votre doute : « J'ai l'impression qu'il y a autre chose qui te gêne… »

› **Reformulez de façon positive.**

- Si l'objection apparaît de prime abord comme une critique, l'étape « creuser » a mis en évidence la réelle préoccupation de votre interlocuteur.
- Oubliez la maladresse et concentrez-vous sur ses besoins et contraintes : « Si je comprends bien, tu as besoin de… »

› **Adaptez et argumentez votre solution.**

- La réunion est un endroit pour confronter les situations, les expertises complémentaires et construire ensemble.
- Faites le premier pas et voyez comment vous pouvez adapter la solution en tenant compte des besoins ou contraintes de votre interlocuteur. Vous l'amènerez à être aussi constructif.
- Mettez en avant les bénéfices pour chacun et l'intérêt commun pour l'entreprise.

› **Contrôlez que l'objection est bien levée.**

- Soit parce qu'il est satisfait sur le contenu : la nouvelle solution intègre ses besoins et contraintes, ses alertes seront prises en compte,
- Soit parce que votre argumentation lui a permis de voir un aspect de la situation qu'il n'avait pas envisagé avant,
- En tout cas parce que sur le plan du processus relationnel il se sent respecté, même s'il subsiste un désaccord sur le fond.

« Le Temps nous égare. Le Temps nous étreint. Le Temps nous est gare. Le Temps nous est train. »
Jacques Prévert

Méthodologie et conseils

› Dans la phase « creuser », soyez ouvert et bienveillant. Ce n'est pas un interrogatoire, vous avez sincèrement envie de comprendre le point de vue de l'autre !

› Ne vous contentez pas de creuser en surface. Creusez jusqu'à ce que vous lisiez sur le visage de votre interlocuteur que vous avez touché le fond de sa préoccupation.

› Dans l'étape de reformulation, reconnaissez ce qui est gênant pour l'autre même si vous ne souhaitez pas y renoncer. Il a autant besoin d'être entendu (processus relationnel) que satisfait sur le fond. ■

Avantages

- **Le fait de s'intéresser à l'autre permet de faire retomber la pression, surtout si l'objection a été émise de façon agressive.**

Précautions à prendre

- **Soyez ouvert et prêt à modifier votre solution : la réalité de l'autre n'est pas moins importante que la vôtre.**
- **Si vous avez déjà traité plusieurs objections provenant de la même personne ou du même groupe de personnes, il y a peut-être un problème plus profond derrière ces objections réelles. Prenez du recul sur ce processus pour le réguler (outil 54).**

OUTIL 54

La régulation du processus

SORTIR DU CONTENU POUR GÉRER LE PROCESSUS

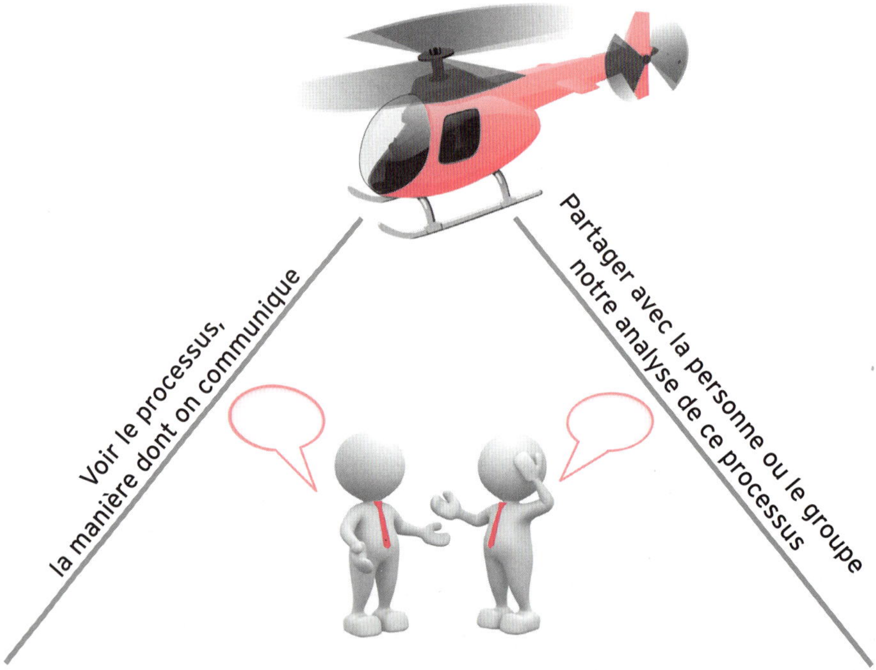

Source CEGOS.

En résumé

La « métacommunication » est un terme emprunté à l'école de Palo Alto pour définir une posture d'observation de la manière dont les individus communiquent. Il ne s'agit pas de prendre parti sur le contenu d'une conversation, mais d'en analyser le processus.

Cette posture permet de prendre conscience des dysfonctionnements entre deux personnes ou au sein d'un groupe, pour proposer une autre manière de communiquer ou de travailler plus efficace.

C'est cette capacité à prendre du recul qui nous permet d'apporter un remède adapté au type de dysfonctionnement constaté.

Insight

"Meta-communication" is a term borrowed from the Palo Alto group, used to define a position to take to observe how people communicate. The point is to analyze the process, and not to take sides in the conversation.

This position allows you to be fully aware of disorders between two people or within a group, and provides a different way to communicate or work more efficiently.

The ability to step back helps to provide an effective remedy for the (identified) disorder.

Pourquoi l'utiliser ?

Objectif

Si elle permet de sortir d'une situation bloquée, la puissance de la régulation du processus va bien au-delà : elle invite le groupe à prendre conscience de la manière dont il fonctionne en réunion - et probablement aussi à l'extérieur.

Contexte

Une régulation du processus est nécessaire lorsque le groupe n'arrive plus à avancer parce qu'il fonctionne comme un « disque rayé » selon un schéma répétitif.

Comment l'utiliser ?

Étapes

› **Prenez du recul et observez le processus.**

– Voyez-vous des comportements répétitifs, chacun faisant « plus de la même chose » ?

– Évaluez le risque de prolongement : depuis combien de temps cela dure-t-il ? Est-ce la première fois dans la réunion ?

› **Analysez la nature du dysfonctionnement.**

– Relationnel : personne n'écoute, chacun veut convaincre l'autre ; les remarques sont faites sous forme de critiques peu constructives ; le vocabulaire employé est révélateur de « clans » (mon/nous opposé à ton/vous).

– Méthode de travail : le groupe discute du sujet mais ne se met pas au travail selon la méthode préconisée. Au final, il ne produit pas.

– Contenu : malgré les tentatives pour commencer la réunion, le groupe discute d'un autre sujet qui le préoccupe d'avantage.

› **Partagez avec le groupe votre analyse du processus.**

– Restez factuel et bienveillant : « je constate que depuis 10 minutes il se passe ceci ».

– Ne prenez pas position quant au contenu, passez tout de suite à l'étape suivante.

› **Proposez un nouveau fonctionnement pour que le groupe redevienne efficace.** (Voir les exemples pratiques pages suivantes).

– Problèmes relationnels : proposez une règle de communication pour garantir la bienveillance, réguler le temps de parole de chacun ou stimuler l'écoute mutuelle.

– Problème de méthode : expliquez le sens d'une méthode participative (outil 52). Si ça ne marche toujours pas, changez de méthode ou faites une pause pour vous adapter à l'énergie du groupe.

– Problème de contenu : acceptez de faire une vraie parenthèse pour traiter le sujet de préoccupation du groupe et passez un nouveau contrat d'objectif pour la suite de la réunion. Donnez un temps limité à cette séquence de « purge ». Dans les cas extrêmes, renoncez à la réunion si son objectif n'a plus de sens dans le contexte.

Méthodologie et conseils

› N'intervenez pas trop tôt : le blocage peut être momentané et le groupe a aussi besoin de s'exprimer librement.

› Si vous observez les mêmes types de processus récurrents dans un groupe, vous pouvez utiliser les « rôles accélérateurs » pour faire changer les comportements durablement.

« Quoiqu'il arrive, n'en faites pas une affaire personnelle. »
Don Miguel Ruiz, ***Les quatre accords Toltèques***

Avantages

- **En invitant le groupe à sortir du contenu pour se concentrer sur le processus, nous arrêtons *de facto* le processus inefficace.**
- **Cet outil peut être utilisé dans n'importe quelle situation relationnelle.**

Précautions à prendre

- **Restez bienveillant avec le groupe et avec vous-même. Les tensions relationnelles font partie de la vie ! Elles révèlent, même maladroitement, l'implication des personnes.**

SUITE OUTIL 54 →

La régulation du processus

Comment être plus efficace ?

Parfois, le simple fait de communiquer sur le processus suffit à l'arrêter. Quand cela ne suffit pas, c'est à vous de proposer un fonctionnement alternatif adapté.

Les règles de communication

Une règle de communication efficace suppose de discerner la nature du dysfonctionnement relationnel. Une observation des comportements et une écoute attentive des mots et de la syntaxe employés est nécessaire.

Le tableau ci-contre donne des exemples de règles pour agir avec pertinence.

Les méthodes pour donner de l'énergie

Le manque d'énergie est un facteur classique de ralentissement de la réunion. Si cela arrive souvent, posez-vous la question de l'horaire, par rapport à la chronobiologie du groupe (outil 17), ou fixez des objectifs moins ambitieux.

Cela dit, il est fréquent d'avoir à gérer les baisses de tension du groupe en cours de réunion.

› **Faites bouger le groupe physiquement.**

Tous les moyens sont bons ! La coproduction en atelier (outil 52) offre de nombreuses possibilités :

- Faites travailler les gens debout devant un paper board plutôt qu'assis.
- Faites-leur coller des feuilles de paper sur les murs : cette action purement physique constitue une pause tout en conditionnant les esprits pour la production à venir.
- Demandez-leur de bouger les tables pour constituer des sous-groupes, ou de changer de sous-groupe.

› **Utilisez un « energizer ».**

C'est une pause créative très courte (moins de 10 minutes) qui a pour but de réveiller le groupe. Souvent ludique, elle permet la mise en route du cerveau. Exemples :

- Distribuez un chevalet porte-nom à chacun et demandez-lui d'écrire le nom de son super-héros préféré. Tout au long de la réunion, c'est avec ce nouveau nom qu'il sera identifié.
- L'acronyme : écrivez au paper verticalement les lettres d'un mot-clé en lien avec le thème de la réunion, et faites trouver aux participants d'autres mots clés commençant par ces lettres.

› **Lancez un échauffement dynamique** pour amorcer le travail.

Par exemple, le jeu de la balle : debout en cercle, les participants se lancent une balle en mousse en donnant un mot-clé en lien avec la séquence. Un rapporteur note sur papier les mots qui serviront de point de départ au travail.

La séquence de « purge »

Une séquence de purge réussie permet l'expression libre des participants qui refusent « d'entrer » dans la réunion, dans un cadre strict qui évite la contagion et le débordement.

› Ouvrez de manière formelle la séquence : « je vois que c'est important pour vous de discuter de tel point. Je vous propose d'y consacrer 20 minutes ».

› Mettez-vous d'accord avec le groupe sur ce qui sera fait des remarques : seront-elles remontées à la Direction de façon anonyme ?

› Gardez le contrôle des échanges en donnant la parole aux uns et aux autres, sans creuser.

› Faites aussi parler les silencieux qui peuvent avoir un avis différent et faire contrepoids.

› Pour terminer, invitez les participants encore réticents à choisir : quitter la réunion ou jouer le jeu, quitte à réserver leur jugement pour la fin de la réunion. ■

EXEMPLES de Règles de communication

Mots employés Comportements observés	Règle de communication adaptée
Ce n'est pas ça Non, il faut faire autrement Au contraire Pas du tout Je ne suis pas d'accord	**Règle du « OUI ET » pour inciter à être constructif** Chacun doit accueillir la proposition de l'autre par un vrai « OUI » accompagné d'une reformulation de ce qui est vrai dans le contexte de l'autre. Puis il AJOUTE (au lieu de remplacer) ce qui est important pour lui en précisant le contexte également.
Exemple : *« c'est inapplicable ! »*	*Nouvelle formulation avec la règle du « Oui ET » :* *« OUI, je comprends que ta proposition répond à tel besoin dans votre service. ET de notre côté, nous avons aussi besoin de... »*
« Mon » opposé à « Ton » « Notre » opposé à « Votre » (guerre des clans).	**Règle du « nous/notre » pour inciter à voir l'intérêt commun** Chacun doit employer un vocabulaire qui situe l'objectif un cran au-dessus des intérêts particuliers : le but commun, le client commun, etc.
Exemple : *« Mon client n'est pas satisfait. »*	*Nouvelle formulation avec la règle du « Nous/notre » :* *« Notre client n'est pas satisfait » ou « notre client commun n'est pas satisfait ».*
Des personnes coupent la parole à d'autres sans avoir écouté jusqu'au bout.	**Règle de la reformulation pour forcer l'écoute active** Chacun s'engage à écouter jusqu'au bout en silence, puis à attendre quelques secondes pour être sûr que la personne a fini de parler. Puis il reformule ce qu'il a compris des propos de la personne. S'il y a une erreur d'interprétation, la personne qui a parlé en premier corrige l'erreur et celui qui écoutait reformule à nouveau jusqu'à ce que la personne accepte la reformulation par un « oui, c'est bien ça ».
Exemple : « J'ai une autre idée ! »	*Nouveau comportement avec la règle de la reformulation :* *« Silence - silence - silence... Si je comprends bien, tu proposes de... c'est bien ça ? »*
Tout le monde parle en même temps sans rien écouter, on entend plusieurs fois les mêmes propos répétés par des participants frustrés de ne pas avoir été entendus.	**Règle du bâton de parole pour forcer à l'écoute et la synthèse** Il n'y a qu'un seul bâton de parole pour le groupe. Chaque participant a un « crédit de parole » pour toute la réunion, par exemple 10 minutes pour un groupe de 6 personnes dans une séquence d'une heure. Quand une personne a le bâton, le groupe l'écoute sans rien dire. Quand la personne qui parle a fini, elle le dit, et un autre membre du groupe lève la main pour prendre le bâton de parole. L'animateur est garant de l'ordre dans lequel le bâton de parole est donné. Un gardien du temps chronomètre le temps dépensé à chaque intervention (débit de parole).

> « La puissance ne consiste pas à frapper fort ou souvent mais à frapper juste. »
> Honoré de Balzac

OUTIL 55

La gestion des bavards

LE FLOT DE PAROLES EST L'EXPRESSION D'UN BESOIN SOUS-JACENT

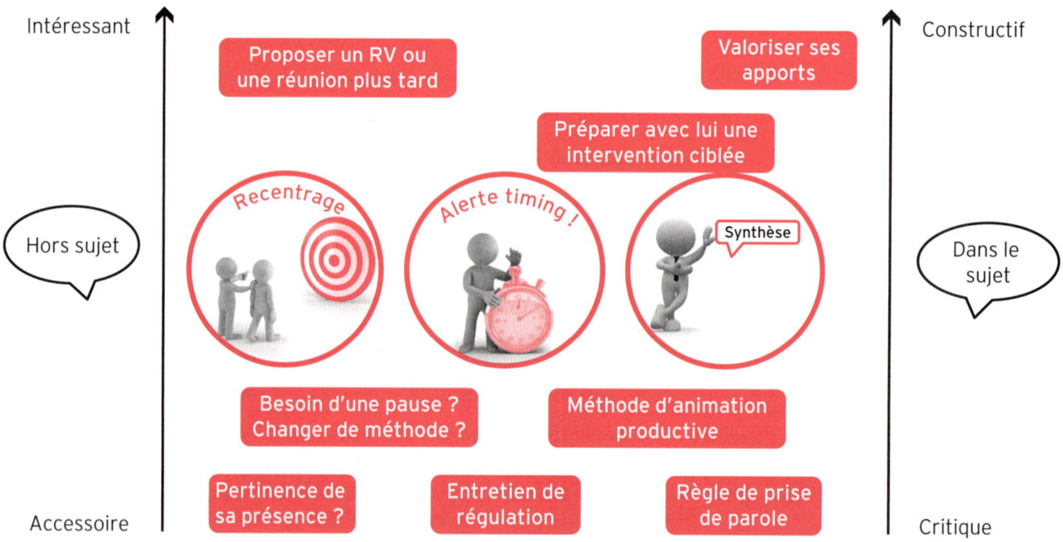

En résumé

Empêcher un bavard de parler est difficile. Une force puissante l'incite à recommencer tant que le besoin sous-jacent n'est pas satisfait.

Ce besoin peut être d'ordre opérationnel par rapport au sujet de la réunion ou psychologique : besoin de reconnaissance des compétences ou des opinions, besoin de contact ludique (outil 28).

Au-delà des « interrupteurs » classiques, la meilleure manière d'endiguer le flot de paroles est de prendre en compte ce besoin.

En cas de récurrence, il vaut mieux changer de méthode d'animation ou prévoir un entretien avant la réunion pour convenir d'un fonctionnement efficace.

Insight

Making talkative participants stop talking is difficult. A powerful force pushes them to start again as long as the underlying problem has not been resolved.

The need to talk can be linked to the subject of the meeting or psychological: the need for recognition of one's skills or views, need for fun (tool 28).

Beyond the usual "interrupters", the best way to stem the flow of words is to take the need into account.

If the problem recurs, the best would be to use a different technique to conduct the meetings or plan a discussion before the meeting to agree on a more efficient operational mode.

Pourquoi l'utiliser ?

Objectif

Les bavards consomment un temps démesuré au détriment des autres participants. L'enjeu est de redonner une place à chacun et un rythme plus dynamique à la réunion pour atteindre l'objectif dans le temps imparti.

Contexte

Il n'y a pas qu'une seule sorte de bavard. Le but est d'agir avec discernement selon la nature des propos et le besoin sous-jacent.

Comment l'utiliser ?

Étapes

› Prenez vos précautions.

- N'invitez que des personnes directement concernées par le sujet.
- Définissez clairement l'objectif (outil 51).
- Précisez la durée et les étapes.
- Utilisez les méthodes de participation active et des consignes précises (outil 52).

› Gérez les interventions hors sujet.

- Interrupteurs classiques : le recentrage sur l'objectif et l'alerte sur le timing.
- Si l'intervention est intéressante : valorisez-la et proposez d'en discuter de façon plus approfondie à un autre moment.
- Si les propos offrent peu d'intérêt ou que la personne discute en *a parte* : est-ce une question de rythme ? Est-ce une recherche de contact ludique ?
- Si oui, proposez une méthode plus ludique, une coproduction en ateliers ou une pause.
- Si non : la personne a-t-elle sa place dans la réunion ? Discutez-en avec elle, en face à face plutôt qu'en plénière.

› Gérez avec tact les interventions trop longues dans le sujet.

- Interrupteurs classiques : la reformulation synthétique de ses propos rédigée au paper board, et l'alerte sur le timing, avec un rappel des étapes restant à parcourir.
- L'intervention est constructive mais trop détaillée : valorisez ses compétences ou la valeur de son point de vue avant de poursuivre.
- L'intervention est une longue critique : utilisez la méthode CRAC (outil 53) pour comprendre ce qui le gêne vraiment. Reformulez soigneusement les points de vigilance à prendre en compte et remerciez-le de les avoir soulignés. Reconnaissez la légitimité de son point de vue en cas de désaccord.
- S'il récidive, montrez le paper board et dites que ce point figurera au compte-rendu.

› Il est toujours comme ça ? Anticipez !

- Ses interventions sont toujours pertinentes mais trop longues ? Il a besoin d'être reconnu pour ses compétences ou ses opinions : offrez-lui une véritable occasion de les mettre en avant, en préparant avec lui une séquence dédiée - et cadrée.
- Il est systématiquement critique ? Si cela gêne la progression du groupe, abordez le sujet avec lui pour trouver un fonctionnement plus efficace.

« Le langage est-il l'expression adéquate de toutes les réalités ? »
Friedrich Nietzsche

Méthodologie et conseils

› Restez bienveillant : le bavardage excessif est l'expression d'un stress lié au manque de considération.

› Si votre réunion regroupe plusieurs bavards notoires, proposez des règles de prise de parole (outil 54). ■

Avantages

- En répondant au besoin sous-jacent, nous traitons durablement la propension du bavard à occuper l'espace.

Précautions à prendre

- Les personnes critiques sont souvent utiles au groupe. Elles permettent d'identifier des points de vigilance qui méritent d'être pris en compte. Laissez-leur un espace d'expression.

OUTIL 56

Les rôles accélérateurs

RENDRE VISIBLES LES CLÉS D'EFFICACITÉ DE LA RÉUNION

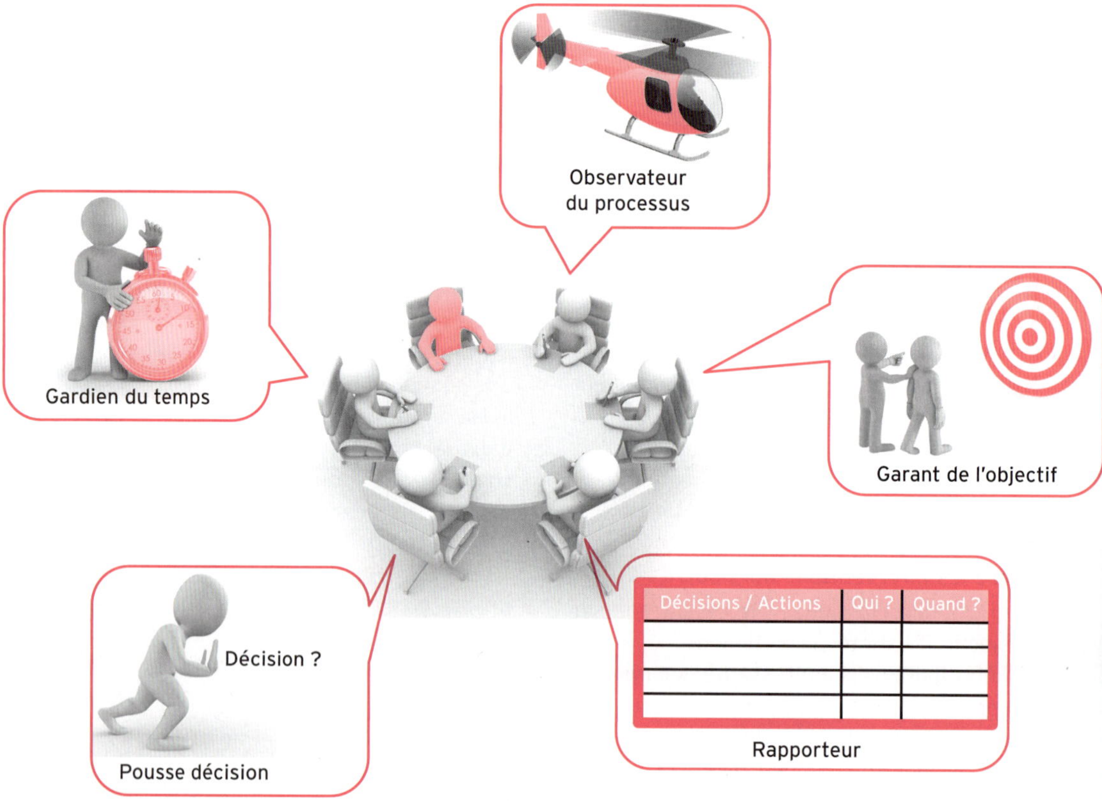

En résumé

Dérivée des méthodes de coaching d'équipe, l'attribution de rôles aux participants poursuit un double but : la réussite de la réunion en cours et surtout, la mise en place progressive de fonctionnements efficaces pour le groupe.

Le fait d'incarner un rôle spécifique fait prendre conscience de l'importance de cette fonction pour l'efficacité collective.

Au-delà du champ des réunions, cette méthode peut influencer de manière positive la manière dont le groupe travaillera sur le terrain.

Insight

Derived from team coaching methods, attributing roles to the participants has a twofold goal: ensuring a successful meeting and, most of all, progressively implementing a more efficient operating mode for the group.

Playing a specific role helps give a real understanding of the importance of a function for collective effectiveness.

Beyond meetings, this method can positively influence how the group will operate.

Pourquoi l'utiliser ?

Objectif

Les rôles accélérateurs responsabilisent les participants sur les clés d'efficacité des réunions.

Contexte

Ils sont très efficaces pour améliorer l'efficacité d'un groupe sur des réunions récurrentes. Faciles à mettre en place en tant qu'animateur, certains rôles peuvent néanmoins être endossés ou proposés en tant que participant.

Comment l'utiliser ?

Étapes

› **Choisissez les rôles à attribuer :**

- **Le gardien du temps** : il connaît le temps alloué à chaque séquence de la réunion et intervient pour indiquer le temps restant 10 ou 15′ avant la fin de chaque séquence.
- **Le garant de l'objectif** : il intervient lorsque le groupe digresse pour le ramener vers l'objectif.
- **L'observateur du processus** : il est chargé d'intervenir lorsqu'il constate un dysfonctionnement du groupe : manque d'écoute, interprétations erronées, débats agressifs. Il utilise alors la métaposition (outil 54) pour partager ce constat avec le groupe et proposer une règle de fonctionnement efficace.
- **Le pousse-décision** : il intervient pour transformer les échanges en décision lorsque la discussion s'enlise, et à la fin de chaque séquence : « que décidons-nous ? ».
- **Le rapporteur** : chargé de remplir le compte-rendu pendant la réunion (outil 57), il clarifie les propos qu'il synthétise et reformule à haute voix.

› **Nommez et légitimez les titulaires des rôles.**

- Expliquez votre démarche, l'intérêt pour l'efficacité du groupe et des réunions.
- Expliquez ce que vous attendez de chaque titulaire, les moments où il devra intervenir.
- Remerciez les titulaires à chaque intervention pour les légitimer.
- Stimulez-les s'ils n'osent pas intervenir : « gardien du temps, combien de temps reste-t-il ? » ; « j'aimerais entendre notre observateur du processus ».

Méthodologie et conseils

› Certains rôles sont facilement cumulables : garant de l'objectif et gardien du temps ; pousse-décision et rapporteur.

› Vous pouvez choisir de n'attribuer qu'un ou deux rôles essentiels à la réussite de votre réunion.

› En tant que participant, prenez l'initiative d'endosser ces différents rôles dans les réunions dont vous souhaitez améliorer l'efficacité, ou proposez vos services à l'animateur. ■

« Jouer un rôle, c'est se laisser habiter sans se faire totalement envahir. C'est une manière d'apprivoiser quelqu'un. »
Marion Cotillard

Avantages

- En tant qu'animateur, nous pouvons nous concentrer sur l'animation et les échanges.
- En répartissant les responsabilités, nous augmentons les chances qu'elles soient véritablement endossées.
- Peu à peu, la conscience des clés d'efficacité d'une réunion « habite » les membres du groupe qui finit par s'autoréguler.

Précautions à prendre

- Commencez par des rôles simples pour acculturer vos participants à ce mode de fonctionnement : gardien du temps, rapporteur.
- Faites au départ un casting selon les compétences de chacun (le rapporteur est synthétique, etc.). Une fois cette compétence ancrée dans la conscience collective du groupe, faites tourner les rôles pour que chacun puisse endosser la clé d'efficacité associée.

OUTIL 57

Le compte-rendu actif

LE COMPTE-RENDU AIDE À TENIR LE CAP DE LA RÉUNION

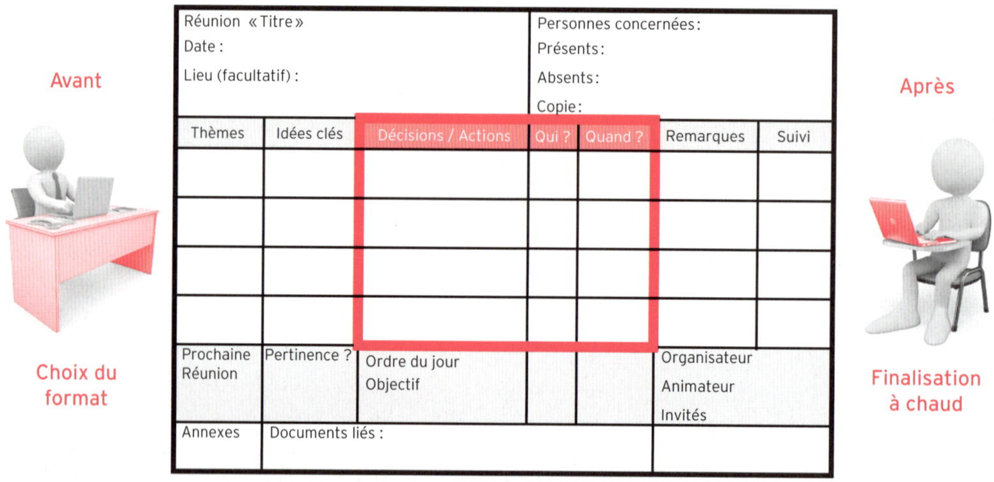

Pendant la réunion : un outil structurant

En résumé

Bien souvent lorsqu'on parle du **compte-rendu** de réunion, les visages grimacent. Ce mot évoque une tâche pénible, un devoir dont on se passerait bien et dont parfois on peine à voir l'utilité.

Plus un compte-rendu est rédigé longtemps après la réunion, plus il prend de temps à rédiger et moins il est utile.

Au contraire, un compte-rendu rédigé pendant la réunion fait gagner du temps à trois niveaux : pendant la réunion, dans le processus de rédaction et dans la mise en œuvre des actions décidées.

Insight

*In many cases, talking about the **meeting report** makes people wince. It evokes a burdensome task, a duty that we would gladly do without and sometimes fails to seem of any use.*

The longer after a meeting the reports are drawn, the longer they will take to write and the least useful they will be.

On the contrary, reports prepared during the meeting will save time at three levels: at the meeting, in the drafting process and in the implementation of the measures decided on during the meeting.

http://goo.gl/r1m6g6

Téléchargez 2 modèles de compte-rendu actif.

Pourquoi l'utiliser ?

Objectif

Le compte-rendu actif est bien plus que la mémoire d'une réunion. Il aide à tenir le cap de l'objectif.

Contexte

S'il peut varier à l'infini dans sa forme, son principe est valable pour toute réunion.

Comment l'utiliser ?

Étapes

› **Avant la réunion : la finalité conditionne le format.**

- Clarifiez la finalité du compte-rendu. Par qui sera-t-il lu : les présents, des absents concernés par le sujet ? À quoi sert-il : consigner la teneur des débats, enregistrer les décisions prises et faciliter le suivi des actions ?
- Choisissez le niveau de rédaction : un compte-rendu de réunion avec les partenaires sociaux raconte les échanges auxquels n'assistent pas les salariés ; un compte-rendu de réunion opérationnelle résume les décisions prises.
- Calibrez le format en le limitant aux informations utiles. Par exemple, un tableau à 3 colonnes « décisions et actions/qui/quand » est suffisant pour une réunion opérationnelle destinée aux participants. Il peut être enrichi de commentaires sur les idées clés échangées ou des remarques concernant la mise en application des décisions s'il doit être lu par d'autres acteurs.
- Ouvrez le document de votre réunion et notez les rubriques d'identification : titre ou projet/date/personnes concernées/thèmes ou plan de la réunion.

› **Pendant la réunion : la rédaction aide à tenir le cap vers l'objectif.**

- Utilisez le compte-rendu pour clarifier ou formaliser les échanges « alors je note quoi ? » ; « voici le résumé ».
- À la fin de chaque étape de la réunion, notez les idées clés et/ou les décisions.
- Lisez-les au groupe pour les valider avant de passer à l'étape suivante.
- Utilisez le compte-rendu en fin de réunion pour acter les décisions et nommer les responsables des actions à entreprendre, avec une date précise d'exécution.

› **Après la réunion : la rapidité de diffusion mobilise les acteurs.**

- Réservez 10 à 15' à la fin de chaque réunion pour finaliser le compte-rendu sans quitter la salle. Vous serez plus efficace à chaud.
- Envoyez-le immédiatement : cela crédibilise la réunion et donne l'exemple.

« Chaque début d'écriture est un retour à la case départ. Et la case départ, c'est un endroit où l'on se sent très seul. »
Quentin Tarantino

Méthodologie et conseils

› Nommez un rapporteur (outil 56) chargé de remplir le compte-rendu pendant la réunion si vous en êtes l'animateur, ou proposez-vous pour tenir ce rôle si vous êtes participant.

› Créez des modèles réutilisables (outil 64) pour chaque type de réunion.

› Astuce : prendre en photo les feuilles de paper board remplies par le groupe et les diffuser telles quelles aux participants, en pièce jointe ou remplacement du compte-rendu. ■

Avantages

- La rapidité de diffusion permet à chacun de s'organiser dès la fin de la réunion pour prendre en main les actions qui lui sont attribuées.
- La rédaction en direct crée un référentiel commun qui évite les erreurs d'interprétation.

Précautions à prendre

- Le compte-rendu est un outil, pas un but en soi. Sachez prendre de la distance pendant les échanges. Utilisez-le essentiellement pour les synthèses à la fin de chaque séquence.

OUTIL 58

L'engagement dans l'action

INSUFFLER UNE DYNAMIQUE D'ACTION

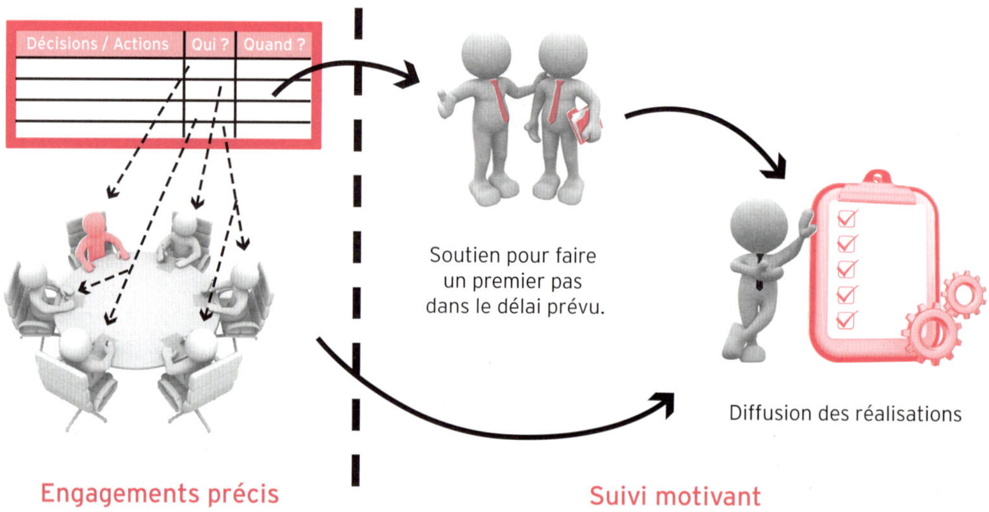

En résumé

Une réunion qui se termine sur ces mots, « on fait comme ça ? », a toutes les chances de ne pas aboutir sur des réalisations concrètes. Or ce sont elles qui justifient et valorisent le temps investi.

Les dernières minutes de la réunion sont déterminantes pour enclencher une véritable **dynamique d'action** : obtenir de chacun un engagement précis et mettre en place un dispositif de suivi motivant.

Pour insuffler cette dynamique positive, souvenons-nous que le premier pas est le plus difficile (outil 21) : nous aurons intérêt à réviser un objectif à la baisse plutôt que reporter le délai de mise en œuvre d'une action.

Insight

A meeting, which ends with the words "Shall we proceed as discussed?" is not likely to lead to concrete achievements. And yet, concrete achievements are what justifies and gives value to the time invested.

The last minutes of a meeting are critical to build ***momentum for action****, obtaining commitment from each participant and implementing a motivating follow up system.*

To start this positive momentum, we must keep in mind that the first step is the hardest (tool 21): we might be well advised to lower the target rather than to extend the deadline for implementing an action.

Pourquoi l'utiliser ?

Objectif

Le but de la réunion est avant tout l'action qui en découle. Sans action concrète, la réunion a été une pure perte de temps multipliée par le nombre de présents.

Contexte

L'engagement dans l'action est un processus qui démarre avant la fin de la réunion et se prolonge sur le terrain des opérations avant la réunion suivante. C'est un outil d'efficacité indispensable pour toutes les réunions opérationnelles.

Comment l'utiliser ?

Étapes

› **Verrouillez l'engagement de chacun.**

- Veillez à ce que chaque tâche du compte-rendu actif (outil 57) soit attribuée : qui fait quoi pour quand ?
- Précisez les livrables attendus pour que les titulaires des actions puissent les visualiser.
- Soyez attentif au non-verbal : levez les freins et voyez si des moyens peuvent être attribués, de l'aide ou un appui. Au besoin, revoyez l'objectif du livrable à la baisse, plutôt que de céder sur le délai.

› **Engagez-vous personnellement.**

- Prenez vous-même en charge une action opérationnelle (ou en binôme).
- Engagez-vous au moins sur deux choses : envoyer le compte-rendu dès la fin de la réunion et assurer le suivi des actions (étape suivante).

› **Prévoyez un dispositif de suivi.**

- Il permet de suivre les actions, mais aussi d'insuffler de l'énergie dans le groupe.
- Prévoyez des points d'étape d'ici la prochaine réunion et promettez de tenir le groupe informé de l'avancée des travaux, pour créer des occasions de « mise sous tension positive » des titulaires d'action.

› **Négociez un premier pas plutôt qu'un report.**

- Peu avant le point d'étape, contactez vos coéquipiers : « Qu'est-ce que je mets dans le bilan intermédiaire ? Qu'est-ce qui est fait/reste à faire ? »
- Si un participant n'a pas avancé, aidez-le à découper l'action en sous-objectifs, et négociez avec lui d'avancer d'un premier pas plutôt que de reporter le délai (outil 21).
- Apportez votre aide si nécessaire, ou l'aide d'une ressource extérieure.

› **Communiquez les réalisations.**

- Tenez vous-même vos engagements.
- Diffusez à toute l'équipe le bilan collectif en valorisant ce qui est fait et en encourageant l'ensemble du groupe.

« Ce n'est pas par des paroles que s'engagent les décisions, mais seulement par le travail. »
Martin Heidegger

Méthodologie et conseils

› Influencez les attributions pour que le « casting » soit efficace. Constituez des binômes complémentaires.

› Montrez votre enthousiasme, il est communicatif.

› Si vous constatez une baisse d'énergie, motivez vos coéquipiers en rappelant le sens des actions et les enjeux de leur réalisation.

› En tant que participant : interpellez sur l'attribution des tâches si l'animateur ne le fait pas, et soyez le premier à vous engager. Puis informez le groupe de vos réalisations. ■

Avantages

- La mobilisation de chacun est renforcée, à la fois sur le terrain et lors des réunions suivantes.

Précautions à prendre

- Le bilan intermédiaire est un outil de motivation, pas un reporting d'activité. Soyez vigilant à la tonalité de votre communication.
- L'espace entre deux réunions doit laisser le temps à la réalisation des actions.

OUTIL 59

La réunion flash de 10 minutes

LA RÉPÉTITION CRÉE L'HABITUDE ET FAIT GAGNER DU TEMPS

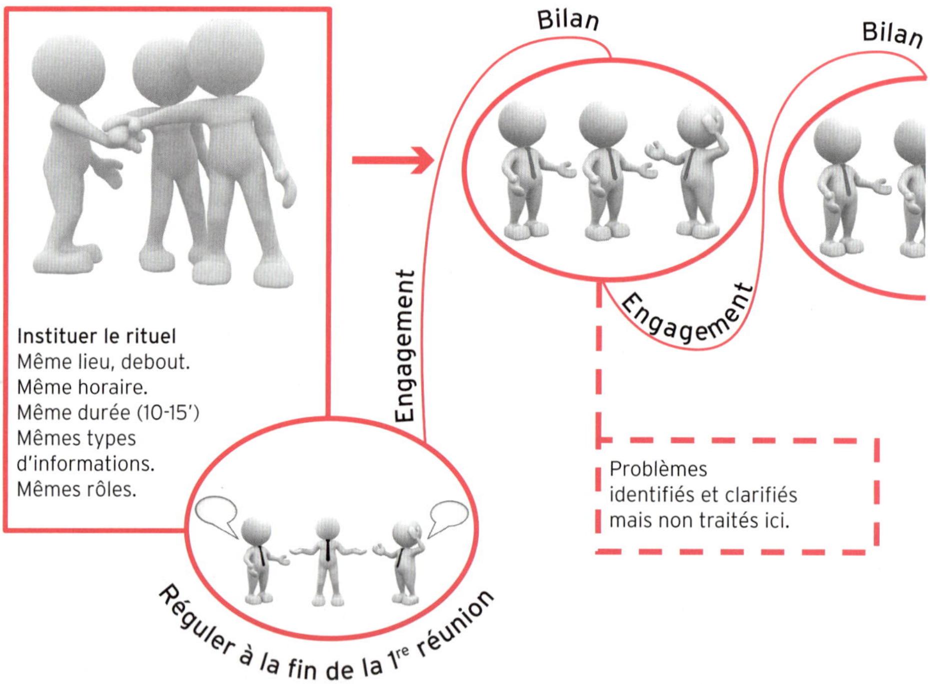

En résumé

Dans **la réunion flash de 10 minutes**, les problèmes ne sont pas résolus ni aucun livrable produit. Une réunion flash isolée n'aurait d'ailleurs aucune utilité.

La réunion flash trouve son sens dans la répétition d'un rituel immuable qui en garantit l'efficacité.

Sa puissance réside dans le cycle « engagement-bilan » qui met l'équipe sous tension positive et la focalise sur un objectif précis et des actions concrètes réalisées à court terme (dans la journée ou la semaine).

Les problèmes ne sont pas occultés pour autant, ils sont identifiés pour être traités ailleurs.

Insight

*No problem is resolved and nothing is delivered in a **10-minute flash meeting**. If isolated, flash meetings are, in fact, useless.*

Flash meetings make sense with the repetition of an unchanging ritual that guarantees efficiency.

Its power lies in the "commitment-assessment" cycle that puts the team under positive pressure, helps it focus on a specific purpose and concrete actions to be fulfilled in the short-term (within the day or the week).

However, problems are not put aside and forgotten, they are identified and (to be) dealt with at another time.

http://goo.gl/8M9E8w

Voir le témoignage vidéo.

Pourquoi l'utiliser ?

Objectif

La réunion flash focalise les énergies d'un groupe sur un objectif précis à court terme et permet de coordonner l'équipe.

Contexte

Elle a du sens pour les activités nécessitant un ajustement très réactif voire « temps réel ».

Comment l'utiliser ?

Étapes

› Instituez le rituel de la réunion flash.

- Choisissez le lieu et l'horaire qui seront les mêmes pour toutes les réunions.
- La réunion se tient debout et dure 10 mn sans jamais dépasser les 15 mn.
- Définissez le type d'informations qui y seront échangées, le mode de fonctionnement et le rôle de chacun (participants et animateur), la préparation à faire en amont.

› Régulez le processus à la 1re réunion.

- Déroulez la première réunion sans chercher à influencer le processus.
- En fin de première réunion, interpellez sur l'efficacité du processus.
- Fixez des règles d'efficacité pour la prochaine réunion.

› Gardez le rituel pour les réunions flash suivantes.

- Démarrez à l'heure même si certains sont en retard.
- Phase 1 : bilan : déroulez selon la méthode convenue le bilan de la période écoulée depuis la dernière réunion flash.
- Phase 2 : nouveaux objectifs et engagement de chacun pour la prochaine période : c'est le moment de la coordination du groupe.
- Phase 3 : problèmes : identifiez et clarifiez les problèmes qui freinent la progression du groupe ou d'un individu, mais sans les traiter ici : tenez-vous en aux actions à entreprendre pour y remédier.

Méthodologie et conseils

› Exemple 1 : réunion « scrum » (mêlée) dans le cadre d'un projet : pour produire un livrable sur un délai très court, l'équipe se réunit quotidiennement pendant la durée de ce « sprint » et chacun répond à trois questions :

- ce que j'ai fait hier ;
- ce que je compte faire aujourd'hui ;
- ce qui m'empêche d'avancer.

Le « ScrumMaster » n'intervient que pour faire préciser les problèmes.

› Exemple 2 : réunion hebdomadaire du lundi matin dans un service clients :

- le manager expose les indicateurs de la semaine précédente ;
- il donne un objectif prioritaire pour la semaine à venir, qui tient compte du bilan et d'événements extérieurs ;
- les conseillers remontent les problèmes rencontrés et leurs besoins pour atteindre le nouvel objectif. ■

« Habitude : un art d'agir sans y penser et mieux même qu'en y pensant. »
Alain

Avantages

- Le rituel permet de gagner du temps sur le fonctionnement : le processus est connu de tous, chacun sait ce qu'il a à faire.
- Les priorités sont claires et l'équipe mieux coordonnée vers un but commun. Les ressources disponibles ou compétentes sur un sujet sont plus facilement identifiées et mises à la disposition de l'équipe.
- L'engagement à la fin de la réunion favorise la mise sous tension positive. La réunion flash peut être utilisée pour ancrer de bonnes habitudes de travail ou développer les compétences.

Précautions à prendre

- Pour rester motivante, elle ne doit pas être vécue comme un reporting d'activité : restez factuel dans la phase de bilan.
- Résistez à la tentation de résoudre les problèmes pendant la réunion.
- Gardez le rituel : ne changez rien !

DOSSIER

7 OPTIMISER SES OUTILS

« L'ouvrier qui veut bien faire son travail doit commencer par aiguiser ses instruments. »

Confucius

Le bon génie et le mineur

Il était une fois un bon génie qui maîtrisait les sorts bienfaisants pour soulager les douleurs des hommes et les rendre plus heureux. Bien qu'il eût prêté serment sur le Génial Registre de ne jamais tenter d'influencer de quelque manière que ce fût les vœux de ses protégés, cette clause le contrariait. Il avait constaté que bien des hommes, ne sachant pas au juste ce qu'ils voulaient, émettaient des souhaits qui se retournaient contre eux.

En observant un mineur qui peinait à extraire le minerai des profondeurs de la terre, il eut une idée.

– Brave homme, lança-t-il d'une voix profonde, formule un vœu et je l'exaucerai.

L'homme s'arrêta de piocher et leva les yeux vers le génie qui flottait au-dessus de lui.

– N'ai-je donc pas droit à trois vœux, selon la tradition ? s'étonna-t-il.

– Formule un vœu et je l'exaucerai, répéta le génie.

– Bien, soupira le mineur. Je veux une machine pour extraire le minerai à ma place.

Il n'eut pas plutôt fini de parler qu'une étrange machine apparut. Elle était munie d'une grande pioche à l'avant, d'une double rangée de pelles sur les flancs et de toutes sortes de manettes.

– Merci, bon génie, dit l'homme ravi.

Mais le génie avait déjà disparu.

Le mineur regarda la machine, tira sur un levier, appuya sur un piston, tourna une manivelle. Un jet de vapeur s'échappa d'une tuyauterie, mais rien ne bougea. Il essaya d'autres boutons, fit pivoter une poignée, appuya sur une pédale. La machine toussa encore un nuage de vapeur et demeura inerte. L'homme essaya d'autres combinaisons sans plus de succès. La machine résistait. De guerre lasse, le mineur reprit son travail en maudissant le génie de lui avoir fait perdre son temps.

Le lendemain, alors qu'il contournait l'engin pour porter un sac de minerai à la benne, il tomba nez à nez avec le bon génie.

– Fais un vœu et je l'exaucerai, dit le génie avant que l'homme se fût remis de sa surprise.

– Je veux savoir faire marcher cette machine ! s'écria le mineur en colère.

– Accordé, déclara le génie avant de disparaître.

Interdit, l'homme déposa lentement son sac. Sa curiosité était plus forte que sa rancœur. Il s'approcha doucement de la machine comme il l'eût fait d'un animal sauvage. Il examina les leviers, scruta les engrenages, caressa du regard les courroies. Le mécanisme qui semblait si complexe la veille lui parut assez simple. Il actionna les manettes dans l'ordre adéquat.

La machine lança un long sifflement et se mit en route. Elle entailla la roche à grands coups de pioche. Les poulies grincèrent, les cuivres crissèrent au passage du minerai qui alla remplir une cuve placée à l'arrière. Le mineur n'avait plus qu'à le verser dans un sac et le porter à la benne.

Il fit le voyage plusieurs fois en sifflotant d'allégresse. Il courait presque. Il courait. Il courait vite, de plus en plus vite. La machine se propulsait en avant, creusait la galerie de son grand bec pointu, expulsait le précieux minerai avec vigueur. L'homme prenait du retard. Le minerai arraché à la terre menaçait d'obstruer la galerie. Le mineur avait beau accélérer la cadence, il n'arrivait pas à suivre le rythme effréné de la machine.

Il travailla toute la nuit sans s'arrêter. Exténué, il regarda poindre l'aube au loin, à l'entrée de la galerie, prêt à abandonner son filon.

– Formule un vœu et je l'exaucerai, entendit-il dans la pénombre.

– Mauvais génie, tu m'as jeté un sort pour que je coure à ma perte, grinça l'homme entre ses dents.

– Formule un vœu et je l'exaucerai, insista le génie.

– Je veux savoir maîtriser cette machine et décider moi-même de la mettre en marche ou de l'arrêter. Je veux contrôler son rythme à ma guise.

– Accordé, répondit le génie.

De ce jour, la machine, docile, obéit à la volonté du mineur, et le Génial Registre fut enrichi d'une idée sage.

LES OUTILS

60 L'agenda électronique 162

61 La méthode CAP pour gérer les mails 164

62 Le Smartphone 166

63 Les listes spécifiques 168

64 5 astuces gain de temps en bureautique 170

OUTIL 60

L'agenda électronique

RASSEMBLER TOUT AU MÊME ENDROIT

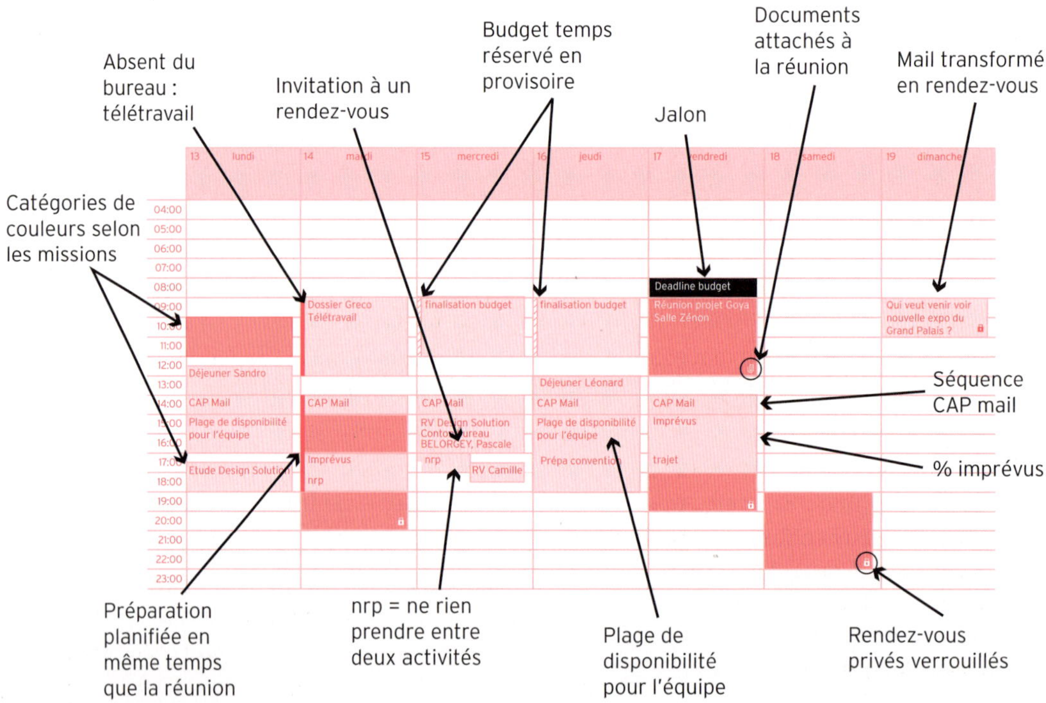

En résumé

Qui n'a jamais oublié un rendez-vous ? Agendas séparés, rendez-vous notés sur des bouts de papier... si tout n'est pas au même endroit le risque est réel.

De plus en plus, les agendas électroniques sont interfacés avec les outils mobiles (Smartphone, tablette). Leur mise à jour en temps réel s'en trouve facilitée, ce qui en fait les référents les plus fiables de notre emploi du temps.

Ils offrent en outre l'avantage de pouvoir rassembler les documents utiles à nos rendez-vous, réunions et séquences de travail personnelles. Un gain de temps précieux pour la mise en route !

Insight

Who among us has never forgotten an appointment? Separate agendas, appointments written on slips of paper... if all is not in one place, there is a real risk.

PDAs (electronic organizers) are increasingly interfaced with mobile devices (Smartphone, electronic pads). Updating each device in real time is made easier, thereby making them the most reliable reference of one's schedule.

They have the added advantage of assembling all documents needed for appointments, meetings or personal work sessions. This amounts to precious time savings to get started!

Pourquoi l'utiliser ?

Objectif

Un agenda électronique bien exploité permet de visualiser le temps nécessaire pour réaliser nos activités, facilite une planification pertinente ainsi que notre organisation au quotidien.

Contexte

Outil de référence de l'organisation, il est associé au levier de la planification (outil 11).

Comment l'utiliser ?

Étapes

› **Notez TOUT dans votre agenda !**

- Les entretiens et réunions, les rendez-vous récurrents (soit en gérant la périodicité, soit en copiant-collant l'événement si les dates fluctuent).
- Les tâches que vous devez effectuer seul. À long terme, notez les budgets temps en « provisoire » pour signifier votre charge de travail même si vous êtes souple sur la date.
- Votre pourcentage d'imprévus (outil 29).
- Les jalons, les relances à effectuer.
- La préparation des réunions en même temps que les réunions elles-mêmes.
- Les temps de déplacement, les temps tampons entre deux activités, les pauses.
- Vos plages de disponibilité (outil 46).
- Vos rendez-vous personnels en mode privé (cadenas), vos vacances.

› **Rassemblez les informations.**

- Un mail transformé en rendez-vous par copier-coller embarque ses pièces jointes.
- Dans la zone de commentaires, notez vos idées au fil de l'eau, copiez des documents, liens Internet ou mails concernant l'événement.

› **Privilégiez un affichage hebdomadaire.**

- Vous repérerez mieux les jalons et activités à court terme pour profiter des opportunités (si vous croisez un collègue) ou ajuster vos priorités.
- Regardez en début de semaine les deux ou trois semaines à venir.

› **Créez des catégories de couleur.**

- Pour identifier le temps passé sur vos missions essentielles (outil 4) et faciliter vos prévisions pour l'année suivante.
- Pour visualiser vos temps de pause et vérifier que vous avez prévu suffisamment de respirations.

› **Optimisez l'invitation aux réunions.**

- Invitez vos partenaires de travail (dans ou hors de votre organisation) directement avec une proposition de rendez-vous dans laquelle vous insérez un commentaire.
- Réservez la salle en même temps ou mettez en copie la personne qui le fera.
- Affichez les calendriers partagés de vos collègues ou utilisez l'assistant planification pour trouver un horaire commun.

« Il ne peut pas y avoir de crise la semaine prochaine : mon agenda est déjà plein. »
Henry Kissinger

Méthodologie et conseils

› Partagez votre agenda avec votre équipe et votre organisation.

› Indiquez le lieu des événements : bureau, télétravail, extérieur, pour regrouper vos rendez-vous et limiter les déplacements.

› Mettez une alarme pour vos rendez-vous. ■

Avantages

- Avoir tout au même endroit évite d'oublier des rendez-vous, jalons ou tâches à effectuer.
- Le temps de mise en route en début de rendez-vous est rapide puisque les documents sont directement accessibles.

Précautions à prendre

- Les informations contenues dans les rendez-vous sont visibles si votre agenda est partagé.
- Synchronisez votre agenda électronique avec votre Smartphone dans les deux sens pour éviter d'oublier un rendez-vous pris à l'extérieur.
- Sauvegardez régulièrement vos données.

OUTIL 61

La méthode CAP pour gérer les mails

TRIER LES MAILS PAR CATÉGORIES AVANT DE LES TRAITER

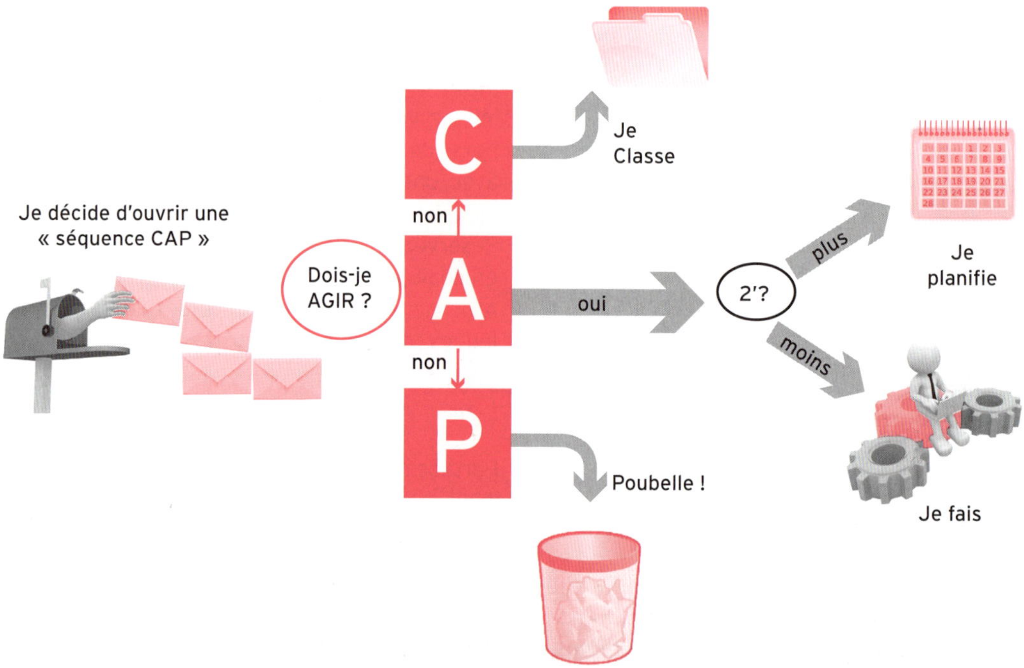

En résumé

Avec l'inflation des mails, la messagerie électronique devient source de stress. Notre boîte de réception est si encombrée que nous avons du mal à discerner ceux qu'il faut traiter en priorité. Nous pouvons facilement tomber dans le piège de l'instantanéité et oublier que notre mission ne consiste pas à répondre aux mails.

La méthode CAP permet de vider la boîte de réception en nous focalisant sur un seul objectif à la fois :

- le tri en quatre catégories ;
- un traitement distinct par catégorie.

Entre deux séquences CAP, nous pouvons nous concentrer sur nos activités essentielles.

Insight

With mail inflation, messaging-mail service is becoming a source of stress. Inboxes are so full that it becomes difficult to identify which e-mails are priority. We can easily fall into the trap of immediacy and forget that our mission is not just about responding to e-mails.

The "File, Act, Delete" method (FAD Method) enables us to empty our inbox by focusing on one goal at a time:

- *Mails are sorted into four categories;*
- *Each category is treated separately.*

Between two mail-sorting FAD sessions, we can focus on what is essential to our mission.

http://goo.gl/hWMLhg

Voir le témoignage vidéo.

Pourquoi l'utiliser ?

Objectif

La méthode CAP nous permet de nous concentrer sur nos activités essentielles sans nous laisser submerger par la gestion des mails.

Contexte

Ouvrez une « séquence CAP » deux à trois fois par jour. Au préalable, créez vos dossiers de classement.

Comment l'utiliser ?

Étapes

› **Programmez votre séquence CAP.**
- Deux à trois fois par jour suffisent.
- Choisissez l'heure selon les rythmes de votre fonction, quand votre énergie est basse (outil 17).
- Le reste du temps, désactivez les alertes ou fermez l'application.

› **Triez vos mails en 4 catégories.**

1. Les mails dont la réponse vous prendra moins de 2' : accusés réception, informations simples, décisions rapides.
2. Les mails importants et urgents dont la réponse prendra plus de 2' : mails complexes, délicats ou nécessitant des recherches.
3. Les mails à planifier : propositions de rendez-vous et mails nécessitant plus de 2' dont vous pouvez différer la réponse.
4. Les mails à classer : ceux qui ne nécessitent aucune réponse immédiate dont vous aurez besoin plus tard.

- Supprimez directement ceux que vous pouvez éliminer (spams, informations obsolètes).

› **Répondez aux mails de moins de 2'.**
- Fixez-vous un objectif de rapidité pour cette catégorie, avec un temps limité.
- Vous pouvez reporter le traitement de cette catégorie selon les urgences et le temps dont vous disposez pour votre séquence CAP.

› **Planifiez vos rendez-vous.**
- Transformez vos mails en rendez-vous : copiez-collez-les dans votre agenda à la date voulue, puis détruisez les mails.
- Acceptez les invitations ou proposez d'autres horaires en fonction de vos priorités.

› **Répondez aux mails importants et urgents de plus de 2'.**
- Réservez toujours un budget de temps pour traiter cette catégorie en fin séquence CAP.
- Répondez dans l'ordre d'importance.

Méthodologie et conseils

› Pour les trois premières catégories : créez des sous-dossiers dans la boîte de réception et configurez des actions rapides pour déplacer vos mails en un clic.

› Classez directement les mails à archiver dans le bon dossier.

› Créez des dossiers de classement accessibles via la messagerie mais archivés sur votre disque dur si votre entreprise a limité la taille des boîtes aux lettres. Sinon, vous serez bloqué pour envoyer ou recevoir des mails.

› Structurez votre archivage en cohérence avec vos missions essentielles.

› Pour faciliter le tri, utilisez l'aperçu partiel et le tri par expéditeur ou objet.

› Utilisez les règles automatiques pour classer les mails selon l'expéditeur ou l'objet.

› Vous avez égaré un mail ? Utilisez la fonction « rechercher » et tapez des mots clés.

› Indiquez dans vos messages d'absence du bureau les personnes idoines à contacter. ■

« Notre époque se caractérise par la profusion des moyens et la confusion des intentions. »
Albert Einstein

Avantages

■ **La méthode CAP donne une vision globale des mails reçus avant de commencer leur traitement. La priorisation est plus facile.**

Précautions à prendre

■ **L'objectif n'est pas de diminuer le nombre de mails de votre boîte de réception, mais de traiter les mails essentiels.**

OUTIL 62

Le Smartphone

L'ALLIÉ DES LEVIERS D'EFFICACITÉ EN FORMAT POCHE

En résumé

Le Smartphone est une merveilleuse invention dont nous n'avons pas fini de découvrir tout le potentiel. De nouvelles apps sont créées chaque jour pour offrir toujours plus de services... ou de servitude ? Parmi les symptômes d'addiction, on trouve la consultation du petit écran du lever au coucher, pendant un entretien ou un dîner romantique ; l'angoisse lorsque nous oublions notre fidèle compagnon à la maison au point de revenir sur nos pas.

Comment vivons-nous le temps, alors ?

Aussi *smart* soit-il, cet appareil fabuleux n'a pas notre intelligence lorsqu'il s'agit de savoir ce qui est bon pour nous.

Insight

Smartphones are a wonderful invention and their potential is yet to be discovered. Every day, new Apps are created that offer more improved service... if not enslavement? Common symptoms of addiction are: consulting our phone from morning till night, even during an interview or a romantic dinner; the anxiety felt at having left this trusted companion at home, so strong that we turn back to get it.

How do we live time, then?

As smart as it may be, this fabulous device does not have our intelligence when it comes to knowing what is good for us.

Pourquoi l'utiliser ?

Objectif

Le Smartphone peut être un formidable allié de notre efficacité comme son pire ennemi.

Contexte

Cet outil propose d'examiner l'usage du Smartphone à la lumière des leviers d'efficacité (dossier 2).

Comment l'utiliser ?

Étapes

Choisissez les usages qui vous seront les plus utiles dans chaque levier d'efficacité.

› **Levier de la focalisation.**

- Mettez votre Smartphone en *mode avion* pour protéger votre concentration.
- Utilisez les *alertes* du calendrier ou l'*alarme* pour vous rappeler l'heure d'une réunion sans avoir à laisser votre système de messagerie ouvert ou surveiller votre montre.
- Utilisez le *minuteur* pour vos séquences Pomodoro® (outil 15).

› **Levier des priorités.**

- Utilisez les *Notes*, *OneNote* ou *Evernote* pour noter les idées au fil de l'eau (outil 26) de vos projets importants.
- Optimisez les temps d'attente : sélectionnez les 3 *mails* les plus urgents et importants auxquels vous pouvez répondre depuis votre Smartphone.
- Téléchargez l'app *Scoop.it !* pour faire votre veille pendant les temps morts.
- Formez-vous avec des apps ludiques : devenez un champion d'orthographe avec l'app *Projet Voltaire*®, ou perfectionnez votre anglais en visionnant les conférences *TED*.

› **Levier de la planification.**

- Synchronisez votre *agenda* dans les deux sens (ordinateur *vers* Smartphone et *vice versa*) pour éviter de « louper » un rendez-vous.
- Gérez vos déplacements avec les apps de réservation en ligne ou l'app *Plans* qui calcule automatiquement votre temps de trajet et vous prévient quand il faut partir.
- Notez dans votre *calendrier* toutes les informations utiles (lieu, téléphone, etc.)

› **Levier de l'énergie.**

- Pour profiter de vos soirées, mettez votre Smartphone en mode *ne pas déranger* pour désactiver le son des flux entrants sauf ceux provenant des personnes VIP.
- Téléchargez des apps de relaxation, par exemple *Simply Being* pour les anglophones.
- Contrôlez vos rythmes biologiques (outil 17) avec l'app *UP by Jawbone*®.
- Exploitez les multiples fonctionnalités de votre Smartphone pour vous détendre dans les transports en commun : lire *Ibooks* ou magazines, écouter vos *musiques* préférées, jouer, etc.

› **Levier du choix.**

- Exercez votre capacité à vous écouter : vous avez tout sous la main ! De quoi avez-vous besoin maintenant ? Répondre à 3 mails pour vous décharger l'esprit, appeler un ami ou vous détendre ?
- Choisissez d'éteindre ou pas votre Smartphone, de répondre ou pas aux appels entrants.

› **Levier d'efficacité collective.**

- Partagez vos documents *via OneNote* ou *Evernote* pour travailler ensemble.
- Joignez au compte-rendu de la réunion les *photos* des paper boards produits ensemble.

« On ne connaît que les choses que l'on apprivoise, dit le renard. » Antoine de Saint-Exupéry, ***Le Petit Prince***

Méthodologie et conseils

Faites votre marché dans l'*App Store* (ou le *Play Store*) selon vos besoins. ■

Avantages

- **En abordant le Smartphone par les leviers d'efficacité, nous nous en rendons maître et non esclave.**

Précautions à prendre

- **L'usage intensif du Smartphone peut rendre « addict » ! Sachez vous en passer.**
- **Restez vigilant aux effets indésirables : ondes, réduction des capacités auditive et visuelle.**

OUTIL 63

Les listes spécifiques

PENSER À TOUT SANS RÉFLÉCHIR !

En résumé

Si la déclaration d'impôt peut effrayer, c'est parce que d'une année sur l'autre nous avons oublié les arcanes de la procédure que nous avons eu tant de mal à clarifier l'année précédente.

À chaque fois que nous devons reproduire ou suivre une action qui requiert un minimum de rigueur, nous avons intérêt à nous appuyer sur **une liste spécifique** pour gagner du temps et fiabiliser notre production.

Cette liste, initiée au démarrage d'une action, est mise à jour sans effort au cours du processus de production et enrichie une fois le travail terminé pour capitaliser les bonnes pratiques.

Insight

Filing our income taxes is frightening because, from one year to the next, we forget the arcane complexity of the process that we had worked so hard to clarify the previous year.

*Whenever it comes time to reproduce or follow an action that requires rigor, relying on **a checklist** saves time and makes production more reliable.*

This list, initiated at the start of the action, is effortlessly updated during the production process and improved once the job is completed, to capitalize on good practices.

Pourquoi l'utiliser ?

Objectif

Les listes spécifiques sont comme des rails qui nous guident dans la réalisation de tâches répétitives, complexes ou minutieuses.

Contexte

Manifestations annuelles, dossiers administratifs, projets composés d'une multitude de tâches, activités cycliques, mails adressés à tel groupe de personnes... La liste de leurs usages potentiels est infinie ! Elles peuvent être créées sous divers logiciels selon vos besoins.

Comment l'utiliser ?

Étapes

› **Créez la liste dès la première utilisation.**

- Check-list : répertoriez les tâches à faire, la liste des documents à ne pas oublier, les références utiles (contact, coordonnées, références, etc.).
- Liste de diffusion : ouvrez un nouveau groupe de contact, ajoutez en tant que membre tous les destinataires concernés par un projet commun ou un type d'informations donné.

› **Enrichissez la liste en cours d'utilisation.**

- Check-list : ajoutez une tâche oubliée, une référence, toute information utile récoltée au cours de l'avancement de votre travail.
- Check-list : en fin de processus, notez les idées d'amélioration issues de votre expérience.
- Liste de diffusion : un mail « non remis » vous revient ? Renvoyez l'information au destinataire et corrigez votre liste de diffusion immédiatement.

› **Mettez la liste à jour en temps réel.**

- Check-list : notez les nouvelles informations même si la prochaine échéance est lointaine.
- Liste de diffusion : ajoutez ou supprimez des nouveaux membres, modifiez les adresses e-mail au fil de l'eau sans attendre d'avoir à vous servir de votre liste.

Méthodologie et conseils

› Mettez une copie de votre check-list dans le premier « rendez-vous » de votre agenda, au début de l'échéance suivante. Vous vous remercierez en la redécouvrant !

› Vous venez de vivre une expérience chaotique lors d'un événement amené à se répéter ? démarrez tout de suite une liste spécifique pour éviter de reproduire les mêmes erreurs - vous, ou la personne à qui vous déléguerez l'organisation de l'événement.

› Vous pouvez enrichir une check-list d'un indicateur d'avancement, en ajoutant des colonnes colorées en face de chaque ligne. Cela vous permet de gagner du temps dans le suivi, même si les tâches sont réalisées dans le désordre, et procure un agréable sentiment « d'avoir avancé ». ■

« Les choses sont souvent moins compliquées qu'elles ne le paraissent. »
Milton Erikson

Avantages

- Lorsqu'elles sont faites au fil de l'eau, les listes spécifiques consomment peu de temps.
- Notre esprit, déchargé de l'obligation de penser à tout, peut se consacrer à l'essentiel.
- Face à une tâche qui rebute, la « bonne surprise » de voir le travail déjà réalisé en amont remotive.

Précautions à prendre

- Vérifiez que les informations notées sont toujours valables, notamment celles concernant des sources externes.

OUTIL 64

5 astuces gain de temps en bureautique

AUTOMATISER L'OUTIL POUR LIBÉRER L'ESPRIT

En résumé

L'automatisation est la clé pour gagner du temps sur les tâches à faible valeur ajoutée. La mise en forme d'un compte-rendu de réunion est importante pour faciliter son exploitation, mais elle n'a pas besoin d'être revue à chaque fois.

En grande partie, les développeurs des logiciels ont pensé à notre place à de nombreuses fonctionnalités pour gagner du temps. Encore faut-il savoir qu'elles existent. Cet outil n'en présente qu'une infime partie !

Insight

Automation is key to save time on tasks with low added value. The lay out of a meeting report is important in order to make it easy to read, but does not need to be modified each time.

By and large, software developers have thought of many time saving features. If only we knew they existed. This tool only accounts for a small part!

Pourquoi l'utiliser ?

Objectif

Le propos de cet outil est de vous informer des fonctionnalités qui font gagner du temps en bureautique.

Contexte

Repérez les plus utiles pour vous, puis apprenez à les utiliser en cherchant dans les menus, en utilisant la fonction d'aide ou en participant à une formation bureautique.

Comment l'utiliser ?

Étapes

› **Utilisez des modèles réutilisables.**

- Tous les logiciels proposent d'enregistrer des *modèles* : documents Word, présentations PowerPoint, feuilles de calcul Excel, mails ou rendez-vous dans Outlook. Enregistrez les informations pérennes que vous compléterez sur vos documents au cas par cas.
- *Blocs de construction QuickPart* : enregistrez des blocs contenant du texte, des images, des tableaux. Vous pourrez les insérer dans vos documents Word et Outlook.
- *Les styles de Word* permettent de sélectionner rapidement une mise en forme. Ils servent aussi à créer des *tables des matières automatiques*.
- *Les masques de PowerPoint* définissent la mise en forme pour toutes les diapositives.

› **Structurez vos documents en *mode plan*.**

- Il permet de gérer les niveaux de titre (parties et sous-parties) facilement dans Word et PowerPoint.
- Il donne une vue d'ensemble hiérarchisée que n'offre pas la vue par diapositive de PowerPoint.

› **Gagnez en rapidité d'exécution.**

- Apprenez à taper avec vos dix doigts. Vous perdrez du temps au départ, mais vous en gagnerez beaucoup ensuite !
- Utilisez les *touches de raccourcis* pour les fonctions que vous employez souvent, c'est beaucoup plus rapide que de cliquer avec la souris. Les plus fréquentes utilisent la touche **Ctrl** suivie d'une lettre : **s** pour sauvegarder, **c** pour copier, **x** pour couper, **v** pour coller.

› **Tirez parti des menus contextuels**

- Le *clic droit* permet d'accéder aux fonctions essentielles relatives à l'élément sélectionné.
- Lorsque votre curseur est dans une figure, une image ou un tableau, le *bandeau supérieur du logiciel (ruban)* affiche des onglets supplémentaires contenant d'autres fonctionnalités liées à cet élément.
- Par exemple, utilisez les outils de dessins pour aligner facilement plusieurs formes ou remplacer une forme par une autre sans récrire le texte.

› **Accédez facilement à vos dossiers.**

- Donnez-leur des noms explicites.
- Adoptez une structure identique qui reflète vos missions essentielles pour tous vos dossiers d'archivage : boite mail, disque dur, favoris Internet.
- Créez des *raccourcis sur le bureau* pour les dossiers que vous utilisez fréquemment, ou utilisez les *favoris* de votre explorateur Windows.
- Créez des *bibliothèques* pour regrouper plusieurs dossiers enregistrés à des endroits différents afférant au même projet.

Méthodologie et conseils

› Faites régulièrement le ménage dans vos modèles, favoris, raccourcis.

› Formez-vous, pratiquez, entraînez-vous ! ■

« La connaissance s'acquiert par l'expérience, tout le reste n'est que de l'information. »
Albert Einstein

Avantages

■ **Plus nous sommes à l'aise avec nos outils, plus notre esprit est focalisé sur le contenu - donc sur l'essentiel.**

Précautions à prendre

■ **Sauvegardez régulièrement vos documents sur serveur, disque externe, Cloud, etc.**

DOSSIER

8 GÉRER SON TEMPS SELON SA PERSONNALITÉ

« Le bonheur ne se trouve pas au sommet de la montagne, mais dans la façon de la gravir. »
Confucius

Le maître de peinture

Il était une fois un peintre dont la renommée dépassait les frontières du royaume. Aussi étrange que cela puisse paraître, son atelier ne comptait aucun élève. À ceux qui lui demandaient de leur apprendre son art, il répondait invariablement :

– Je vous enseignerai les techniques, mais je ne ferai pas de vous des artistes.

Les jeunes apprentis entraient chez d'autres maîtres qui leur promettaient la gloire.

Un jour pourtant, il ouvrit sa porte à un jeune garçon au visage déterminé. Il tenait serrée dans ses bras une bourse pleine. Derrière lui, d'autres enfants plus jeunes levaient vers l'artiste des yeux remplis de curiosité.

– Maître, déclara-t-il avec respect, je viens solliciter le bénéfice de votre enseignement, pour moi et mes frères.

– Je ne ferai pas de vous de grands peintres, prévint le maître.

– Je sais, répondit le garçon, notre père m'a prévenu de votre réponse. Mais c'est à vous qu'il a souhaité confier notre apprentissage. Nous avons obéi à ses dernières volontés et vendu son atelier de peinture pour pouvoir vous rémunérer, ajouta-t-il en tendant sa fortune au peintre.

Pendant plusieurs années, les enfants apprirent à broyer les couleurs, mélanger les pigments, reproduire les esquisses du maître, peindre les figures secondaires ou les détails d'un tableau. Certains étaient plus doués pour la ligne, d'autres pour marier avec subtilité les teintes ou encore accrocher la lumière sur la toile avec des effets de matière.

Un jour, le maître dut partir pour un long voyage. Il confia à chacun un tableau à réaliser pour son retour, en leur recommandant de mettre à profit son enseignement.

Lorsqu'il revint un an plus tard, son regard balaya les toiles de ses élèves.

– Vous avez progressé dans la dextérité de votre technique, leur dit-il. Je reconnais dans les toiles de chacun un peu du savoir-faire des autres, appliqué avec soin...

Les apprentis, ravis, attendaient que le maître saisisse un pinceau pour apposer sa signature et consacrer leur réussite. Mais il n'avait pas fini.

– Avec beaucoup de soin, reprit-il, mais sans grâce. Je ne signerai pas ces toiles. Elles ne sont pas dignes de l'atelier d'un artiste. Grattez-les entièrement. Je dois à nouveau m'absenter. Je vous laisse recommencer votre travail.

– Maître, objecta l'aîné des garçons, nous n'avons pas réussi à produire des œuvres qui vous satisfassent malgré notre bonne volonté. Comment pourrons-nous réussir sans vos conseils éclairés ?

– J'ai une seule recommandation à vous faire, répondit le maître. C'est de ne plus imiter les autres. Vos connaissances sont désormais suffisantes. Ne cherchez pas à réaliser un travail parfait en tout point. Laissez s'exprimer votre cœur.

Un an s'écoula encore. Au retour du maître, les toiles de ses apprentis étaient alignées contre le mur de l'atelier. Les jeunes gens attendaient son verdict avec appréhension. Chacun avait fait selon ses talents. Les œuvres étaient très différentes les unes des autres, et ne ressemblaient en rien à celles qu'ils avaient produites l'année précédente.

Le peintre les considéra un long moment. Il les saisit une à une, les scruta à la lumière avant de les reposer le long du mur.

– Maître, apposerez-vous cette fois votre signature sur nos tableaux ? demanda enfin le plus jeune des frères.

– Non, répondit le maître posément.

Les garçons se regardèrent, consternés.

– Maître, reprit encore le jeune garçon d'une voix tremblante d'émotion, nous avons agi selon vos instructions. Nous avons mis tout notre cœur dans notre peinture...

– Je ne signerai pas, coupa le peintre, parce que ce sont des œuvres originales. Dans chacune d'elle affleure l'âme de l'artiste que vous êtes devenu. Ce sont vos œuvres, c'est à vous de les signer.

LES OUTILS

65 La Process Com® 174
66 Le temps Empathique 176
67 Le temps Travaillomane 178
68 Le temps Persévérant 180
69 Le temps Rebelle 182
70 Le temps Rêveur 184
71 Le temps Promoteur 186

OUTIL 65

La Process Com®

TOUS LES TALENTS SONT EN NOUS, AVEC PLUS OU MOINS D'ÉNERGIE

En résumé

Dans son modèle Process Com®, le psychologue américain Taibi Kahler a mis en évidence 6 Types de Personnalité, qui ont chacun leurs talents, leur fonctionnement naturel, leurs besoins psychologiques (outil 28) et leurs comportements sous stress (outil 36). Nous possédons chacun des 6 Types de Personnalité, et notre potentiel couvre tous les talents.

Notre profil Process Com® peut être représenté sous la forme d'un immeuble à 6 étages de taille décroissante. L'ordre des étages constitue notre structure de personnalité, et l'énergie disponible pour chaque talent n'est pas la même à chaque étage.

Insight

In his Process-Com® model, the American psychologist Taibi Kahler defines 6 Personality Types, each with their own talents, natural ways, psychological needs (tool 28) and behavior under stress (tool 36). We each have the 6 Personality Types, and our potential covers all talents.

Our Process-Com® profile can be visualized as a 6-storey building of decreasing size. The order of the levels represents the structure of our personality, and the energy available for each talent differs from one floor to another.

http://goo.gl/OhnUJN

Voir le témoignage vidéo.

Pourquoi l'utiliser ?

Objectif

En tenant compte de notre profil de personnalité, nous gérons mieux notre énergie et exploitons plus largement nos talents.

Contexte

Nous sommes capables d'utiliser longtemps et sans effort les talents associés aux étages inférieurs de notre structure de personnalité.

Nous pouvons accéder aux talents de nos étages supérieurs, mais moins longtemps et en ayant soin de nous ressourcer.

Comment l'utiliser ?

Étapes

› **Repérez les talents de chaque Type de Personnalité Process Com®.**

- **Empathique** : nous faisons appel à ces talents lorsque nous entrons en relation de manière sincère et authentique ; lorsque notre écoute, totale, prend en compte ce qui se passe pour la personne ; lorsque nous sommes attentifs aux autres et devançons leurs besoins.
- **Travaillomane** : nous faisons appel à ces talents pour planifier, organiser, structurer une démarche en étapes ; pour collecter des informations, les analyser, les présenter dans un ordre logique et cohérent.
- **Persévérant** : nous faisons appel à ces talents pour nous engager dans une mission et la mener à terme ; pour trouver du sens à nos actions et défendre nos valeurs ; pour évaluer, juger et donner un avis.
- **Rebelle** : nous faisons appel à cette énergie pour créer, inventer, rebondir, transformer, trouver des idées nouvelles ; pour entrer en contact de façon spontanée, ludique, pour créer de nouveaux liens, développer notre réseau de relations.
- **Rêveur** : nous faisons appel à ces talents pour nous concentrer sur un sujet et en explorer tous les potentiels ; pour imaginer une autre réalité, des solutions nouvelles ou nous projeter dans l'avenir.
- **Promoteur** : nous faisons appel à cette ressource lorsque nous agissons, testons, procédons par essais/erreurs ; quand nous osons prendre des risques pour entreprendre ; quand nous sommes directs avec les autres pour les entraîner avec nous.

› **Bâtissez votre stratégie de gestion du temps.**

- Repérez les conseils adaptés à chaque type de personnalité dans les pages suivantes.
- Alternez dans vos journées les modes de fonctionnement qui vous sont confortables ou vous ressourcent et ceux qui sont plus difficiles pour vous.
- Moins vous avez d'énergie à un étage et plus la séquence faisant appel à ces talents devra être courte.

Méthodologie et conseils

› Faites votre gymnastique ! Développez votre aptitude à utiliser tous vos talents en exerçant un peu chaque jour les compétences liées aux Types de Personnalité qui vous sont les moins familiers. Plus vous le ferez, plus vous développerez cette énergie et plus ce sera facile.

› Activez les talents les plus hauts avec votre énergie du matin, puis récompensez-vous avec une séquence bonus. ■

« Celui qui connaît les autres est sage ; celui qui se connaît est éclairé. »
Lao-Tseu

Avantages

- Nous sommes plus en forme, efficaces et performants.
- Nous exprimons tout notre potentiel.

Précautions à prendre

- Nos comportements inefficaces sont liés au stress. Soyez bienveillant vis-à-vis de vous-même... et des autres.
- Veillez à satisfaire vos besoins psychologiques pour régénérer votre carburant énergétique.

OUTIL 66

Le temps Empathique

DIRE OUI AUX AUTRES SANS SACRIFIER SES PRIORITÉS

En résumé

Les personnes de Type Empathique sont sensibles, chaleureuses, compatissantes. Elles perçoivent le monde au travers de leurs émotions.

Pour se ressourcer, elles ont besoin d'être reconnues en tant que personne (et non pour ce qu'elles font) et de satisfaire leurs besoins sensoriels.

Sous stress, elles ont tendance à se sur-adapter pour faire plaisir aux autres. Si le stress augmente, elles peuvent faire des erreurs qu'elles ne feraient pas normalement.

Elles aiment travailler en groupe - à condition que celui-ci soit bienveillant !

Insight

Reactor Type people are sensitive, warm and compassionate. They experience the world through their emotions.

To recharge their batteries, they need to be recognized as a person (and not for what they do) and meet their sensory needs.

Under stress, they tend to over-adapt to please others. As strain increases, they may make mistakes they would not normally do.

They like to work in teams - provided the group is supportive!

Pourquoi l'utiliser ?

Objectif

Vous pouvez rester vous-même et gérer vos priorités tout en préservant de bonnes relations avec votre entourage.

Contexte

› **Points d'appui**

Chaleureuses, les personnes de type Empathique ont un talent naturel pour susciter la coopération. Elles sont performantes dans un environnement collectif. Attentives aux autres, elles délèguent avec talent en s'appuyant sur les sources de motivation de chacun.

Guidées par leurs émotions, elles font confiance à leur intuition pour prendre des décisions justes. À l'écoute de leurs besoins physiologiques, elles savent bien gérer leur énergie.

› **Points de vigilance**

Sous stress, elles ont tendance à manquer de confiance en elles et à se sur-adapter[1] pour éviter de froisser leurs partenaires de travail. Leur difficulté à s'affirmer peut les amener à perdre du temps : en renonçant à des relances pourtant légitimes ; en se laissant interrompre dans leur travail ; en acceptant de rendre des services hors de leur périmètre de responsabilité ; en accordant la priorité aux urgences des autres au détriment de leur propre intérêt ; en n'osant pas interrompre une conversation qui s'éternise. Si le stress augmente, elles peuvent commettre des erreurs et perdront du temps à les corriger.

Comment l'utiliser ?

Étapes

› **Confortez vos choix et vos priorités.**

- Vérifiez que vous passez suffisamment de temps avec les personnes qui vous sont chères en dessinant vos sphères de vie (outil 1). Si tel n'est pas le cas, visualisez votre idéal avec la méthode des états désirés (outil 3).
- Aidez-vous de la matrice des priorités (outil 6) pour arbitrer les priorités de votre fonction (outil 4) et les urgences des autres.
- Appuyez-vous sur le levier des priorités (outil 10) ou la méthode LIMITER (outil 30) pour accomplir l'essentiel de votre travail avant de vous rendre disponible aux autres.

› **Dites oui aux autres sans vous sacrifier.**

- La réponse à une demande urgente (outil 38), la méthode 2-20-2-2 (outil 39) et le refus diplomatique (outil 40) vous aideront à doser selon les situations, ce que vous pouvez accepter et demander à la personne qui vous sollicite.
- La question Jackpot (outil 41) vous permettra d'écourter une conversation tout en répondant au besoin de la personne.

› **Modifiez les relations qui vous gênent.**

- Faites part de vos besoins et proposez un nouveau fonctionnement aux collègues qui perturbent votre efficacité (outil 47).
- Changez vous-même d'attitude à leur égard, aidez-les à développer leur autonomie (idem).

Méthodologie et conseils

› Lorsque vous sentez le stress vous envahir, prenez soin de vous, proposez à un collègue que vous appréciez de déjeuner avec vous.

› Collectez les émotions positives de vos réussites et revisitez-les régulièrement pour développer votre confiance en vous.

› Dans la mesure du possible, choisissez un environnement professionnel bienveillant. ■

« Dire oui à tout et à tout le monde, c'est comme si on n'existait pas. »
Tahar Ben Jelloun

Avantages

- **Utilisez vos points d'appui : écoutez votre ressenti pour percevoir la réaction des autres. Constatez qu'un refus bien formulé est acceptable sans dommage pour la relation.**

Précautions à prendre

- **Expérimentez ces outils d'abord avec les personnes qui vous apprécient.**

1 Sur-adaptation : processus par lequel nous faisons ce que nous croyons devoir faire pour faire plaisir à l'autre sans tenir compte de nous-mêmes.

OUTIL 67

Le temps Travaillomane

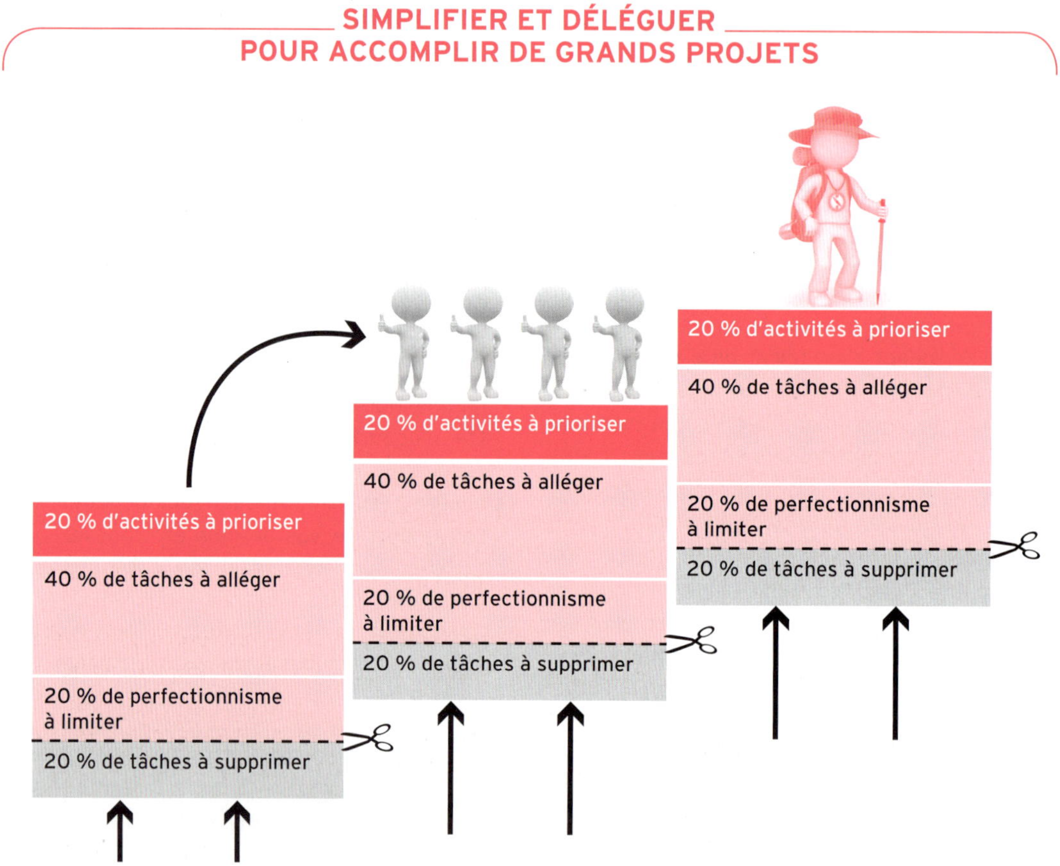

En résumé

Les personnes de Type Travaillomane sont responsables, logiques, organisées. Elles perçoivent le monde au travers de la pensée factuelle.

Pour se ressourcer, elles ont besoin d'être reconnues pour leur travail et leurs compétences et de satisfaire leur besoin de structuration du temps.

Sous stress, elles ont tendance à surdétailler et pratiquer un perfectionnisme excessif. Si le stress augmente, elles peuvent surcontrôler de manière assez « agressive ».

Elles sont plus efficaces lorsqu'elles travaillent seules – ou à deux maximum.

Insight

Workaholic Type people are known to be responsible, logical, organized. They observe the world through factual/rational thinking.

To relax, they need to be recognized for their work and their skills and satisfy their need to structure time.

Under stress, they may become overly detail-oriented and practice excessive perfectionism. If stress increases, they may start over-controlling others in a rather "aggressive" manner.

They are often more effective when they work alone - or at two at the most.

http://goo.gl/grAunC

Voir le témoignage vidéo.

Pourquoi l'utiliser ?

Objectif

Votre besoin de reconnaissance du travail sera d'autant mieux satisfait que vous accomplirez des projets plus vastes.

Contexte

› Points d'appui

Mues par leur besoin de structuration du temps, les personnes de Type Travaillomane sont naturellement organisées. Leur agenda est planifié longtemps à l'avance, les pics d'activité anticipés. Elles sont douées pour se fixer des objectifs concrets… et pour les atteindre.

Leur esprit d'analyse et de synthèse, allié à une grande capacité de travail, leur permet de produire une quantité considérable de livrables.

Elles sont d'autant plus efficaces qu'elles développent leurs compétences en permanence.

› Points de vigilance

Pour nourrir leur besoin de reconnaissance du travail, elles risquent de pousser trop loin le perfectionnisme et perdre du temps à peaufiner les détails.

Sous stress, elles ont du mal à déléguer *(ce sera plus vite et mieux fait si je le fais moi-même !)* ou pratiquent un sur-contrôle contreproductif. Elles accumulent des informations et reportent les décisions par peur de se tromper. Leur planification devient rigide, elles supportent mal les interruptions et les imprévus.

Si le stress augmente, elles peuvent entrer dans une boucle de travail de plus en plus intensif mais peu productif et risquent de s'épuiser ou de mettre en péril leur vie privée.

Comment l'utiliser ?

Étapes

› Gagnez du temps sur l'accessoire.

- Pour combattre le perfectionnisme, clôturez vos dossiers (outil 34).
- Présentez des drafts (outil 27) à vos commanditaires et négociez la qualité de certains livrables.
- Renoncez à certaines tâches (outil 7). Relativisez les enjeux à « ne pas faire » (outil 35).
- Déléguez en acceptant que le travail soit réalisé différemment (outil 43).
- Négociez votre présence aux réunions si votre expertise est trop souvent sollicitée (outil 50).

› Assouplissez votre agenda.

- Tenez compte des imprévus (outil 29), profitez des moments opportuns (outil 18).
- Accordez du temps à l'équipe en planifiant des plages de disponibilité (outil 46).
- Ne cherchez pas à mettre tout sous contrôle en période de surcharge, faites confiance, lâchez-prise (outil 37).

› Gérez votre énergie.

- Faites des pauses régulières (outils 16), faites de vraies coupures sans téléphone ni mail.
- Mesurez votre rythme biologique avec l'app UP (outil 62), faites des siestes (outil 17).
- Programmez les phases du processus créatif (outil 24) plutôt que de vous acharner le soir sur un dossier complexe.
- Utilisez la méthode LIMITER (outil 30) pour réduire l'amplitude de vos journées de travail.
- Ne saturez pas votre planning, profitez du temps présent (outil 9) et vérifiez l'équilibre de vos sphères de vie (outil 1).

Méthodologie et conseils

› Accordez-vous le droit à l'erreur : nos échecs nous font progresser autant que nos succès. Testez sans attendre d'avoir la solution parfaite.

› Investissez du temps dans la montée en compétence de l'équipe pour vous consacrer aux projets à plus forte valeur ajoutée. ■

« C'est une perfection de n'aspirer point à être parfait. »
Fénelon

Avantages

- Utilisez vos points d'appui : donnez-vous des objectifs de qualité tolérant l'imperfection.
- Planifiez avec talent votre flexibilité.

Précautions à prendre

- Testez d'abord ces outils sur des dossiers de faible enjeu pour affûter votre pratique.

OUTIL 68

Le temps Persévérant

INVESTIR SON ÉNERGIE DE FAÇON JUSTE SANS S'ÉPUISER

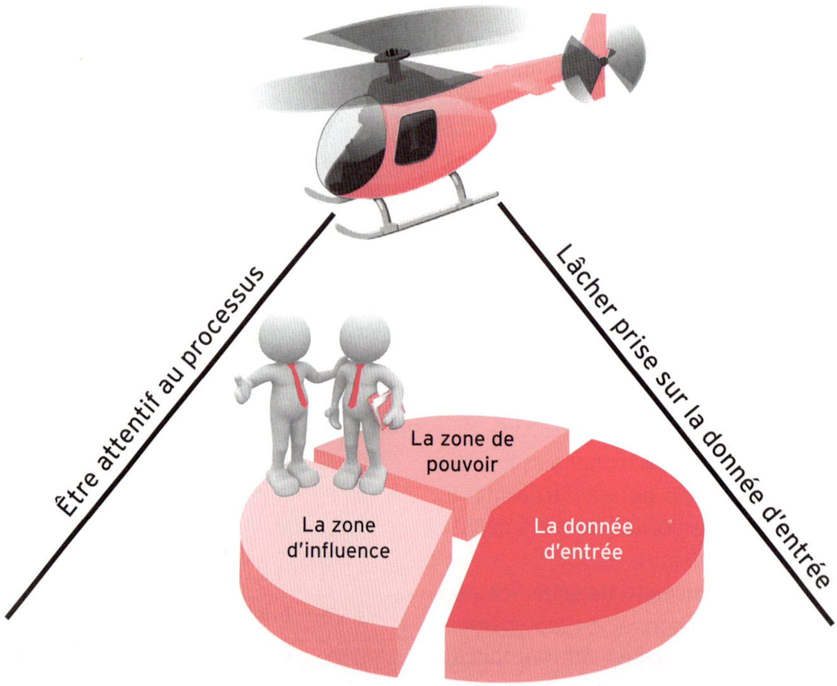

En résumé

Les personnes de Type **Persévérant** sont dévouées, observatrices, consciencieuses. Elles perçoivent le monde au travers de la « pensée opinion », du jugement.

Pour se ressourcer, elles ont besoin d'être reconnues pour leur travail et leur implication et de satisfaire leur besoin de reconnaissance des opinions.

Sous stress, elles ont tendance à se focaliser sur ce qui ne va pas. Si le stress augmente, elles peuvent partir en croisade pour imposer leurs opinions.

Elles préfèrent travailler seules ou à deux.

Insight

Persister Type people are observant, dedicated, conscientious. Their beliefs and thoughts, or their judgment, affect the way they see the world.

To relax, they need to be recognized for their hard work and dedication, and to satisfy their need for better recognition of their opinions.

Under stress, they tend to focus on what is going wrong. If stress increases, they may begin a crusade to impose their views.

They prefer to work alone or in pairs.

Pourquoi l'utiliser ?

Objectif

En ciblant vos interventions, vous augmentez votre puissance et votre capacité à fédérer les autres autour de votre projet.

Contexte

› Points d'appui

Guidées par leurs valeurs, les personnes de Type Persévérant ont généralement une claire vision de leurs priorités. Leur engagement dans leur mission est total, dans la mesure où elles lui trouvent un sens qui les motive. Elles l'incarnent alors avec une énergie et une capacité de travail remarquable.

Très observatrices, elles évaluent les situations rapidement, ce qui les aide à prendre des décisions dans un délai court.

› Points de vigilance

Leur exigence de perfection vis-à-vis d'elles-mêmes et des autres peut inhiber l'action, par peur d'échouer ou crainte des reproches. Cette pression peut causer stress, démotivation, rejet.

Soucieuses de respecter leurs engagements, elles peuvent manquer de souplesse d'organisation.

Sous stress, elles ont tendance à imposer leurs opinions par une surenchère d'arguments contre-productive. Leur insistance à vouloir convaincre peut provoquer des résistances fortes. Si le stress augmente, elles risquent de perdre leur discernement et s'acharner sur une cause perdue, parfois jusqu'à épuisement.

Leur implication, à l'excès, peut pénaliser leur vie personnelle.

Comment l'utiliser ?

Étapes

› **Centrez-vous sur le processus relationnel.**

- Pour faire adhérer à vos idées, soyez attentif au processus (outil 54) et gérez les objections en cherchant d'abord à comprendre votre interlocuteur (outil 53). En cas de blocage, proposez un arbitrage (outil 48).
- Pour animer vos réunions, privilégiez les techniques qui favorisent l'expression des participants (outil 52). Ils seront d'autant plus enclins à appliquer les solutions.
- Ne soyez pas trop exigeant avec vos délégataires (outil 43), ils progresseront plus vite s'ils ont confiance en eux. Pour éviter de mettre trop de pression sur les autres, apprenez vous-même à lâcher prise (outil 37).

› **Investissez votre énergie au bon endroit.**

- Renoncez à changer ce qui ne dépend pas de vous : la donnée d'entrée (outil 32).
- Relativisez les enjeux (outil 35) pour réviser vos engagements si vos priorités évoluent. Confiez votre embarras à la personne concernée. Souvent, elle comprendra votre décision.

› **Pensez aussi à vos priorités personnelles.**

- Révisez vos priorités (outil 31) : n'accumulez pas des missions que vous aurez à cœur d'accomplir au détriment de votre vie personnelle.
- Vérifiez l'équilibre de vos sphères de vie (outil 1) et faites des pauses régulières pour vous et vos proches (outil 16).
- Tenez compte de votre objectif personnel puissant (outil 2) lorsqu'une nouvelle mission vous est confiée (outil 44).

Méthodologie et conseils

› Agissez, faites des tests à petite échelle plutôt que de vouloir convaincre : vos résultats seront vos meilleurs ambassadeurs.

› Acceptez l'erreur, elle est apprenante.

› Entraînez-vous à sortir des débats en endossant les rôles de gardien du processus ou de pousse-décision en réunion (outil 56). ■

« Ne vous souciez pas de n'être pas remarqué ; cherchez plutôt à faire quelque chose de remarquable. »
Confucius

Avantages

- **Utilisez vos points d'appui : mettez votre sens de l'engagement et votre don d'observation au service du processus !**

Précautions à prendre

- **Surveillez vos premiers symptômes de tension : prenez du recul avant que la passion ne vous emporte.**

OUTIL 69

Le temps Rebelle

CRÉER LES CONDITIONS ORIGINALES D'UN TRAVAIL STIMULANT

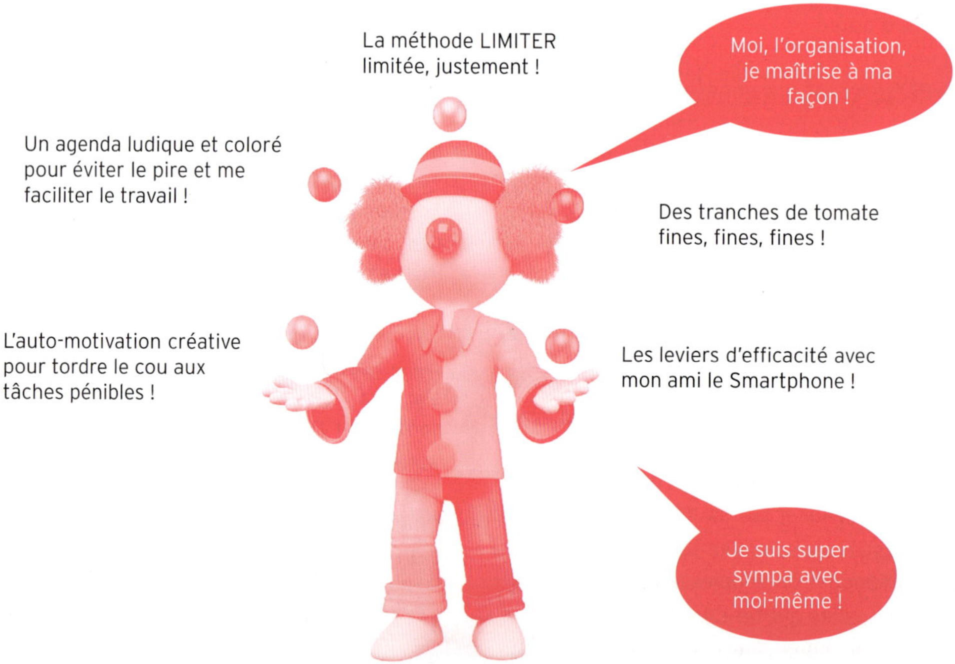

En résumé

Les personnes de Type Rebelle sont spontanées, créatives, ludiques. Elles perçoivent le monde au travers de leurs réactions.

Pour se ressourcer, elles ont besoin de contact ludique !

Sous stress, elles ont tendance à « ramer » tout en invitant de manière implicite les autres à faire à leur place. Si le stress augmente, elles peuvent rejeter la faute sur les autres avec des reproches acerbes.

Elles adorent travailler en équipe et passer d'un groupe à l'autre.

Insight

Rebel Type people are spontaneous, creative, and playful. They view the world through the prism of their own reactions.

To relax and revitalize, they need a playful touch!

Under stress, they tend to have a hard time while implicitly calling on others to do in their stead. If the stress increases, they may blame others with harsh criticisms.

They love to work as a team and enjoy passing from one group to another.

Pourquoi l'utiliser ?

Objectif

Vous pouvez accomplir l'essentiel dans les délais tout en vivant le temps de manière agréable !

Contexte

› Points d'appui

Très réactives, les personnes de Types Rebelle ont une remarquable capacité d'adaptation. Elles peuvent accueillir les imprévus avec bonne humeur et souplesse.

Leur créativité leur permet de trouver des solutions nouvelles et produire un nombre impressionnant d'idées en un temps record.

Dès qu'elles ont envie, elles entrent facilement en contact avec les autres. Leur réseau étendu leur facilite l'accès à toutes sortes d'informations ou de services.

› Points de vigilance

Leur besoin d'être stimulées par des contacts les rend très polychrones (outil 18)… parfois à l'excès. Elles se laissent déconcentrer facilement, et ont du mal à travailler seules longtemps sur un même sujet.

Portées par leurs envies, elles ont du mal à démarrer les tâches qui les ennuient.

Sous stress, elles font des efforts visibles - et audibles, car elles râlent ! - peu productifs : elles recherchent de l'aide, mais sans formuler de demande claire. Si le stress augmente, elles peuvent rejeter sur les autres la responsabilité de leur désorganisation, au risque de se mettre à dos ceux qui pourraient l'aider.

Elles ont du mal à faire des choix et peuvent rester bloquées sur un dossier important.

Comment l'utiliser ?

Étapes

› Et si vous vous facilitiez la vie ?

- Vous n'êtes pas obligé de souffrir pour obtenir de l'aide ! Faites des demandes claires (outil 42) et suivez le jeu de piste.
- Libérez votre potentiel créatif en alimentant votre cerveau en amont (cf. dossier 3 : fil de l'eau, 4 phases, trousse à crayon, draft).
- Soyez sympa avec votre « moi » du futur ! Anticipez vos délégations (outil 43), pour que les gens soient disponibles pour vous.
- Alternez les tâches qui vous rebutent et celles qui vous amusent. Donnez vie à votre agenda (outil 60).

› La focalisation : trouvez votre rythme !

- Privilégiez les séquences courtes de la technique Pomodoro® (outil 15).
- Limitez le télétravail à une heure le matin, isolez-vous dans une salle de réunion 45′ avant de vous en faire « virer » !
- Donnez-vous des objectifs partiels (outil 21) sur les dossiers lourds.
- Dressez votre boîte mail avec la méthode CAP (outil 61). En open space, créez des objets « ne pas déranger » originaux (outil 49).

› Évitez le pire !

- Ne vous laissez pas tenter par toutes les sirènes de l'urgence (outil 6). Planifiez vos activités Jackpot (outil 5) et les jalons des projets importants (outil 12).
- Accordez à ces priorités votre énergie du matin (outil 17). Faites au moins la première tâche de la méthode LIMITER (outil 30). Vous profiterez mieux de votre journée !
- Faites à votre manière (créative !) les tâches importantes qui vous rebutent (outil 28).
- Sortez de vos blocages décisionnels en écoutant l'option « ne pas décider » (outil 13).

Méthodologie et conseils

Proposez aux personnes qui comme vous recherchent le contact de travailler ensemble. ■

« N'accuse pas le puits d'être trop profond quand c'est ta corde qui est trop courte. » Proverbe indien

Avantages

- Utilisez vos points d'appui : adaptez ou inventez vos outils d'organisation ! Rendez-les funs !

Précautions à prendre

- Alternez ces outils pour ne pas sombrer dans une routine qui vous découragerait de les utiliser.

OUTIL 70

Le temps Rêveur

TRANSFORMER EN ACTION LA PUISSANCE DE SON IMAGINATION

En résumé

Les personnes de Type Rêveur sont imaginatives, calmes, réfléchies. Elles perçoivent le monde au travers de leur imagination.

Pour se ressourcer, elles ont besoin de solitude et de temps pour elles.

Sous stress, elles ont tendance à se retirer en elles-mêmes et chercher à se débrouiller seules. Si le stress augmente, elles peuvent se retirer dans une passivité totale, attendant que les événements ou les autres les aident à s'en sortir.

Elles préfèrent travailler seules.

Insight

Dreamer Type people are imaginative, reflective, directable. They see the world through their imagination.

To revitalize, they need time of solitude, for themselves.

Under stress, they tend to fold up on themselves, trying to manage on their own. If the stress increases, they may become totally passive, waiting for events or others to help them out.

They prefer to work alone.

Pourquoi l'utiliser ?

Objectif

De votre productivité dépend la satisfaction de votre besoin essentiel : du temps pour vous !

Contexte

› Points d'appui

Leur imagination donne aux personnes de Type Rêveur la puissance créative d'inventer des solutions aux problèmes complexes. Leur grande capacité de concentration et leur endurance leur permettent d'approfondir un sujet sans lassitude.

Elles peuvent travailler longtemps seules de façon autonome si leurs objectifs sont clairs.

› Points de vigilance

Leur imagination est si puissante qu'elles ont du mal à la transformer en action : elles visualisent si bien le futur qu'elles le « vivent » déjà. Mais rien n'est commencé, et elles se laissent ballotter par les événements. Pour la même raison, elles évaluent mal la durée des tâches et acceptent plus de travail qu'elles ne seront capables d'en produire.

Sous stress, elles ont tendance à commencer de façon erratique une tâche puis l'autre, hyperlucides mais improductives. Plus le stress augmente, moins elles osent demander d'aide par peur de déranger. Seules, elles n'arrivent plus à choisir parmi l'étendue des possibles, jusqu'à se bloquer dans l'inaction.

Elles peuvent alors se couper de leurs besoins physiologiques et mettre leur santé en danger.

Comment l'utiliser ?

Étapes

› Canalisez votre imagination sur l'objectif.

- Visualisez votre objectif personnel puissant (outil 2) pour réaliser vos rêves les plus chers. Réservez-leur du temps.
- Faites préciser le livrable à vos commanditaires et proposez un jalon rapproché pour confronter votre vision à la leur (outil 44).
- Pour éviter de vous éparpiller, faites des drafts (outil 27) et demandez des feedbacks.
- Donnez-vous des objectifs partiels (outil 21) et visualisez les livrables associés (outil 20).

› Commencez ! Vous aurez fait le plus dur.

- Écrivez vos idées librement sous forme de carte mentale (outil 25), pour avoir une vue d'ensemble sans vous perdre dans chaque branche de votre imagination.
- Ouvrez un dossier pour vos nouveaux projets et notez vos idées au fil de l'eau (outil 26).
- Préparez vos crayons (outil 22) pour démarrer le matin dans le vif du sujet.
- Utilisez les 4 phases du processus créatif (outil 24) et fiez-vous à vos illuminations.
- Pour décider, imaginez ce qui pourrait se passer si vous ne décidez rien (outil 14).

› Gardez de l'énergie pour agir.

- Lâchez prise (outil 37) en cas de stress intense, puis utilisez la méthode LIMITER (outil 30) et exécutez les tâches dans l'ordre.
- Tenez votre journal de bord (outil 8) pour évaluer avec réalisme les durées.
- Pratiquez le refus diplomatique (outil 40) et la délégation (outil 43) pour vous centrer sur vos propres objectifs.
- Agissez pour être au calme : télétravaillez ou proposez des règles à vos collègues d'open space (outil 49).

« Il est temps de vivre la vie que tu t'es imaginée. »
Henry James

Méthodologie et conseils

Proposez des points réguliers à vos commanditaires. Instaurez la « permission de déranger » pour vous aider à prendre des décisions. ■

Avantages

- Utilisez vos points d'appui : visualisez l'action aussi bien que le résultat !
- Imaginez chaque jour un pas en direction de vos rêves, et faites-le.

Précautions à prendre

- N'attendez pas d'être au bout de vos forces pour demander de l'aide.

OUTIL 71

Le temps Promoteur

ENTRAÎNER LES AUTRES DANS L'ACTION

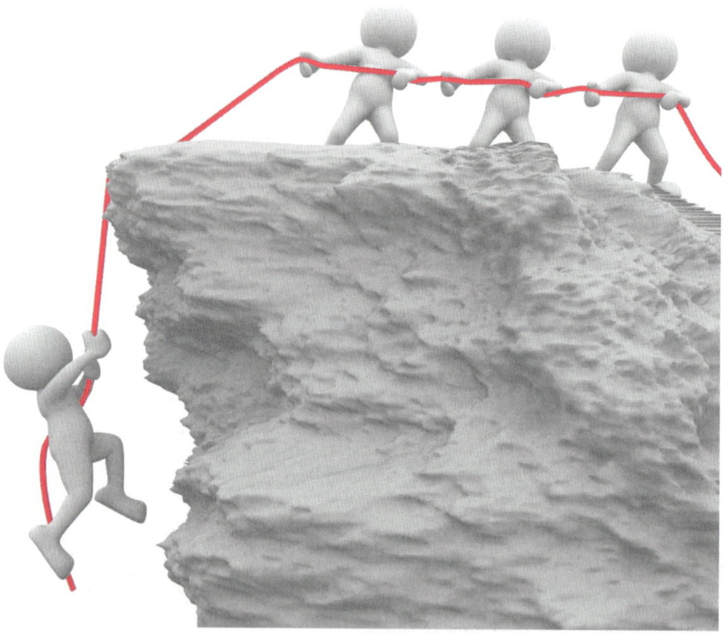

En résumé

Les personnes de Type **Promoteur** sont adaptables, pleines de ressources et charmeuses. Elles perçoivent le monde par l'action.

Pour se ressourcer, elles ont besoin d'action et d'excitation !

Sous stress, elles ont tendance à attendre des autres qu'ils se débrouillent seuls. Si le stress augmente, elles peuvent entrer dans des jeux de manipulation pour retrouver une forme d'excitation.

Elles travaillent seules ou en groupe au gré des opportunités.

Insight

Promoter Type people are adaptable, resourceful and charming. They perceive the world through action.

To revitalize, they need action and excitement!

Under stress, they tend to expect that others take care of themselves. If the stress increases, they may choose tampering in manipulation games to regain some form of feverish excitement.

They work alone or in groups as opportunities arise.

Pourquoi l'utiliser ?

Objectif

Dirigez votre puissance et entraînez les autres dans votre sillage : alors vous vous dépasserez vraiment.

Contexte

› Points d'appui

Les personnes de Type Promoteur agissent et font avancer les choses ! Elles ont une énergie fabuleuse. Elles ont du flair et une capacité à décider rapidement. Elles savent se focaliser sur l'essentiel et donner des directives claires et concises aux personnes qui travaillent avec elles.

Très adaptables, elles sont à l'aise avec l'imprévu. Elles savent repérer et saisir les opportunités. Elles osent prendre des risques et relever des défis ambitieux.

› Points de vigilance

Leur tendance à foncer sans réfléchir peut leur faire perdre beaucoup de temps !

Sous stress, elles ont tendance à ne pas soutenir les autres et ne fournissent pas toutes les explications utiles. Elles risquent de s'apercevoir trop tard qu'une partie du travail n'est pas conforme ou pas fait.

Lorsque le stress augmente par manque d'excitation, elles risquent de « jouer perso » et se faire des ennemis qui se sentiront trahis. Si la charge de travail est trop forte, elles peuvent manipuler plutôt que d'avouer qu'elles ne s'en sortent pas. Ce manque de transparence peut leur coûter cher.

Comment l'utiliser ?

Étapes

› Foncez... dans la bonne direction !

- Au-delà du besoin d'excitation, clarifiez ce qui est important pour vous dans la vie (outils 1 et 2).
- Clarifiez les objectifs et la finalité des missions que vous acceptez (outil 44). Faites valider un draft (outil 27) lors d'un jalon rapproché.
- Négociez avec transparence une révision de vos objectifs en cas de surcharge d'activité (outil 31). Gardez votre énergie pour vos nouveaux projets !
- Réfléchissez avant d'agir quand vous flairez le danger. Évaluez les risques avec la carte mentale (outil 25) pour avoir une vue globale de la situation.

« Seul on va plus vite, ensemble on va plus loin. » Proverbe africain

› Assurez les activités à fort enjeu.

- Utilisez la méthode des 3 « O » (outil 23) ou un rétroplanning (outil 12) pour tenir le délai des projets importants, surtout si d'autres personnes sont impliquées.
- Anticipez vos réflexions de fond avec les 4 phases du processus créatif (outil 24) et goûtez la sensation d'une illumination fulgurante.
- Faites des check-lists (outil 63) pour traiter rapidement et sans oubli les dossiers peu excitants. Vous avez mieux à faire !

› Jouez la carte de l'efficacité collective.

- Clarifiez les rôles et méthodes des projets collectifs et montrez-vous solidaire de l'équipe (outil 19). Transmettez vos savoir-faire.
- Prenez le temps de déléguer (outil 43) pour mettre la personne en condition de réussir. Prévoyez des points réguliers et courts.
- En cas de blocage, proposez un arbitrage en toute transparence (outil 48).

Méthodologie et conseils

Pour satisfaire votre besoin d'excitation, pratiquez une activité extraprofessionnelle (collective !) qui stimule votre adrénaline. ■

Avantages

- Utilisez vos points d'appui : donnez-vous des chrono-défis sur les tâches non prioritaires, et des défis de réussite collective sur l'essentiel.
- Votre défi : entraîner les autres dans l'action en devenant le champion de la coopération !

Précautions à prendre

- Soyez sincère et bienveillant avec les autres lorsque vous leur consacrez du temps.

Bibliographie et sites Web

Du même auteur

La Boîte à outils du commercial, Dunod 2009, 2013 pour la 2e édition.

Le Manager orienté clients, ESF Éditeur, 2010.

Le Manager de talents, Dunod, 2011.

À propos du temps

Covey Stephen, *Les 7 habitudes de ceux qui réalisent tout ce qu'ils entreprennent*, J'ai lu, 2012.

Delengaigne Xavier, Garcia Luis, *Organisez votre temps avec le Mind Mapping*, Dunod, 2013.

Delivre François, *Question de temps*, 2e édition, InterÉditions, 2013

Duhautbout Anne, Muller Jean-Louis, Testa Jean-Pierre, *Managez votre temps et vos priorités*, ESF Éditeur, 2012.

Jarosson Bruno, *Les Secrets du temps*, Maxima Éditeur, 2013.

Lueke Richard, Roberto Michael, Gibier Henri, *L'Essentiel pour maîtriser son temps*, Havard Business review, 2011.

http://www.cegos.fr/formation-gestion-temps/p-20140279-2014.htm

À propos du levier du choix

Balta François, Laine Catherine, Muller Jean-Louis, Roy Étienne, *Le Manager orienté solutions*, ESF Éditeur, 2005.

Damasio Antonio R., *L'Erreur de Descartes : la raison des émotions*, Odile Jacob, 2010.

http://www.rogerwimmer.com/wrpersuasion.htm

Une très belle interview de David Laroche à propos des choix de vie, en rapport avec l'objectif personnel puissant : YouTube, *David Laroche nous parle de motivation :*

http://www.youtube.com/watch?v=DKqdWu_LOIE

À propos du levier de la focalisation

http://wdfriday.com/blog/2012/03/technique-pomodoro-atout-pour-votre-creativite/

Un moment de poésie pure dans cette vidéo :

http://www.flixxy.com/the-incredible-power-of-concentration-miyoko-shida.htm

À propos du levier de l'énergie et du chronostress

http://sommeil.univ-lyon1.fr/articles/challamel/sommenf/rythmes.php

http://www.sommeil-mg.net/spip/Chronobiologie-Devoir-dormir

http://coach-sportif-personnel.over-blog.com/article-le-sommeil-mais-surtout-la-sieste-flash-76348436.html http://www.nos-projets-personnels.com/sommeil-partage-au-quotidien-redonnez-une-place-a-votre-vie-apres-le-travail/

http://www.sophro-therapie.com/les-10-bonnes-raisons.html

http://oserchanger.com/blogue_2/2012/09/01/pour-aller-plus-loin-que-la-pensee-positive/

http://www.psychologies.com/Moi/Se-connaitre/Comportement/Articles-et-Dossiers/Comment-ralentir/Le-jour-ou-j-ai-decelere

À propos de l'efficacité collective

Aubry Claude, *SCRUM, le guide pratique de la méthode agile la plus populaire*, 3e édition, Dunod, 2013.

Belorgey Pascale, Grolliere Brigitte, *Le Manager de talents*, Dunod, 2011.

Des Isnards Alexandre, Zuber Thomas, *L'Open Space m'a tuer*, Hachette Littérature, 2008.

http://outilscollaboratifs.com/2013/12/3-outils-collaboratifs-pour-programmer-vos-reunions/

http://www.scrumalliance.org/

Pour booster votre efficacité

De Bono Edward, *Réfléchir vite et bien*, 4e édition, Eyrolles, 2010.

De Bono Edward, *La Boîte à outils de la créativité. Par l'inventeur de la pensée latérale*. Eyrolles, 2013.

Site officiel de Tony Buzan, inventeur de la carte mentale :

http://www.tonybuzan.com/about/mind-mapping/

À propos de la connaissance de soi, des autres et des relations

Collignon Gérard, *Comment leur dire ? La Process Com®*, 2e édition, InterEditions, 2010.

Fradin Jacques, Le Moullec Frédéric, *Les Neurosciences au secours de la motivation, Manager selon les personnalités*, Éditions d'Organisation, 2006.

Balta François, Muller Jean-Louis, *La Systémique avec les mots de tous les jours, changer en douceur*, ESF Éditeur, 2011.

À propos de l'optimisation des outils

Harache Christine, Tellitocci Hélène, *La Boîte à outils de l'assistante*, Dunod, 2009.

Pour gagner du temps avec Outlook :

http://www.cegos.fr/formation-outlook-paris/p-20147089-2014.htm

Pour progresser dans la maîtrise des outils bureautique :

http://www.cegos.fr/formation-bureautique/t-007.htm

Pour vous entraîner à maîtriser votre clavier :

http://www.keybr.com/

http://typingclub.com/

Crédits iconographiques

Dossier 1 : © Csaba Peterdi - Fotolia.com ; **Outil 1** : © coramax - Fotolia.com ; **Outil 2** : © bolin1978 - Fotolia.com, © photoredaktor - Fotolia.com ; **Outil 3** : © Klekta Darya - Fotolia.com, © 3Dmask - Fotolia.com ; **Outil 4** : © coramax - Fotolia.com ; **Outil 5** : © Texelart - Fotolia.com, © 3Dmask - Fotolia.com ; **Outil 6** : © Texelart - Fotolia.com, © Anatoly Maslennikov - Fotolia.com ; **Outil 7** : © Klekta Darya - Fotolia.com ; **Outil 9** : © pomess - Fotolia.com, © Texelart - Fotolia.com, © Orlando Florin Rosu - Fotolia.com.

Dossier 2 : © Elessar - Fotolia.com ; **Outil 10** : © ioannis kounadeas - Fotolia.com, © coramax - Fotolia.com ; **Outil 11** : © bolin1978 - Fotolia.com, © ioannis kounadeas - Fotolia.com, © Andreas Rodriguez - Fotolia.com ; **Outil 13** : © coramax - Fotolia.com ; **Outil 15** : © coramax - Fotolia.com, © Art3D - Fotolia.com ; **Outil 16** : © 3Dmask - Fotolia.com ; **Outil 17** : © Visty - Fotolia.com, © style-photography.de - Fotolia.com, © masterofall686 - Fotolia.com ; **Outil 18** : © bolin1978 - Fotolia.com, © coramax - Fotolia.com ; **Outil 19** : © coramax - Fotolia.com, © Art3D - Fotolia.com.

Dossier 3 : © legabatch - Fotolia.com ; **Outil 20** : © Texelart - Fotolia.com ; **Outil 21** : © az - Fotolia.com ; **Outil 22** : © Texelart - Fotolia.com, © cherezoff - Fotolia.com ; **Outil 23** : © Art3D - Fotolia.com ; **Outil 24** : © Art3D - Fotolia.com, © joachim sanselme - Fotolia.com, © Orlando Florin Rosu - Fotolia.com ; **Outil 26** : © Paulista - Fotolia.com, © VectorShots - Fotolia.com ; **Outil 27** : © Texelart - Fotolia.com, © joachim sanselme - Fotolia.com, © jojje11 - Fotolia.com, © coramax - Fotolia.com ; **Outil 28** : © photoredaktor - Fotolia.com, © Art3D - Fotolia.com, © guru3d - Fotolia.com.

Dossier 4 : © olhaafanasieva - Fotolia.com ; **Outil 29** : © Andreas Rodriguez - Fotolia.com ; **Outil 31** : © dny3d - Fotolia.com ; **Outil 33** : © DigitalGenetics - Fotolia.com, © fotomek - Fotolia.com, © nerthuz - Fotolia.com ; **Outil 34** : © Art3D - Fotolia.com, © coramax - Fotolia.com ; **Outil 35** : © Kirill_M - Fotolia.com, © Visty - Fotolia.com ; **Outil 36** : © Texelart - Fotolia.com, © coramax - Fotolia.com, © 3Dmask - Fotolia.com ; **Outil 37** : © Martin Schumann - Fotolia.com, © jalcaraz - Fotolia.com, © photoredaktor - Fotolia.com.

Dossier 5 : © Nikki Zalewski - Fotolia.com ; **Outil 38** : © Art3D - Fotolia.com, © coramax - Fotolia.com ; **Outil 40** : © coramax - Fotolia.com ; **Outil 41** : © lexaarts - Fotolia.com, © Art3D - Fotolia.com ; **Outil 42** : © Art3D - Fotolia.com, © coramax - Fotolia.com ; **Outil 43** : © coramax - Fotolia.com ; **Outil 44** : © dny3d - Fotolia.com, © kanchokostov - Fotolia.com ; **Outil 45** : © coramax - Fotolia.com, © Orlando Florin Rosu - Fotolia.com ; **Outil 46** : © Texelart - Fotolia.com, © coramax - Fotolia.com ; **Outil 47** : © coramax - Fotolia.com, © Orlando Florin Rosu - Fotolia.com, © Texelart - Fotolia.com ; **Outil 48** : © 3Dmask - Fotolia.com, © Art3D - Fotolia.com ; **Outil 49** : © Texelart - Fotolia.com, © coramax - Fotolia.com.

Dossier 6 : © defender06 - Fotolia.com ; **Outil 50** : © coramax - Fotolia.com ; **Outil 51** : © Art3D - Fotolia.com ; **Outil 52** : © photoredaktor - Fotolia.com, © coramax - Fotolia.com ; **Outil 53** : © Art3D - Fotolia.com, © coramax - Fotolia.com ; **Outil 54** : © coramax - Fotolia.com, © 3Dmask - Fotolia.com ; **Outil 55** : © Art3D - Fotolia.com, © coramax - Fotolia.com ; **Outil 56** : © Art3D - Fotolia.com, © kanchokostov - Fotolia.com, © lpstudio - Fotolia.com ; **Outil 57** : © cherezoff - Fotolia.com, © Texelart - Fotolia.com ; **Outil 58** : © lpstudio - Fotolia.com, © coramax - Fotolia.com ; **Outil 59** : © coramax - Fotolia.com.

Dossier 7 : © STOLBTSOV ALEXANDRE - Fotolia.com ; **Outil 61** : © coramax - Fotolia.com ; **Outil 62** : © cherezoff - Fotolia.com ; **Outil 63** : © coramax - Fotolia.com ; **Outil 64** : © You can more - Fotolia.com.

Dossier 8 : © fabiomax - Fotolia.com ; **Outil 65** : © coramax - Fotolia.com ; **Outil 66** : © 3Dmask - Fotolia.com, © coramax - Fotolia.com ; **Outil 67** : © Orlando Florin Rosu - Fotolia.com, © Klekta Darya - Fotolia.com ; **Outil 68** : © coramax - Fotolia.com ; **Outil 69** : © Texelart - Fotolia.com ; **Outil 70** : © az - Fotolia.com ; **Outil 71** : © coramax - Fotolia.com.

70419 - (III) - (2,5) - CSBM 100° - 1915 - DAT - SBI
Dépôt légal : mai 2014 - Suite du tirage : juin 2015
Imprimé en Espagne par Unigraf S.L.